思想觀念的帶動者

文化現象的觀察者

本土經驗的整理者

生命故事的關懷者

心靈工坊 PsyGarden

# *Caring*

生命長河，如夢如風
猶如一段逆向的歷程
一個掙扎的故事，一種反差的存在
留下探索的紀錄與軌跡

# 賴其萬醫師的心靈饗宴

賴其萬　著

# 目次

目次

目次

【推薦序二】

# 深具人文關懷的教育家

／黃達夫（和信治癌中心醫院院長）

二十二年前剛回國時，最大的感觸是，七、八〇年代以後，台灣經濟起飛，台灣的醫院在硬體設備與醫療技術方面的進步已與先進國家並駕齊驅，但是在醫療的執行過程、人文關懷方面卻仍有相當大的落差。最明顯的是，病醫之間關係不對等，醫師為病人做處置時，很少向病人解釋他為何做此決定，也不邀請病人參與。往往病人多問一句還要被醫師教訓一頓。醫療機構的經營管理階層總認為病人有求於醫師，而很少為病人設想。病人往往須半夜排隊掛號，門診掛高量的病人數，來呈現醫院崇高的地位及醫師的名氣。病人量多就一次排多位病人在診間，忽視病人的隱私權，對於女性病人更是缺乏基本的尊重。這種種的觀察，讓我深深地覺得，台灣的醫療須要大幅度觀念的革新，因而不斷地思索要如何來推動以病人為中心的醫療觀念。就在那時候，有一回前台大醫學院院長李鎮源所組織的醫界聯盟，主辦了一次醫學教育的研討會，邀請了國內、外校友參加，我在那次討論台灣醫界的「紅包」問題時與賴其萬教授（他低我五屆，所以以前並不認識）結識，發現兩人觀念相同而留下深刻的印象。其後，他有次投稿台灣報紙，描述他初到美國的第一個震憾教育就是經驗到完全不同的病醫關係，他描述他的神經內科主任在教學迴診時，自己貼心地先去覆蓋病人的私處，以免病人在接受檢查時，出現走光的情況。那是他在台灣的學醫過程中，從來沒有看過的專業表現。他的故事讓我想起我自己在一九六五年剛到美國受訓時，目睹一位與我同齡的小兒科住院醫師與一位小朋友互動的情景，我看到他非常用心地把自己拉到小朋友的高度與他平等對話。說服而非強制小朋友接受打針，那個情景對我而言，可是個當頭棒喝！所以，賴教授的震撼引起我很強的共鳴。因為感觸很深，我就打了越洋電話找賴教授，請他慎重考慮回國參與台灣醫學教育改革的工作。

結果，幾年後，他被慈濟醫學院邀請回來擔任醫學院院長，我們終於有較多的接觸而有更進一步的認識。經過數年的互動，我們兩人都深深地體悟到醫學教育是我們餘生最想投入的工作。為了更專注於這個使命，賴教授於二〇〇一年被聘為嚴長壽總裁及其他有心人士所推動成立的黃達夫醫學教育促進基金會的講座教授，賴教授除了積極參與國際醫學教育的研討會，不斷地吸取最新醫學教育的觀念與教學方法外，他更用心規畫各種工作坊與國內有心的醫學教育者切磋琢磨，致力於醫學教育的改進。除此之外，基金會也定期翻譯、出版與醫學人文相關的好書，贈送各醫學院師生，期能經由書中的典範產生導引與啟發的作用。為了個人自我的成長以及出版的工作，賴教授與我經常互相推薦及分享好書。

賴教授是一位感性十足的人，他非常容易被感動而有很強的衝動要與別人分享。每讀完一本書，他就有那股衝動要即刻寫讀後感想而經常寫到半夜，第二天清晨參加醫院七點半的晨會時，難免因精神不繼而打起瞌睡。出過幾次醜後，每當前夜沒睡夠時，他乾脆晨會一開始就先跟坐在他旁邊的同事打好招呼，一聽到他打鼾聲，就趕快將他搖醒。

這回出版社送來此書的稿子邀我寫序時，我發現這是一本內容極為豐富的讀書報告，其中介紹了四十五本與醫學有關的書籍。這些讀後感非常完整地表達了每一本書的精神，而且深入淺出，引人入勝，又能抓住其真髓。其中最特殊的是第一本《談行醫之道》（*On Doctoring*）。這本書集結了多位作者（八十一位！）的文字，它的多元性是很難在短短幾頁的書評裡做完整的介紹，但，賴教授卻能掌握各篇的重點，讓人很快地領會到這本書的精華。在另一本書《爸爸教我的人生功課》（*Memory Lessons: A Doctor's Story*）中，作者以一位醫師，同時也是兒子的身分回顧他照顧逐漸老去的父親的心情，引發賴教授在書中分享他自己照顧父親時，心裡的很多感受。讓讀者看到賴教授本人和作者溫諾克醫師（Dr. Gerald Winakur）惺惺相惜的一面。

賴教授最令人佩服的地方是他深具人文關懷，而這個特點激發他廣泛閱讀的熱情和與人共享的強烈動機，這本書除了代表他閱讀的寬度與深度，更顯現他喜歡與人分享、諄諄善誘的教育家精神。

【推薦序二】

# 內容豐富的精彩書評

／洪蘭（中央大學認知神經科學研究所所長）

這是一本內容非常豐富、非常扎實的書，我花了整整兩個禮拜才把它讀完，讀完後，由衷地佩服賴其萬教授。他門診、研究、教書那麼忙，卻還能看這麼多的書，寫出這麼好的書評，真是太了不起了。坊間大部分的書評是應酬文章，但是賴教授的書評卻是貨真價實、言之有物的好文章，字字珠璣，讓人受益良多。每次看到他又推薦新書時，就覺得很慚愧，因為他比我忙，卻看了那麼多書。但是也很慶幸，有賴教授把關，他推薦的書都是值得看的好書，節省了我很多搜尋的時間。

這本書雖然是由《當代醫學》「每月一書」的專欄彙集而成，但是賴教授推薦的書不限於醫學領域，任何對科普有興趣的人都可以去讀，當然醫科學生應該是必讀，因為就如賴教授說的，一個好的醫生應該是「三H」：謙虛（humility）、人文素養（humanity）和幽默（humor），做醫生的人，寬廣的背景知識是必要的。

中國人好像比較難做到幽默，不知是我們的民族性（中國竟然有「君子抱孫不抱子」的說法，對兒子不能展現笑容，要做嚴父，對孫子才可以含貽弄孫），還是苦難久了，中國人非常缺乏幽默感。但是幽默感其實非常重要，它是絕佳的破冰器，可以化解醫生和病人之間的嚴肅關係，當病人心情愉快時，病就好一半（即所謂的「安慰劑效應」），所以醫生的bedside manner很重要，要使病人安心、心情愉快、有話敢跟醫生講，沒有什麼比醫生的幽默感更能達到這個目的了。

有一次美國拳王阿里從芝加哥搭飛機要去洛杉磯，他那時正是日正當中、紅的不可一世的時候。飛機要起飛了，他不肯綁安全帶，空中小姐只好去請座艙長來勸，阿里跟座艙長說：「超人不需要綁安全帶」，座艙長馬上回應他說：「超人也不需要坐飛機」。阿里一聽，有道理，笑一笑，就把安全帶繫上了，薑還是老的辣。醫院中，尤其急診室，特別需要這種四兩撥千斤的幽默。

這本書中，幾乎每一篇的故事都會使你有笑有淚，例如：《我父親的雙手》，作者的父母皆是聾子，卻生下聽力正常的他，父母在高興之餘，不太敢相信自己的好運，常要去測試他還聽不聽得見，因此作者說，小時候親戚來探望他時，都是帶著鍋子，趁他熟睡時，用力敲打鍋子，當他被驚醒，嚇得大哭時，全家都歡呼，慶幸這孩子聽力還是正常。看到這裡你會忍不住微笑，但是看到這個「還是正常的」又覺得很辛酸。他的父母親是多麼害怕孩子將來會像他們一樣失聰，所以要一遍一遍地測試，真是可憐天下父母心。也看到耳聾的父母因為聽不見，不知孩子晚上有沒有哭鬧，只好將孩子的腳與母親的手綁在一起，孩子哭時，手腳會動，母親就趕緊起來餵奶。我們正常人哪裡會想得到聾父母的這些苦楚。看了這書，做醫生的人，對聾啞病人要更有愛心。

這書中每一篇文章的作者都是現代青年的楷模，他們為人處世的態度非常值得我們學習。書中有好多名言，例如「努力不讓上漿的白袍變成面對人類痛苦的盔甲」，我都覺得應該要貼在醫院的牆上，時時提醒醫生莫忘初衷。

這是一本非常精彩的書，適合醫學院的學生作通識課的課外讀物，或許圖書館可以把這些書買齊，讓學生一次看個夠，不必像我一樣，一直去7－11網購取書。

【推薦序三】

# 閱讀他人的苦痛

／侯文詠（作家）

在我心目中，賴其萬醫師不管在臨床醫療或者對於醫學人文的信念，都是大師級的前輩，因此，接到他鄭重邀請我這個後進為他新書寫序時，我其實是很惶恐的。特別再三拜託編輯，一定要把書稿早點給我看，讓我多一點時間消化、思考。

果然書稿很早就來了。書稿上還特別聲明：原始稿件，尚未經編輯校對。

於是，我就拿著這份原始稿件，戰戰兢兢地一頁一頁讀下來。書稿讀著讀著，很神奇地，人漸漸安靜下來，我彷彿進到一個有光的所在，寫序的焦慮也漸漸消失了。

《賴其萬醫師的心靈饗宴》其實是本導讀許多「其他書」的書。在這本書中，賴醫師同時扮演了閱讀者以及書寫者的角色。也許考慮到並非所有讀者都有機緣讀完被導讀的書，他鉅細靡遺把書的每個章節中重要情節、心得，都詳實地整理出來。因此，閱讀這本書，某個程度也等於間接地閱讀了這些「其他的書」。

由於這些「其他的書」，書寫內容也幾乎都是關於醫療的經驗、思維，因此，閱讀的過程，我在書中一本又一本的書中穿梭，在不同的醫療經驗裡回顧，彷彿置身曾經熟悉的醫療現場。而賴教授自身的閱讀心得，又與書中的故事交織、對談，形成一種很特別的，以關心他人苦痛為核心的氛圍——安靜、溫暖又深思熟慮。

這個氛圍，讓我想起有一次，看了電影《辛德勒名單》中，德國商人辛德勒在火車站月臺上看見被擠在悶熱不堪的火車中，即將送往集中營焚化的猶太人，不顧德軍的反對，打開消防水柱，對著他們大肆噴灑。看著這一幕，我感動大哭，竟然無法自止。過了很久，我才理解，做為一個負責癌症疼痛控制的醫師，對於一個一個走向臨終的病人，除了為他們止痛外，當時我有種無能為力的挫折感而不自知。電影中，即將被送往焚化爐的猶太人，無疑地激起了我潛意識中的挫折感。而辛德勒為猶太人灑水的行為，讓我感受到自己的無力感以及另一種高貴的可能……

為什麼要閱讀他人的苦痛呢？閱讀這本書的過程中，這個問題不斷地在我的腦海浮現。

是因為他人的苦痛，激發了我們的憐憫之心？是因為他人的苦痛其實也是我們自身的苦痛？或者，藉由閱讀他人的苦痛，我們連結了人類更巨大的苦痛經驗，而那些經驗，給了我們更大的慰藉與力量？

老實說，我並不真的知道答案。

不過，整個過程中，安靜、溫暖、深思熟慮的過程，又再度喚醒了我當初看電影時被感動的經驗，以及那種高貴的可能的觸動……

《賴其萬醫師的心靈饗宴》書中的故事、觀點，就這樣伴隨著我，走完了這個閱讀的美好時光。讀完了書，闔上書本時，過了好久，那種光的感覺彷彿還在。就好像當初從電影裡走出來時，那樣的感動曾經給我力量，不斷地在我的人生裡發酵，讓我勇敢地再回到現實繼續面對我的臨終病人一樣。

於是我們繼續閱讀、甚至書寫。儀式似地，試圖一遍又一遍連結那個更大的世界。在那個世界裡，善良、扶持、希望一點也不匱乏，而高貴、優雅更是一點也不孤獨。只有那樣，我們才真正感到一種安心，不管發生了什麼，都可以繼續下去的那種安心。

# 自序

一恍眼回國已經整整十三年，午夜夢迴常會自問如果我還滯留異鄉，我現在在做什麼？會更快樂嗎？毫無諱言地，有時候看到故鄉的一些不公不義紛紛擾擾，或自覺人微言輕有志難伸時，心中難免會有一絲悔意，但很快地就會因為回國才有機會做到、聽到、看到的，而備感興奮。說實話，在台灣這幾年我有機會做了許多在美國二十幾年從來沒有想過的事，而最近在好友鼓勵下，竟然「囂張」到想要將過去一些介紹好書的導讀收錄成書，這更是我回國前連想都沒想過的夢。

我對介紹好書的興趣應該回溯到我剛回國任職於慈濟醫學院時，我發現大多數的醫學生好像對課外讀物比起美國醫學生缺乏興趣。最初我以為自己所處的醫學院是國內當時最新設的學校，且地處較為偏僻的花東地區，讀書風氣因為書店數目不多，規模太小而受到影響。但後來與一位長年服務於美國醫學院而又喜歡看書的同事談及這問題時，彼此才開始為這台美的強烈對比感到憂心，而且我們也漸漸發覺這是全國大學生的通病，而不是局限於某個學校或醫學生而已。三年後我因為希望能夠就近照顧當時已九十四歲的老父而搬回台北，想不到在一九七三年我們還是住院醫師和醫學生時所共同創辦的《當代醫學》雜誌的夥伴們，都認為我去國二十幾年都沒有再為這「大家一起生的兒子」盡力，現在既然搬回台北，就再也沒有理由不參加照顧這「已經步入中年的孩子」。當了社長以後，我想唯一能夠幫忙的就是寫稿，而想要推動醫學生讀好書的念頭又油然而生，於是就在《當代醫學》二〇〇一年十一月號以介紹《The Spirit Catches You and You Fall Down》這本書（後來中譯本書名改為《麗亞的故事》，收於本書第221-228頁），開始撰寫「每月一書」的專欄。希望能夠透過介紹好書與讀者分享，並激發有心人著手翻譯當時還沒有中譯本的好書，使更多的國人可以分享讀好書的樂趣。想不到當我介紹《白袍》這本書之後不到一個月，居然有兩位當時就讀成大醫學院的女學生，分別來函表達她們希望能夠將這本書翻譯成中文的意願。雖然後來事與願違，但能看到年輕人願意投入推動國內讀書風氣的行列也令我十分振奮。

始料未及的是當初以為現在的醫學生因為要念的書太多再加上電腦、平面與傳播媒體帶來太多的分神，所以希望以「書摘」形式寫成的導讀可以「替我們年輕的醫生與醫學生看好書」，但後來才發覺真正受惠最大的卻是我自己，因為「寫」與「看」書非常不一樣，而透過撰寫這專欄，我發現自己因而更細讀深思並用心瞭解作者的生平，而獲得一些平常看書無法體會的心得，同時也因此逼我讀完了一些我過去可能會一拖再拖很難如期念完的好書。更想不到的是這專欄也激起了當時與我一起工作的祕書詹碧雲小姐的興趣，前後翻譯了《Bent not Broken》與《Not Fade Away》兩書，非常感謝「心靈工坊」慨然出版了這兩本中譯本《舞孃變醫生》與《微笑，跟世界說再見》（收錄於本書第229-235頁與第374-381頁）。

這幾年來我深深感到如果台灣的社會大眾能對醫學有更深入的認識，並且對醫生的培育過程及其內心世界有更進一步的瞭解，一定可以幫忙促進醫病之間的體諒祥和，而如果能透過這本書所介紹的這些好書，改善目前江河日下的醫病關係，那將是我最大的願望。我衷心地希望台灣的醫學教育與醫療環境可以注入更多的人文關懷，以彌補今天高科技所帶來的「去人性化的醫學」（dehumanized medicine）。

記得我在慈濟醫學院服務時，我曾經先後邀請過黃崑巖教授與黃達夫院長前來為白袍典禮演講。當時兩位學長給我留下深刻印象的就是他倆學貫古今中外，能由書中的精粹找出鼓舞醫學生的金玉良言。還記得當時黃達夫院長告訴我，他從來沒有一次演講是同樣的內容，因為他不斷透過閱讀新書，而得到新的人生體驗。後來我搬到台北，加入他的團隊以後，不只有機會聽他「說書」，更因為他常常送我好書，而使我染上「書癮」無法自拔。我衷心希望我這「吃好逗相報」的野人獻曝，也可以招來更多的「書友」。洪蘭教授常年努力翻譯國外的好書，四處奔波推動讀書風氣，尤其是她對偏鄉地區孩童的學習環境所做的奉獻最是令我感佩。侯文詠醫師是我透過目前所服務的「黃達夫醫學教育促進基金會」董事會才認識的天才型醫師作家，他的博覽群書、獨立與批判性思考以及創意的寫作能力更使我心儀不已。能有這三位我最尊敬的「書友」在百忙中為我作序，是我出版這本書最感興奮的事，在此謹向他們致上深深的謝意。

同時我也在此感謝當代醫學雜誌社發行人廖運範院士和當年一起開創的夥伴們給我「每月一書」的園地，以及內人張燕惠醫師長期無怨無悔的支持。

輯一

# 白袍下的人生

醫學這一行

THE NATURE OF
SUFFERING
and the GOALS of MEDICINE
SECOND EDITION
ERIC J. CASSELL

白袍
一位哈佛醫學生的歷練
White Coat

William Carlos Williams
THE DOCTOR STORIES
Compiled by Robert Coles

THE
RISE & FALL
OF
MODERN
MEDICINE
'Excellent' Financial Times
'Brilliant' Daily Mail
'Fascinating' Sunday Telegraph

JAMES LE FANU

一位偉大醫師的觀察手記
最稚齡的科學
THE YOUNGEST SCIE
Notes of a Medicine-Watcher
財團法人黃達夫醫學教育促進基金會 合作出版

The Autobiography
of William Carlos Williams

Better by Atul Gawande

SHERWIN B.
NULAND
醫
魂

THE SOUL
OF MEDICINE
TALES FROM THE BEDSIDE

生活之道
現代臨床醫學之父
奧斯勒醫師
生活與行醫哲學

HIPPOCRATES' SHADOW
別把醫師
當做神
一位優秀醫師的真誠反省

Critical
Care
A New Nurse Faces Death, Life,
and Everything in Between

NEW, REVISED AND EXPANDED THIRD EDITION
ON
DOCTORING
STORIES, POEMS, ESSAYS
EDITED BY
RICHARD REYNOLDS, M.D.,
AND JOHN STONE, M.D.
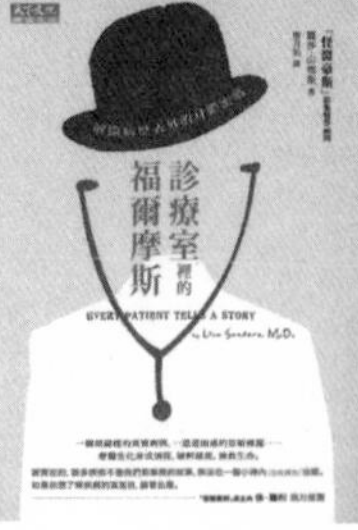
診療室裡的
福爾摩斯
EVERY PATIENT TELLS A STORY

THE
CHECKLIST
MANIFESTO
檢查表：
不犯錯的祕密武器
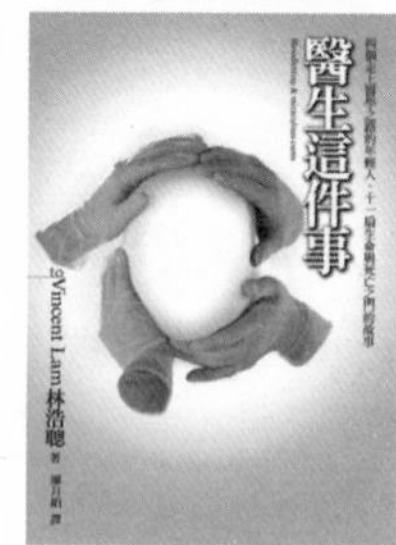
醫生這件事
Vincent Lam 林浩聰

輯一選書

# 談行醫之道

On Doctoring: Stories, Poems, Essays
編者：李察・雷諾茲（Richard Reynold, M.D.）、約翰・史東（John Stone, M.D.）、路易・尼克森（Louis Nixon, Ph.D.）、迪利斯・威爾（Delese Wear, Ph.D.）
出版社：Simon & Schuster（二〇一〇，第三版）

## 歷經二十載，美國醫學院新生必讀物

《談行醫之道》（*On Doctoring*）是一本美國醫學院學生幾乎人人必讀的好書，大部分的醫學院在醫學生新生入學時，校方都會贈送每個人這本書。這本書是雷諾茲（Richard Reynolds, M.D.）和史東（John Stone, M.D.）兩位醫生主編及尼克森（Louis Nixon, Ph.D.）和魏爾（Delese Wear, Ph.D.）兩位博士副編一起收集的與生老病死有關的短篇小說、散文以及詩歌。作者大部分是醫生兼作家，但也有一些是非醫生的作家，譬如馬克吐溫、海明威等，還有一些本身是念醫學的，但從來沒有行醫，如毛姆（W. Somerset Maugham）、濟慈（John Keats）等。

從一九九一年出第一版以後，一九九五年出第二版，而今年（二〇〇一年）剛出了第三版。這三次的版本在內容上皆有相當的改變，我仔細地對照下，發現有些文章被同一作者的其他作品取代，或是刪減以後由別的作家的作品所取代，但文章的總篇數是愈來愈增加。第一版到第二版時，刪減十五篇，增加十九篇；而到第三版時，又刪減了十三篇，但增加了四十三篇，第三版一共收集了八十一位作者的一百二十八篇短篇小說、散文、詩歌。從這幾次改版中持續地增加改善內容，也充分表現出編者們的用心。

由這本書所選的文章裡，很明顯地可以感受到這些作者對生命的敏感度。很多在別人看來或許是例行公事，但在這些有心的醫者或文人筆下，這些過去沒有被注意到的生命點點滴滴，讀來卻是令人深受感動。文章中很多是從病人的立場所看到的生老病死，以及在病人與醫生共處中所感受到的真情；也有些文章很坦白地披露醫生自己犯了錯之後的感觸；有些文章敘述醫生因為行醫而體驗出一些鮮為外人所知的、對病人及家屬歉疚的心情，而領悟到醫者需有更謙虛的風度；有些醫生作家描述對周遭環境的感觸，譬如說對學習解剖學、接觸遺體的感受、在開刀房裡的經驗，以及自己犯了錯誤的種種心路歷程，在在都使我這種已行醫三十餘載，嘗盡箇中酸甜苦辣的醫者，讀來心有戚戚焉。

這本書所收集的文章，對每位作家開頭都有其生平簡介，而後才是作者的代表作。最多篇的像威廉斯醫師（Dr. William Carlos Williams）居然有九篇著作收集於第三版。以下就幾篇印象較深的文章作較詳盡的介紹：

本書所選的第一篇文章是艾森堡醫師（Dr. Carola Eisenberg）很有名的文章，〈做醫生仍然是一個很有福氣的好職業〉（It Is Still a Privilege to Be a Doctor）。作者曾在約翰霍普金斯大學與哈佛大學醫學院教過書，十分關心醫學生的培養，曾經當了麻省理工學院六年以及哈佛大學十二年的教務長。在這篇文章裡，她強調，當醫生是一個很好的行業，常聽到實習醫生抱怨念醫學課業的繁重、競爭的壓力，醫學生生活乏善可陳，加上某些教授常誤導醫學生，認為做醫生的黃金時代已過，他們常在教學迴診中，抱怨當今行醫籠罩在醫療糾紛的陰影下，而表示如果有重新選擇的機會，他們將不會再來學醫。許多醫學生也因而擔心畢業後醫生過多、收入減少、競爭劇烈而有打退堂鼓之意。作者認為這是非常荒謬的想法，她說，我不能想像有一個比行醫更好的職業，雖然社會上有一些醫療糾紛，但只要醫生大部分時間投注在關心病人的照護、研究與教學上，大眾仍然能體會他們的努力而感激的。同時她也呼籲我們應該要多讓醫學生聽到正向的訊息，所謂醫學教育的目的並非在訓練醫生如何斂財營利，而是要醫生學習如何改善大眾健康，讓最有心以及最聰明的學生加入我們的陣容，一起來為提高醫療服務的平等及品質而奮鬥。她振臂急呼地說：「如果我們看不出這職業能因為造福別人而造福自己是多麼地幸運，那我們實在是太有眼無珠了。」整篇文章可以看出作者對醫界的殷殷期望，以及她對年輕人真誠地推薦醫生這個行業的熱情。

## 行醫與創作相輔相成

威廉斯醫生是個多產的醫生作家，他同時也是一個很忙碌的開業醫生。他一生在路勒佛鎮（Rutherford）上為勞工、鎮民服務，接生了超過三千個小孩子，而他的散文與詩選也都是上上之選的佳作。這本書共收集了他三篇散文與六篇詩歌之多。在他的〈行醫〉（The Practice）一文裡，他強調看病從來沒有阻礙了他的寫作，事實上，醫療的經驗反而供給他精神的食糧，使他更能寫出真實的文章。曾經有人天真地問他說，你開業這麼忙怎麼可能又可以找出時間來寫作？他們問他，你一定是個超人，或者是你大概有至少兩個人的精力。但他說，這些人一定無法了解，行醫與寫作事實上並不是兩個職業，行醫生涯使他的人生經驗增加，擴展他對生命的感受深度，而使他有豐富的寫作靈感。所以，最後他說，醫生的職業最主要就是在於細心傾聽別人說話。在他另外一篇〈強加外力〉（The Use of Force）的散文裡，他非常傳神地描述他如何與一個非常不合作的小病童奮鬥，為的是想要檢查她的喉嚨，以確定她沒有致命的「白喉」。他在千方百計哄騙都無法讓小孩子張開嘴巴之下，最後只好訴著於「強加外力」，而終於看到了她的扁桃腺上面長滿了白喉的黏膜，然而他救人的努力卻換來小孩子非常不友好的抗拒踢打。在這篇文章裡，他毫不掩飾地寫出行醫者得不到病人以及家屬的合作時，所感到的沮喪。他寫的詩也都很好，雖然短短幾行字，但卻是字字珠璣，充滿對人生澈悟的哲理。

路易士・湯瑪斯（Dr. Lewis Thomas）曾任美國癌症最高研究中心「史隆凱特林癌症紀念醫院」（Memorial Sloan-Kettering Cancer Center）多年院長，他得過很多作家獎，也寫過很多本書，包括台灣已有中譯本的《一個細胞的告白》（*The Lives of a Cell*）。收集在這本書的文章〈往診〉（House Call，醫生到病人家裡看診），是一篇非常感人的短文，他描寫父親是一位鄉鎮老醫生，從作者五歲時就帶著他到病人家裡看診，並常灌輸他做醫生要謙沖為懷的觀念，因為有時候病人對醫生讚過於實，實際上醫生並沒有資格享受病人加之於他的稱譽。他父親常告訴他，有許多人需要醫生的幫忙，可是醫生能夠做的其實非常有限，但做醫生的一定要在病人需要他的時候能伸出援手，也因此他非常重視這種到病人家裡看病的服務。他父親告訴他說做醫生的不只是要隨時準備好為病人服務，更需要對自己能誠實以對。父親曾告訴他一個他永遠不會忘記的故事。當他父親剛開業初期，還只是一介默默無聞的小鎮醫生。某天有個病人因為血尿來看他，他給病人開了一些無害的藥，吩咐病人幾天後再回來看他，而他就利用這段時間趕快查書。後來病人回來非常高興地告訴醫生，他血尿都好起來了，因此全鎮都認為他是個藥到病除的再世華陀。可是父親卻告訴他，事實上他開的並不是什麼妙方靈藥，而是病人自己把尿結石排出來以後，症狀就好起來的。他父親晚年因為對醫藥治療病痛的功效愈來愈沒有信心，而在五十出頭才又改行做外科醫生，但他老人家也只在病人真正沒有開刀不行的情形下，才肯為病人開刀。他語重心長地說他父親的做法使他的收入不彰，但他的行醫原則卻樹立了典範，贏得了許多同事的尊敬。

## 一位前列腺癌病患的心聲

布洛雅（Anatole Broyard）是一位有名的文學評論家及散文家，他在《紐約時報》撰寫書評達數十年之久。選錄在這本書裡的散文，標題是「醫生，請跟我談話」（Doctor, Talk to Me），非常生動地刻劃出當一個病人面對醫生時，醫生眼中只看到他的病而非他的人，而使他感到莫大的羞辱。他因為前列腺癌而看了泌尿科名醫以後，感慨萬千地說了一句非常發人深省的話：「就像我的醫生為我的身體安排了血液檢查以及骨骼掃描，我也希望我的醫生能夠掃描我，在碰觸我的前列腺之餘也能夠碰觸到我的精神。」（Just as he orders blood tests and bone scans of my body, I'd like my doctor to scan *me*, to grope for my spirit as well as my prostate.）他很直爽地道出他對這位名醫的態度所產生的反感，他說「當醫生覺得他高我一等時，我也覺得我高他一等。因為我是他的病人，能讓他診斷學習，我們應該是平起平坐、互相尊重的對等關係。」這病人的心聲對行醫者不啻是道暮鼓晨鐘，當頭棒喝。

本書編者之一雷諾茲的一篇散文也非常動人，題目是「內科醫師生涯的一天」，對一個醫生每天從早忙到晚的生活有非常寫實的描述，給尚未實際進入臨床醫學領域的低年級醫學生以及在醫林高牆外徘徊瞻望的年輕人，刻劃出最生動的醫師生涯。作者描述了繁忙的一天，也寫出一些個人別出心裁的自我訓練辦法，譬如他發現他每天為每個病人都做一樣的身體檢查，漸漸地會變成一種例行公事而失去了熱誠。於是他便自己設計了一套自我訓練的方法，每個月選一個星期，對前來看診的病人除了做整套的例行檢查以外，他特別針對某一種器官（譬如說這個星期是「甲狀腺」，下一次是「肺臟」）做更詳盡特別的檢查。如此這般，他再也不會覺得每天做的都是「例行公事」、「千篇一律」，而他也有機會複習對每種疾病每種器官的理學檢查，因而獲得更好的心得，而每天的工作也變得更有效率，也不再有日久生厭草率行醫之虞。他也提到，由於病人檢查時沒有穿衣服，心情緊張，難免有時會忘掉想要問的問題，所以醫生應在檢查完畢，病人換裝以後，再花一些時間與病人談話。像這種由細微的觀察以及對病人的體貼所得到的滿足感與成就感，也可以讓讀者體會出，為什麼這位醫生能夠每天早出晚歸，卻仍甘之如飴。

希爾費克（Dr. David Hilfiker）的散文名為「錯誤」（Mistake），對醫者所犯的錯誤有很多坦率的檢討。他很謙虛地指出，現在的醫學使醫者對人類身體有更多的知識、更正確的診斷方法、更多的高科技儀器來檢查與監測病情，這些都有效地遏阻了疾病發展的過程。但很遺憾地，現代的醫學也發展出許多高危險度的檢查以及有可能致命的烈藥，而使醫生可能帶給病人更多的傷害。照道理說，這些高科技應該讓醫術更完美，但也因為如此，醫生卻變得愈來愈沒學到萬一犯錯時，應該如何應對的準備。作者強調這是一個很可怕的事實，每一個醫生都應該要學習如何面對自己所犯的過錯，他認為醫生比一般人更難以接受錯誤，是因為在他們的訓練過程中，他們都沒有機會學到這經驗，而事實上，在開業看病時，錯誤也可能會發生在一些很有經驗的老牌醫生身上。作者認為在大學醫院的訓練裡，年輕的醫學生與醫生常學到一種錯誤的印象，以為真正會犯錯的只有那些剛開業的醫師。這是千不真萬不確的，事實上唯一能克服錯誤的辦法就是懺悔（confession）、改過（restitution）以及原諒（absolution）。作者很坦率地承認，他還沒有辦法解決這樣的矛盾。醫者是醫治病人的，但有時候也要承認會傷害病人，我們醫生要做的就是，將對病人的傷害降到最低點。如果缺乏這種修養的話，我們將永遠無法克服醫療上的盲點。在這篇文章裡，這位醫生不厭其煩地自我檢討犯錯的經驗以及這方面的心路歷程，在在都能給讀者留下非常刻骨銘心的印象。

其他如赫勒斯坦（Dr. David Hellerstein）的〈觸摸〉（Touching）也是一篇非常精采的散文。在這篇文章裡，作者透過他自己醫學生時代親眼看到老師們對病人態度的不當，而深入地檢討對病人的觸摸以及對病人關懷感情的投入，與需要保持冷靜客觀的專業素養，事實上是有相當矛盾的地方，而箇中的拿捏就是「行醫之道」的學習。

## 創造力、軍旅生涯與行醫

我個人過去對英文詩歌較少涉獵，但透過這部書中所收集的詩歌，也才使我真正領略到詩歌能以簡短的幾行字，而表達出含意艱深的意境。譬如說雷納迪（Dr. David Rinaldi）的〈讓我們來談談它吧〉（Let's Talk About It）是一篇很短，但很有震撼力的詩。他認為我們不應該逃避談論死亡，而不惜披露自己當年面對老父病痛臨死的困境所引起的醫者對死亡態度上的矛盾。詩人克利索（Marry Krysl）的一首〈沒有一個所謂的「死亡的片刻」〉（There Is No Such Thing As the Moment of Death）的短詩，也很感人地描述一個護理人員陪伴病人嚥下最後一口氣的情景。詩人麥克來許（Archibald MacLeish）所寫的二首短詩〈白首夫妻〉（The Old Gray Couple: I and II），非常細膩地勾勒出白頭偕老的夫妻對人生與愛情在接近人生終點的感受，真是美極了。安傑洛（Maya Angelou）這位一九九三年榮獲柯林頓總統邀請在其總統就職典禮中朗誦詩歌的名詩人的〈最後的決定〉（The Last Decision），也非常詩意地描繪出風燭殘年的傷感。

在這本書裡頭我也發現了一個很有趣的觀察，這些作家裡頭不乏參加過第二世界大戰的退伍軍人，但似乎絕大多數當年都是服役於空軍的，這種巧合也使我不禁產生出一種臆測，是不是翱翔於一望無垠的藍天白雲的日子最能引發出人們的想像力、創作力，而寫出這般優美的作品。

在看完這本書的第一個衝動是很想請國內有心人士將它早日翻譯成中文，推介給國內更多的讀者。但緊接著，我想與其要翻譯這些與我們國情不盡相同的佳作，而且英詩的翻譯又恐不易兼顧「信、雅、達」，倒不如讓我們把國內一些醫生作家過去對人對事的細膩觀察、廣闊涉獵以及他們所注意到的傷、殘、生、老、病、死的種種經驗，所寫出的醫生對社會關懷的一些佳作編輯成冊。我們希望不久的將來這一本中文的《談行醫之道》的台灣本土版可以問世。個人深信這樣的一本書可以使年輕的醫學生及醫生們對自己的將來有一份更正向的看法，同時也能夠幫忙一些對醫學有興趣的高中、國中的優秀學生早一點了解醫生的生涯，而能體會「做醫生仍然是一個很有福氣的好職業」，而能加入醫療的行列，共同為台灣的「人性化的醫療」奮鬥。（刊載於《當代醫學》二〇〇一年十二月號「每月一書」專欄）

後記：本文所提到的「希望出版一本中文的《談行醫之道》的台灣本土版可以問世」的心願，終於在二〇〇四年如願地得到一些國內醫師作家的支持，由天下文化與黃達夫醫學教育促進會的贊助，與兩位我所尊敬的學長黃崑巖與黃達夫一起編輯，出版了《醫學這一行》。

《醫學這一行》
作者：侯文詠、王浩威、黃達夫、江漢聲、黃勝雄……等三十一位醫師
策劃：賴其萬
出版社：天下文化（二〇〇四）

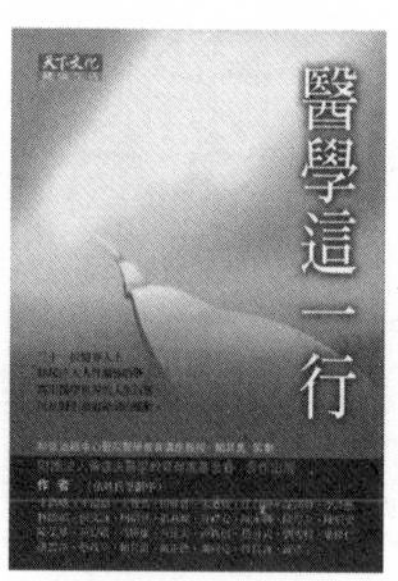

# 白袍

《白袍：一位哈佛醫學生的歷練》

White Coat: Becoming a Doctor at Harvard Medical School

作者：艾倫・羅絲曼（Ellen Lerner Rothman, M.D.）

譯者：朱珊慧

出版社：天下文化（二〇〇四）

## 哈佛高材生的習醫心語

幾個月前好友黃達夫醫師送我這本《白袍》（*White Coat*），我在看完〈序〉以後，就深深喜歡上這本書。但由於時間上的關係，我只能在捷運上不定期地翻閱，而每看完一章，就忍不住要停下來，好好咀嚼玩味，一直到這次在赴美開會的飛機上，才有機會把它從頭到尾一氣呵成地看完。作者羅絲曼醫師（Dr. Ellen Lerner Rothman）在這書裡，娓娓道出她在哈佛大學醫學院從入學到畢業的心路歷程，她將四年的醫學生時期，對學校、同學、老師、病人、醫護人員以及醫療環境的觀察與感觸，栩栩如生地寫出她如何由一年級懵懵懂懂地「白袍加身」，而在畢業時終於意會到這身「白袍」的意義。

這本書總共分為三大部分，第一部分「醫學第一年」共有六章，包括如何走入學醫之路、經歷解剖學科、急診室、安寧病房臨終照護以及醫學生學習如何探詢病人性方面的病史等等。第二部分「醫學第二年」共有十二章，包括一些臨床診斷的學習、價值觀念的改變、參加第一階段醫師資格考試的經驗，以及接觸到一些較不尋常的病人的記趣。最後部分「臨床實習」則包括醫學第三與第四年的生活，共有二十一章，描述到臨床各科系的實習心得，以及一些在實習過程中留下印象深刻的特殊病人。每章大多不超過十頁而已，文筆又十分流暢，讀來讓人欲罷不能。

作者在書中多次描述學醫過程中所經歷的內心徬徨，書中有一句話：「在我來到醫學院以前，我以為我知道『我希望我能成為一個醫生』是什麼意思，但來了之後，我才發現完全不瞭解這醫師生涯代表著什麼樣的意義。」她很坦率地描述醫學生進入醫學殿堂所遭遇到的興奮、驕傲、沮喪、後悔，譬如說在學習過程中常遭受老師們的奚落謾罵，而引起反感，有時覺得老師用羞辱的方式來激勵學生，也不是訓練學生學習溝通的最好範例。她引用一段她同學所說的氣話：「我再也受不了在醫院裡面做聽話的哈巴狗的日子，我整天只是跟在實習醫師和住院醫師的屁股後面。」她也提到在她輪到外科實習時，一位非常稱職認真看病教書的總住院醫師突然自殺，帶給醫學生莫大的震憾，然而，隔天外科醫師們似乎都避而不談這悲劇，而繼續當天開刀看病的例行公事。作者對精神科的實習，特別有一些負面的描述，對給予精神病人的限制以及強迫就醫等的作法，她似乎頗有微言，然而作者最後也承認大家都以為精神科醫師比外科醫師的工作時間短，又沒有血淋淋的緊張日子，但在她走過精神科的實習後，才由衷地體會到精神科醫師對病人所奉獻的心力。

書中可以看到醫學生透過不同學科的洗滌磨練，而逐漸成熟。她說有一次值班時，幫忙醫生進行氣管插管的急救，而她當天的任務是負責抓緊病人的雙手，以防止病人抗拒。但那剎那間，她突然想起自己當一年級醫學生上解剖學科時，曾經有一次在實驗室裡，摸著屍體的手，想像這個人生前的景象，想不到當年的多愁善感而今竟變成強制病人的「幫凶」。這本書中在這種感情上的改變成長有非常動人細膩的描述，以一介醫學生述說她自己隨著年級的成長而改變她對生死的看法。作者感慨良多地指出，在沒有心理準備下，突然接觸到瀕臨死亡的病人時，才發現生死是多麼深奧的問題。書中寫到曾有一位罹患絕症的病人在意識清楚的狀態下，堅持拒絕接受氣管插管，作者目睹總住院醫師尊重病人的意願，拒絕麻醉科醫師的強制救人，臨時改用口罩式的氧氣輸送，急速將病人送到加護病房，而後病人竟然安渡危機，而且免於氣管插管的厄運。然而這一夜之間成為作者最佩服的總住院醫師，隔天居然親口告訴她，大部分的主治醫師均不贊成他前晚的決定，而使作者對「勿做生命復甦術」（DNR）有更深入的思考。

在書中她也探討在學醫生涯中的感情成長，這包括她與同班同學的戀愛以及她與病人的關係。她曾經多次地思考將來夫妻兩人都想繼續保留醫師生涯的可能性，而對事業與婚姻的抉擇有非常深刻的描繪。作者也不時自我警惕對病人權利的侵害，而發出許多自我的省思。她對愛滋病病人也有很多感人的投入，作者強力質疑一些小兒科病人的家長堅持不讓小孩子知道他們患有愛滋病的作法。作者於畢業前與未婚夫選擇到一個在肯塔基州的小鎮哈札德（Hazard），做了一個月的實習醫師。她在書中描寫他們照顧這些住在窮鄉僻壤的礦工病人所帶給自己的滿足，這種年輕醫學生的「赤子之心」也實在令人激賞。

## 在普通人與醫師角色間轉換游移

作者在書中介紹哈佛大學醫學院的新路徑（New Pathway）的小班教學，以「問題導向學習」（Problem-Based Learning）的教法，尤其是貫穿四年的「病人—醫生課」（Patient-Doctor Section）的這門課。從大一開始，這門課就是必修，醫學生在不同階段的學習過程中，透過如何去認識病人、如何獲得病史、如何獲得明確的診斷、如何與師生溝通分享臨床的種種心得，而融合醫病關係、醫學倫理與醫學專業的知識。讀到這裡，的確令人不得不佩服哈佛大學醫學院為了培養出仁心仁術的良醫，用心良苦地設計出如此有心的課程。她描述他們第一年上「病人—醫生課」時，強調如何將病人看成一般健康的人，但後來就不知不覺地把每一個人都看成病人；而在小兒科的實習時，她特別有所感觸地說：「在我醫學生第一年時，被引導去瞭解病人與醫生的關係可以是如此地親密，重視或品嚐人性方面的經驗，而到第二年、第三年時，我們在潛移默化中，開始把人看成是病人，如此我才可以看得出他們的需求。但是一直到了小兒科，與病人的家屬接觸一個月後，我才發現我們應該要扮演雙重的角色，既是普通人，也是醫生。」這門課程無疑地教導了醫學生，在求學過程中如何去拿捏醫病關係。最後作者寫出她在小兒科實習後，所下的決心：「我要以我所有的能力資源來照顧這些小孩子：以我醫學專業的技巧，以我保護者的權利，以及人性的關懷。」也因此她與她先生畢業後，雙雙選擇了小兒科住院醫師的訓練。

作者曾經描述他們醫學院費德曼院長（Dean Dan Federman）在學生開始臨床實習的第一天，在黑板上寫了大大的字——「病人」，並在下面畫了兩條線，他語重心長地對他們說：「你們再也不是注意的焦點，病人才是真正的重點。」作者很感慨地說她終於領悟到「病人來醫院是為了治療，而不是來做我們實習的工具。」

書名為「白袍」，作者也多次描述到她穿上這身白袍的心理變化。她發現只因為自己披上這件白袍，雖然白袍上清楚地寫著「醫學生」，但病人就非常地信任她，而讓她這一年級學生做像「直腸檢查」（rectal exam）這種非常不舒服的檢查。她說白袍使她對病人產生一種權威，但也使自己感受到沉重的責任感。最後在書中的結尾，作者很感性地說，「經過四年，身上穿的白袍已經不是那麼陌生，這件白袍已經舊了，有一個口袋被撕裂，用釘書機釘回去，我已經習慣醫院裡面的生活了。我曾經非常喜歡電視節目

『急診室的春天』，但現在我偶爾看到時，卻只會注意到其中不實或有錯的地方。我不禁自問，我自己像不像一位醫師，我不敢肯定。我想我可能永遠不會終止我朝向醫生與照顧者角色的成長。」

## 對醫學教育的感觸

雖說我在台灣所受的醫學教育是高中畢業後念七年的醫學院，不同於作者所描述的「學士後」四年制，但箇中對學醫這條路的酸甜苦辣，卻是讀來甚有戚戚之感。尤其是自己回國這三年多最關心的就是醫學教育，因此這本書帶給我的不只是追憶往事的「思古幽情」，更提醒我許多自己已經忘記的、當年在醫學院求學時身心方面的感慨與困擾。我常引用美國人的一句俗語說：「你可以把馬拉到水邊，但你並沒有辦法要馬喝水」來形容教學的困難，而這部醫學生的心語，幫忙我更瞭解這隻我想要他喝水的「馬」，也因為這麼多的感觸使我忍不住在看完全書後，就在機上開始動筆寫下這篇導讀。

就我所知，這本書目前還沒有中文譯本，全書英文十分流利，用字又很少艱深的字彙，實在可以用來當醫學生的英文讀物，一則可以幫忙他們了解學醫這條路是怎麼走來的；二則又可多認識一些醫學常識與醫學字彙。我也鄭重推薦這本書給醫學院主管學生事務的導師、關心醫學生的老師、一些憧憬醫學而尚未真正踏上這條路的年輕人，以及

望子成龍希望子女學醫的家長，這本書都會幫忙你更加瞭解醫學生。（刊載於《當代醫學》二〇〇二年五月號）

## 後記

當這本書後來成為黃達夫醫學教育促進基金會與天下文化合作出書的第四本好書時，我就義不容辭地幫天下文化審閱由朱珊慧女士翻譯的中譯本，而當時（二〇〇三年十二月）正好要動身去波士頓參訪哈佛醫學院一個星期，於是我就帶著這本譯本與原著一起動身。我一邊重讀這本好書，一邊又正好在這所醫學院與其師生在一起。走在作者所描述的建築物裡，與她書中所提到的師長交談，也有機會與她的學弟妹談他們在這裡受教育的感想，使我對這本書更產生一種分外的親切感。

第一天到哈佛與前院長費德曼教授交談時，我與他提及《白袍》這本書，我告訴他我很想知道目前羅絲曼醫師在做什麼工作。想不到他說我問對了人，因為他目前正負責哈佛醫學院校友會事務。於是他立即轉頭在電腦上查了一下，就發現這位醫生現在在亞利桑那州的印地安人保留區服務。他老人家神色愉悅地告訴我，當他讀《白袍》這本書時，對這學生的印象是「這女孩子很會說話，也很會寫文章」，但他沒有把握她真的會做一位有愛心、能奉獻的醫生。今天在獲知她居然真的秉持理想不為利誘，選擇在印地安人保留區服務時，他有說不出的快慰。他說現在的醫學生在他們的生涯規畫裡，不少人都把「生活方式」（life style）擺在理想之上，而讓他十分感慨。我們交換了許多有關這方面的意見，而我們都同意醫生這職業與其他行業非常不一樣的就是，我們不能單純以金錢物質的酬庸來衡量我們的成就；這身「白袍」的確具有更深遠的意義。

# 最稚齡的科學

《最稚齡的科學：一位偉大醫師的觀察》
The Youngest Science: Notes of a Medicine-Watcher
作者：路易士・湯瑪斯（Lewis Thomas, M.D.）
譯者：廖月娟
出版社：天下文化（二〇〇二）

## 醫學變革年代的見證者

《最稚齡的科學》（*The Youngest Science*）這本書是路易士・湯瑪斯醫師（Dr. Lewis Thomas）所寫的一本自傳，副題是「一位偉大醫師的觀察」（Notes of a Medicine-watcher）。湯瑪斯醫師可說是美國近代醫學界能言善道、著作等身的奇才，他在醫學專業的研究、人文的素養，以及在醫學人文的論述都是個中佼佼者。這本書最難得是他正好趕上醫療劃時代的科學進展（如磺胺劑、抗生素的問世）、醫學教育的全面改革以及醫院經營的急速變化，而他的一生又橫跨醫療照護、醫學研究、醫學教育、社會服務，以及醫學院、醫院的行政工作，這種多采多姿的人生經驗使這本自傳內容特別豐富。他將醫者面臨時代劇變的心路歷程，透過豐富的感情和流利的文筆，以第一人稱的身分為這時代寫下見證。讀了這本書，令人深感本書作者湯瑪斯醫師確實擁有了歐斯樂醫師（Dr. William Osler）所說的「良醫需有的三個H：謙虛為懷（humility）、人性關懷（humanity）與幽默感（humor）。」

湯瑪斯醫師的父親是一位開業的全科醫生，他小時候就跟著爸爸出診，使他從早就體會到醫者的甘與苦，而母親是一位資深的護士，曾經是一家大醫院的護理長，他從小看著母親刻苦勤儉地幫忙父親照顧病人、維持家計，也使他日後十分肯定護理人員在醫療團隊的價值和貢獻。後來湯瑪斯醫師進入哈佛大學醫學院，畢業後開始醫師生涯，而二次世界大戰時被徵召入伍，奉調到沖繩島及關島的軍事醫學研究單位，從事有關傳染病的基礎醫學研究。二次大戰後，解甲歸田走入學術巨塔，進入約翰霍普金斯大學（The Johns Hopkins University）醫學院的研究室，而後轉到杜蘭大學醫學院主持微生物與免疫學的研究部門，兩年後轉到明尼蘇達大學擔任小兒科及醫學教育講座教授，而後竟以微生物學家而非病理科醫師的身分，受聘為紐約大學病理所主任。四年主任期滿以後，出任紐約貝爾維醫院（Bellevue Hospital）內科主任，在他心目中「全國最好的醫院」裡，與一群對病人有愛心、對科學又有好奇心的醫師，共同留下非常美好的臨床工作的回憶。在紐約期間，他也從事公共衛生的社會服務，而成為紐約市衛生委員會的委員，在這中間他接觸到官僚、民意代表以及民主政治所引起的種種困擾，書中對這段經驗也都特別有一番精彩的著墨。後來他利用教授休假到英國劍橋大學從事有關胎盤的研究，回國後出任紐約大學醫學院院長，而後轉任耶魯大學醫學院院長，最後接任美國最有名的史隆凱特林癌症紀念醫院院長。其他幾章是湯瑪斯醫師本身對神經醫學的想法，以及自己生病以後所嚐到的病人的感受、對女性的景仰，和自己如何對寫作產生興趣的機緣。

## 幼年隨父出診的回憶

我覺得書中最令人感動的一章是〈往診〉——這篇文章被選入本專欄曾介紹過的《談行醫之道》一書，文章描述他父親從小帶他到病人家裡看病。他父親刻意培養他醫者應有的謙沖之心，常告訴他，病人的病能否痊癒，要看他的病是否本來就會自己好，醫療其實沒有多大的作用。他在書中追憶：「我確定父親滿心希望我將來的志願是當醫生，這必定是他讓我跟班的部分原因。父親在言語之間總是要我明白，在他的行醫生涯中，讓他最難過的就是有這麼多人需要幫忙，但他能做的卻極為有限。他必須隨傳隨到，訪視所有的病人，但他卻要我不要妄想只要醫生插手，病程就會有所改變。父親認為這點了解非常重要。這是行醫最重要的一個特點，醫生不只要有心理準備面對這點，更須對自己誠實，承認這點，不要自欺欺人。」他也提及，自己曾在實習時親身體驗到，住院中的病人除了醫藥以外，還需要護士親切、細心和友善的照顧。

湯瑪斯醫師於哈佛大學醫學院最後一年在波士頓醫院實習，看到一位罹患腦性瘧疾的病人，因未能及時診斷，給予奎寧，致使病人死亡，造成嚴重的醫療疏失。他說「這段記憶一直在我腦海中盤旋：一大群身穿白袍的專家來來去去，爭賭這個極為奇特的病症，血一抽再抽，討論再討論，最後卻什麼也沒做。對哈佛人來說，這真是令人難過的一天。」。他語重心長地說：「現在的醫學愈來愈發達，但也漸漸失去了對病人的親切和溫暖的撫觸。如果我再做一個醫學生或實習醫師，開始行醫的第一步，這將會是我最憂心的一點。我真正的工作應該是照顧病人，但現在我卻很可能只顧機器，所以我必須好好想辦法，不要讓這種事發生。」

書中也屢屢提到對病人的關懷，是醫師應盡的天職。他回憶有一次應邀到密西西比醫學年會演講，結果發現當地的醫學會理事長竟然在自己的就職典禮中缺席。晚宴結束後這位醫師才趕回來，他為自己的不在場表示歉意，他告訴作者這是因為他的一位老病人幾個小時前過世，他知道在這種時候病人家屬需要他的協助，所以不得不錯過了這場自己等待了整整一年的盛會。書中也提到，在離開貝爾維醫院多年後，他仍會想起一位年輕的住院醫師，在晨會裡報告病歷時，因為病人最後死亡而忍不住淚水盈眶，使他了解這個醫院的醫師這樣地關懷病人，而使他引以為傲。

## 熱情獸醫士引發的省思

對於時下醫師熱衷於賺錢的態度，他備感深惡痛絕。他記得他們做醫學生時，他們的學長工作時間長，沒有時間休息，假日苦短，而對學弟們的建議是「準備面對辛苦的工作，但是不要期待賺大錢。」他也提到，自己從明尼蘇達大學接受紐約大學的聘任時，是因為紐約大學的研究設備、優秀團隊使他做這決定，而根本不計較薪水，事實上搬到紐約，不僅薪水較低，紐約生活消費也比較高，但他從不後悔當時的決定。最後他還提到，他到加州戴維斯分校做為期兩星期的訪問教授時，看到獸醫學系學生充滿好奇和質疑的精神，以及天真活潑聰明熱情的態度，比起醫學生，更有意思。「他們把這些生病的動物都視為獨立的個體，對牠們很好。要是我躺在紐約市任何一家醫院的病床上，我希望也能和那些生病的動物一樣，得到同樣的關愛與重視……每一個學生都有不同的想法，有的想專攻大型的農場動物，有的有志於研究馬的育種，有的對寵物的醫治與照顧有興趣，還有一些則想在農業部做研究或在獸醫學院任教，似乎沒有人腦子裡想的是高收入或是社會地位。」這幾句獸醫學生與醫學生的比較，的確對醫界一些熱衷名利的人，無疑是一記當頭棒喝。

書中也提到，做醫生一定要非常小心，不然非但沒有幫到忙，反而會害了病人。他回憶在學生時代看過一位號稱傷寒病的專家，迴診時總要觸摸病人的舌頭，而根據舌頭的質地，他就可以預測病人將會得到傷寒。但事實上許多病人在他看過以後的一兩個星期發生傷寒，可能並不一定是這位醫師的診斷正確，而可能是他在迴診時，檢查不同病人並沒有洗手消毒，而散播了病菌，這個故事使人深深感受到，醫者如果學藝不精反倒會貽害大眾。

湯瑪斯醫師由他豐富的臨床經驗，看出病人最大的需求是「我們未來的工作將是診斷及解釋。解釋是醫學的重頭戲。病人和病家最想知道的莫過於疾病的名稱，如果可能的話，希望也能得知疾病的成因；最後，也是最重要的一點：日後會如何演變。」

## 兔心冷凍組織與木瓜蛋白酵素

湯瑪斯醫師在醫學生涯很早期就走入研究的道路，對於內毒素、黴漿菌及一些癌症有關的科學都有非常深入的基礎與臨床醫學的研究。他對研究有非常睿智的觀察：「在現實世界中，研究取決於錯誤預測的能力，更取決於不屈不撓、一再嘗試的毅力。這就是研究。有些研究料中了，特別是重要的研究，常常是矇上的。錯誤才是常態。」他也很坦率地陳述，他曾經在第二次世界大戰期間在關島成功地在兔子身上，複製出標準的風濕熱病理變化，然而戰後回到美國就無論如何再也無法做出同樣的實驗結果。他在書中自我檢討，當年這樣的失敗使他深深感到當初未把兔子心臟的冷凍組織樣本帶回美洲大陸是最大的錯誤。在書中他對研究有感而發：「不管是編撰科學文獻的人，或是史學家都很難弄清楚該功勞應歸於何人。其實，科學界最光輝的一面就是，參與研究的每一個人總是堅持一有結果立刻發表。研究是不需要保密的。對研究人員而言，唯一確切的回饋就是讓所有人看到自己的研究成果。發表報告就是科學研究的全部重點，隨時接受大家的監視與批評，苦幹的科學家要進步的唯一路徑也在於此。」。他也提到醫學的研究有時候會得到「無心栽柳柳成蔭」的意外收穫，他曾經為了要解決過敏學中的史瓦茨曼現象，而用木瓜蛋白酵素做實驗，意外地發現這種酵素可以使支撐軟骨細胞的基質全部消失，最後被神經外科醫師應用來治療椎間板突出。

在最後的幾章裡他提到自己生病的經驗，他說「我以為我對醫院、醫學、護士和醫生知道得夠多了，生病之後則有更多的認識。我也更相信科技的用處，科技自然是愈進步愈好。但我希望醫學生和實習醫生能有個更簡單的方法來認識醫學，或許可以發明一種電子模型，就像訓練飛行員迫降的模擬飛機，讓每個年輕醫生看看，除了無可救藥的大錯、病人性命不保是何種情況？這樣必然有助於醫術的提升。」

最後從醫學教育者的立場，他也有幾句發人深省的話：「我到現在還記得很清楚，我們同學互相傳授心得，甚至左右彼此的生涯走向，渾然不知這也是一種深遠的教育。今天我已不像過去，為了醫學院課程的改革汲汲營營。現在我比較擔心的是，不管怎麼排，講課和討論課總是滿滿的，必須學的資料多得不得了，如此一來，學生哪有時間像我們過去一樣互相提攜一同向前走？」他也描述過去的學醫過程中，一些最好的臨床醫師老師可以讓學生學到許多教科書上學不到的重要學問。書中他追述一位名醫布朗嘉特教授（Dr. Herman Blumgart）的查房「看一位診斷大師為病人做身體檢查，猶如欣賞偉大的芭蕾舞者或大提琴家的演出。布朗嘉特教授動作迅速，很快就做完了。他再問病人幾個問題之後，就把我們帶到外面的走廊進行討論，然後說出自己的診斷，有時甚至是死刑的宣布。接著，他又回到病房，與病人悄悄說幾句話，我們大家都聽不到，顯然，他在安慰病人。」這樣子亦步亦趨地跟著布朗嘉特教授三個月，讓他學習了許多看病的藝術，也使他深深地肯定臨床教師在醫學教育的重要性。

湯瑪斯醫師學醫生涯裡橫跨了幾個醫學史上的大事，尤其是一九三七年磺胺類製劑，使他親眼看到幾個肺炎雙球菌和鏈球菌性敗血症治療的案例。「這真是有如奇蹟一般，讓人不敢相信自己的眼睛。本來奄奄垂絕、無藥可救，只能等死的病人，在磺胺劑出現後，幾個小時即有起色，再過幾天就康復了。」這是多麼生動的一段描述，對於親睹醫學的奇蹟，醫生都會不自覺地有人定勝天的自我膨脹，然而湯瑪斯醫師難得的是仍舊不忘醫者的謙沖。以一個醫療團隊的經營者角度，他也深刻地注意到，我們不只要尊重醫生，更要尊重護士，他引述他父親當年「雖然他很清楚，護士只是遵照醫師的命令行事，但他更心知肚明，有很多的工作是醫師自己做不來的，醫師根本沒有受過那樣的訓練。父親升上主治醫師後，每次巡完房，總會就有問題的病人詢問病房護士的意見，特別注意她們觀察到的現象和護理紀錄。」「我自己從醫生變成病人之後，我發現護士就是使醫院這個整體凝聚在一起的力量，讓醫院有如一個有機體般順利運作。沒有他們，醫院必然會瓦解。」

很高興看到這本書的中譯本已由天下文化委託資深譯者廖月娟女士完成，而得以讓國人一讀為快。在本人審閱過程中，看到廖女士在譯文中有些地方主動加註，要求審閱者確定她翻譯時未誤會作者的意思而誤譯，這種仔細踏實的做事態度，也使我對她追求「信、雅、達」的用心，留下非常深的印象。總之，這本書實在是一本非常值得推薦的好書，不管是醫學生、或是醫生、或是護理人員、或是從事醫學研究的學者，都會在這本書裡找到使你回味無窮的地方，而一般大眾也可在這醫學泰斗的自傳中，感受到這位偉大的醫者對他周遭人物的關愛。（刊載於《當代醫學》二〇〇三年二月號「每月一書」專欄）

## 現代醫學興亡史

The Rise and Fall of Modern Medicine
作者：詹姆斯・勒・法奴（James Le Fanu）
出版社：Abacus（二〇〇〇，第二版）

這本書作者法奴（James Le Fanu）是英國名報《每日電訊報》（*Daily Telegraph*）、《週日電訊報》（*Sunday Telegraph*）的每週醫學專欄作家，也經常為《泰晤士報》（*The Times*）以及其他有名的報章雜誌撰寫有關醫學方面的文章。他對當前一些爭議性的議題也寫過不少文章，包括以人類胚胎作實驗、環保、異性交往引起的愛滋病以及飲食引起的疾病。《現代醫學興亡史》是他的第三部書，最近榮獲洛杉磯時報書獎。本書主要編排分為四部分，第一部分是描述現代醫學的興起，作者先舉出十二個劃時代關鍵性的醫學發現；第二部分他宣示樂觀時期的終了，分析現階段醫學的問題；第三部分談到現代醫學的衰亡；最後第四部分討論現代醫學興亡的原因及後果，並列舉當前醫學正面臨的困境，而向醫學界提出語重心長的建言。全書充滿豐富的醫學趣聞以及作者精闢獨到的見解，有些地方見仁見智，醫界可能不見得完全會同意，但無可諱言地，作者以非醫生的背景，冷眼旁觀所作的分析也幫助了我們醫界的自省。

## 從盤尼西林到試管嬰兒的醫學躍進

本書一開始所討論的是十二個改變時代的醫學發現，包括一九四一年盤尼西林（penicillin）的發現；一九四九年腎上腺激素（Cortisone）的發現與風濕性關節炎的治療；一九五〇年發現鍊黴素（streptomycin）與治療肺結核以及吸煙與肺癌的關係，這主要是描述希爾（Austin Bradford Hill）以睿智的流行病學觀念看出疾病與治療以及疾病與各種生活因素的關聯性；一九五二年Chlorpromazine（註：一種抗精神病藥物）的發現帶來精神醫學劃時代的變化，使一些以前沒辦法治療的狂暴病人因為服用精神藥物而得以重返社會；一九五二年哥本哈根（Copenhagen）小兒麻痺症的大流行而有設立加護病房的觀念；一九五五年的開心手術（Open-Heart Surgery），使過去外科醫師視為禁地的心臟，可以利用體外循環的技術而得以進行手術；一九六一年老年人常見的髖關節疾病可以用人工關節來取代，而過去導致老年人不良於行的廢疾，也可以康復；一九六三年第一次成功的人類腎臟移植，給長年被腎病折磨，等待死亡的病人帶來新希望；一九六四年發現高血壓與中風的關係，而早期發現並治療高血壓成功地減少中風的機率，也引起社會對預防醫學的重視；一九七一年對兒童血癌的治療產生嶄新的成效，過去以為絕症的病童，現在利用各化學療法的組合與放射治療而得以存活下來；一九七八年第一次試管嬰孩的誕生是在英國兩位科學家持續數十年日夜不懈的努力，才讓不孕夫妻有了新希望；最後舉出一九八四年澳洲年輕醫生馬歇爾（Barry Marshall）發現醫學上一直以為與緊張、胃酸分泌過多有關係的胃潰瘍，事實上竟是來自helicobacter pylori（幽門螺旋桿菌）這種細菌的感染。

作者將第二次世界大戰以來這十二個創世紀的醫學發現，稱之為醫學上的巨響（Big Bang），而這些醫學史上充滿興奮的發現，刺激了企業界，開始投入大量資金研發各種新藥。一些新的生物科技也在這個時代紛紛應景而生，譬如加護病房的各種維生設備、呼吸器、洗腎、心臟整律器；各種精細的醫學診斷科技，如電腦斷層、核磁共振、超音波、正子攝影、血管攝影、心導管；以及新的外科手術，如人工關節、眼球晶體的移植、電子義耳、體外循環設備、顯微開刀、內視鏡。這些新藥、新科技、新手術的問世，不只是增廣醫學治療的範圍，也讓人類體認到利刃之兩面，一方面讓醫療的介入更容易，但另一方面也引發出醫界不適宜的診斷與治療的方法。作者接著分析這些醫學上的成功，有些是發現者在剛好的時機碰上剛好的機緣，而使我們不能不承認這是一種「天賜」（nature's gift）。也因為如此，資源運氣有一天一定會有用完的時候。事實上作者認為最近十幾年來所發現的一些藥品再也不像以前的新藥，問世以後對人類引起如此顯著的症狀改變，譬如最近對癲癇、多發性硬化症以及老人癡呆症的新藥所產生的治療效果，就遠不如以前對結核病、關節炎的新治療所帶來的戲劇性變化。相反地，我們正面臨的是因為濫用醫療診斷與治療所造成的醫療浪費。一位非常資深的臨床醫學家克拉克（Michael Clark）曾經感嘆，我們今日的醫學已經步入一種「智慧的退化」。他說：「一九六〇年代年輕的醫生選擇走入消化醫學，主要是因為這個新興的學問充滿挑戰，可以讓他們追求消化道的知識，以運用在臨床的治療；可是現在年輕人走入消化醫學，是為了可以多學習一種內視鏡檢查，一九六〇年代醫學帶來的興奮已經被這個年代的『窺視狂』（peeping Tom）所取代了。」這句發人深省的話對當今醫界重科技檢查，不重深思熟慮的風氣，真是一針見血。作者也舉出其他的問題，譬如說，人類花費在生命最後幾天的資源也十分令人震驚，他在書中特別舉出，一九七五年西班牙獨裁者佛朗哥元帥心臟衰竭心跳停止後，曾經用過電擊，然後經過體外血液循環，用呼吸器維持，經過種種人工的勉強維持二十五天的生命，最後還是不治身亡，但所花費的醫療十分驚人。一九七六年統計報告指出美國一半的醫療費用是消耗在病人最後六十天的照護，這些數據顯示高科技無限制延長生命帶來的困擾，事實上不只是資源的浪費，也帶來了人類何時才願意放棄以高科技延長沒有意義的生命的倫理考驗。高科技的發展正在嚴肅地考驗人類的智慧。愈來愈多投入醫學的年輕醫學生，已不再有那種追尋醫學知識的熱誠，他們很快就被物質生活的享受所引誘，頂級跑車、高樓豪宅的慾望已經掩蓋過他們的求知慾；愈來愈少的年輕醫生願意躲在實驗室默默工作，「臨床科學家」（clinical scientists）已不再是年輕人羨慕嚮往的生涯，成為漸漸面臨快絕種的稀有動物，而這也正是現代醫學不再能繼續往上提升的原因之一。

## 現代醫學的衰亡

在這本書的第三部是討論現代醫學的衰亡，作者認為這主要來自醫學上兩個令人失望的發展——遺傳學與流行病學。作者說，遺傳學曾經帶給人類很大的希望與震撼，一些DNA、RNA的構造，與疾病發生的關聯在在都引起很多診斷學上的挑戰，而後產生「基因工程」應用於許多藥品的研發，緊接著引導出「優生學」的觀念應用到早期胎兒的基因檢測，以及決定一些罹患遺傳疾病病人的家屬透過遺傳基因的測試來決定是否可以傳宗接代，最後「基因治療」也變成一個人類的新希望。然而作者認為，這些研究並沒有達到人們所預期的目標；反之，雖然人類基因密碼開始解謎，但事實上我們仍然面臨一個不得不面對的現實，在伯明罕大學的遺傳學資深教授杰爾（Philip Gell）就曾說過，「這個問題的核心在於我們所面對的並不是因果關係分明的連鎖事實，我們看到的是個錯綜複雜的蜘蛛網，在這網子的任何一個點的變化，馬上會引起每一根蜘蛛網絲的張力變化，而影響到蜘蛛網與樹幹上接觸點的張力。我們無法斷定到底根本的問題在哪裡；我們目前知識上的缺口，不只是沒有辦法補起來，根本上，我們無從下手去把這缺口補起來，我們對這方面的無知仍然沒有辦法解決。」

接著作者提到另一個象徵醫學衰亡的是我們開始對社會理論（Social Theory）帶來

的失望，我們最初以為流行病學可以找出很多疾病因果關係，因此可以做到預防醫學，而解決一些我們以前認為沒有辦法治療的疾病。譬如說，心臟的疾病可能與食物有關，也有一大堆數據顯示，如果能改變飲食的習慣，那麼人類就可以防止心臟血管的疾病，但事實上也不盡然。再說追查大部分癌症的原因，表面上看起來似乎是有關聯的因素，譬如說，過去報告過的癌症與食物的關係，如酒精和乳癌、咖啡跟胰臟癌、養樂多和卵巢癌、漱口液與口腔癌、食用紅肉與大腸癌，這些發現曾經風行一時的理論，最後並沒有被證實，而真正永遠無法否認的事實卻是癌症和年齡增加有關，但老化卻不是我們所能預防的。總之，作者認為過分期待遺傳學和流行病學會帶來的醫學新發展，毫無疑問地將現代醫學帶上衰亡的過程。

## 從另類療法的興起重新省思醫病關係

最後作者在第四部分，總結他對現代醫學興亡的原因及後果，並舉出我們目前所面臨的困境：一九六六年只有百分之十五的醫生後悔他們選擇這個行業，而到一九八八年百分之五十的醫生後悔他們的決定；雖然自從二次大戰以來醫學上有這麼多的進步，但一般民眾對自身健康的擔心程度卻由百分之十五增加到百分之五十；很多成年人普遍對現代醫療沒有信心或不滿意，而開始使用另類療法；醫療費用的急速增加，根據一份英國的報告，英國這十年以來醫療費用已經增加了一倍，但醫療的品質事實上並沒有明顯的改善。作者在人類開始尋求另類療法的現象裡，特別提到現代的醫生已經沒有像以前那麼用心地在看病，而病人接受另類療法時，往往會感受到治療者對他的關懷注意，而且按摩之類的肉體上接觸，也遠比現代醫學過分仰賴實驗室的檢查、注重效率、不好好檢查病人以及濫用醫院病床來得親切。最後，作者認為我們需要高瞻遠矚，用心找出解決這困境的辦法，才不會讓現代醫療更走下坡。他說我們不應該因為科學的發達而輕視自己醫療的判斷，他引用名醫學教育家奧斯勒（William Osler）所常強調的，要多用自己的判斷與直覺，不要一味只靠某些檢查，而且醫病關係的人性化才是最重要的解決辦法。他說一個醫生要能夠聆聽病人，然後做最少的診斷檢查就能夠得到診斷；醫生需要有自知之明，要知道自己能力的限度而不會給病人一些不聰明的忠告，而且也要深知醫學的限制，能夠真正瞭解醫學的真諦，這樣做醫生，就不會後悔選擇這個職業，而一般大眾也就不會那麼擔心自己的健康或尋求另類療法。同時我們也應該知道往後醫學上的進步將會有所限制，而我們醫學上的花費也不可能一直在增加，唯有我們改變自己的態度，我們目前面臨的醫學困境才有辦法解決，我們才能有更好的明天。

這本書提供許多知識與智慧，作者以流利的文筆介紹許多醫學史上令人振奮的發現以及一些科學家的趣聞，也提到醫學史上較為黯淡的一面，最後提出對當前醫學偏重科技忽視人文的警訊。書中有些高見可能有些醫界學者不會贊同，但綜觀整本書在資訊方面的收集、現象的批判以及對醫界的建言，在在都有非常高的價值，尤其是對今天迷失於高科技的檢查、忽略聆聽病史仔細檢查的年輕醫生們，這本書確實是帶來醫界省思的好書。

最後我要感謝中國醫藥大學的陳景祥、黃富煥同學送我這本書，他們在英國特別買來這本書送我，更讓人感激的是，他們還請我所景仰的蘭大弼醫師為我在這本書上簽名，看到書面上寫的「Best Wishes to Dr. Lai, David Landsborough 16-8-2003」的熟悉筆跡，更使我深深地喜歡上這本書。希望有一天會看到這本書的中譯本，而能讓更多的年輕醫生、醫學生們好好地去思考。（刊載於《當代醫學》二〇〇四年一月號「每月一書」專欄）

# 痛苦的本質與醫學的目標

The Nature of Suffering and the Goals of Medicine
作者：艾瑞克・卡塞爾（Eric J. Cassell, M.D.）
出版社：Oxford University Press（二〇〇四，第二版）

《痛苦的本質與醫學的目標》（*The Nature of Suffering and the Goals of Medicine*）這本書的作者卡塞爾醫師（Dr. Eric Cassell）是美國當今醫學人文與醫學倫理的大師，他畢業於紐約大學醫學院，完成內科訓練後，接受傳染病研究員訓練，而後服務於紐約長老醫院，並且擔任康乃爾大學的公共衛生臨床教授。卡塞爾著作等身，特別是有關於醫學人文、醫病溝通以及醫療的本質與病人病痛的研究，都有非常重要的論文著作。他是美國國家科學院醫學會（Institute of Medicine, IOM）的會員，這是美國醫學界的至高榮譽，同時他又是一九九七年至二〇〇一年美國總統生物倫理顧問委員會的成員。卡塞爾醫師長年對醫療的各種經驗都非常用心地分析，而在一九八二年美國權威醫學雜誌《新英格蘭醫學雜誌》，發表了一篇以「痛苦的本質與醫學的目標」（The Nature of Suffering and the Goals of Medicine）為題的長文，引起醫界一大轟動。在論文裡，他分析痛苦的本質，並提出「痛不一定引起痛苦，而痛苦也不一定要有痛」的觀念。幾年後他就將這篇文章的要點，以更豐富的臨床個案與文獻，用同樣的標題出版了這本書的第一版（一九九一），有系統地將他對痛苦的觀念闡述得淋漓盡致，一時洛陽紙貴，成為美國醫學界以及醫學生必讀的好書。十多年後卡塞爾醫師有感於美國醫療生態因為經濟環境的改變，以及各種高科技的介入醫療，深深覺得有必要再重新改寫，而於二〇〇四年出版了第二版，更深一層地闡述他對病人在病痛方面的研究，同時並加上三個新的章節，分別為：〈心靈與肉體〉（mind & body）、〈被稱之為瀕死的疾病〉（The illness called dying），以及〈痛與痛苦〉（Pain and suffering）。

## 從「人觀」出發的醫療理念

這本書最初兩章是闡述「理想醫生」的觀念，在不同的經濟社會環境遭受衝擊，而隨時代改變。接下來開始探討什麼是痛苦的本質，而談論到病人之所以求醫，最主要是因為疾病危害到病人的「人觀」（personhood），如果醫生只是照顧身體的病痛，而沒有看出病人的「人觀」所受到的威脅，病人的痛苦就沒有得到解決。作者在序中強調，「雖然醫學十分發達，但是還有很多的痛並沒有得到適當的治療，而很多的痛苦也沒有被診斷而解決。」他舉出三個常見的疾病：肺炎、乳癌以及冠狀心臟血管疾病，來說明人類與疾病並不是永遠對立的，外在的細菌固然可以引起肺炎，自身體內細胞的變化也可以產生乳癌，但更重要的是有時候疾病是來自於自己長期累積的生活習慣所造成，如長期的不良飲食引起血脂肪過高，而導致心臟冠狀動脈以及血液循環的問題。因此只用各種不同的病因衍發疾病的機制來瞭解疾病是不夠的；事實上很多疾病最重要的是要研究為何這個疾病影響到病人的「人觀」，而因為「人觀」的受到威脅，病人才感受到他自己的病痛而求醫。

作者進而討論醫病關係的神祕，以及醫生對於疾病應該以哪種態度去了解病人，而後探討我們應該追求「疾病的治療」，還是「病人的照顧」。第八章〈治療疾病、肉體或者是病人〉（Treating the Disease, the Body, or the Patients）是我認為全書寫得最精采的一章。他首先舉出一位患有鏈球菌的肺炎病人，當確知病因要開始治療時，才發現這個病人對醫生想使用的抗生素過敏、或者病人有嚴重的糖尿病、或者病人拒絕治療、或者這位罹患肺炎的病人是一位癌症晚期而瀕死的病人，加上這些因素的考量後，到底對病人最有利的治療是什麼呢？作者提出臨床醫學有時並不見得都像教科書裡所寫的那麼黑白分明，他舉出各種安慰劑（placebo）的實驗，說明醫生本身對治療的態度及想法都深深影響到病人治療的結果，而提出他的意見：治療一位病人應該考慮到病人本身的各種因素，而不是只考慮診斷的結果，或教科書所提供的最佳的治療。

接著他以非常精闢的理論來探討慢性病的照護心得，他認為大部分慢性病並不是給藥就可以治療，而是醫生要能使病人了解他所罹患的疾病以及需要的治療，並說服他改變其生活態度。譬如說，規則服藥、改變飲食、起居、作息等等的行為來配合醫生的治療。因此對於慢性病人，尤其是病人的性格、自律、一般常識、過去的經驗、對人生的目標、對自己身體的看法、對周遭的社會環境、社會經濟情況以及與醫生的關係，都是非常重要的因素，也只有透過這樣的了解，才能夠真正找出減少病人痛苦的方法。

## 醫生本身就是一種治療

他也同時提出不管病得多重，醫生總是還有能夠幫忙的地方，因為「醫生本身就是一種治療」（The physician is the treatment）。最後他提出一個非常重要的觀念，就是醫生常常會被病人問到將來病情的進展如何，而這種對將來的預測不應只基於客觀的醫學知識，更重要的是也要了解病人對這病的看法，而一旦脫離個人的特質，將無法成功地預測疾病的預後（prognosis）。同時我們醫學教育中非常重視醫學生利用「病理生理學」（pathophysiology）以了解生病的機制，但這時如果對病人本身不夠了解時，還是無濟於事。作者回顧自己做住院醫師時，做了一些不必要做的治療，而犯下錯誤，因此他誠懇地呼籲：「受訓中的醫生常常會以為自己如果不馬上採取行動的話，一定會引起可怕的後果，因而草率地做了一些治療，反而加重了錯誤。」

接著他在〈醫生與病人〉以及〈誰是這個人？〉這兩章裡特別提到醫生要能夠說病人聽得懂的話，而且要能夠了解最重要的不只是醫學上的知識，而是「對病人最有利的是什麼？」他在這裡特別提出傾聽病人的重要性，他說，當他研究醫病之間的溝通時，他曾利用錄影帶來記錄病人就醫的情形，而發現大部分的醫病溝通，總是醫生問問題，病人還來不及回答完，就接著問另外一個問題，醫生對病人的了解也因此不盡理想。而後他也引出一個很重要的觀念，我們經常把我們辛辛苦苦從病人口中得到的訊息當做一種「主觀的」（subjective）訊息而看輕；相對地，我們常常對實驗室裡面的數據，認為是「客觀的」（objective）而認為是可靠的，就因為這種態度，我們常常會迷失了對病人真正的了解，而因此無法找出一個對病人最理想的治療。

在〈估量一個人〉（The measure of the person）這一章裡，除了精彩的文字以外，作者也利用一些圖片讓我們去領會醫療上還有一個重要的因素，就是美感（aesthetics），而強調在醫學上對病人的了解要整個綜合的探討，而不是看局部的變化就可以做決定。在〈臨床醫師的經驗〉這一章裡，作者談到很多經驗的累積，提升了臨床醫師幫忙病人的能力，但也精闢地指出臨床醫師往往無法接受在醫療上有時無法避免的不確定性（uncertainty），而許多醫師在他成長過程中就是因為這種態度，而忽略了病人真正的特質；或把病人當作教科書裡的人，而沒有好好仔細觀察病人；或一廂情願地，以為病人就是會像教科書所說的一樣，我們可以正確地預測他的未來，這都是我們做醫生特別要謹記在心自我警惕的地方。還有對病人告知實情時，也是一個非常大的挑戰，他提出一句闡述「以病人為中心的醫療」的雋言：「……醫生或醫療團隊應設定三個目標，使病人得到更好的照顧。第一點是所有的診斷與治療都要以病人為考量，而不是以疾病為出發點；第二點，要盡量讓病人的功能恢復到最好的程度，而不是只在乎病人生命延長多久；第三點，盡量減少病人與家屬的痛苦。這三個問題息息相關，而事實上醫生與醫療團隊們注意力的焦點，應該是病人的最大利益，而不是疾病的治療；而想了解病人與家屬最大的利益，就非得了解他們最重視的功能到底是什麼，他們正在遭受什麼樣的痛苦，也唯有與家屬、病人更密切地合作，才能瞭解病人與家屬的感受。

## 醫者的支持是病人最重要的依靠

最後他提出醫生最主要不是治療肉體，而是治療病人，讓病人不會因懼怕肉體的痛苦而失去功能，因此醫生對病人的支持是最重要的。他再三提到受苦的病人往往會讓自己孤立起來，不願與外界溝通，所以醫生若有心要幫忙受苦的病人，第一就是讓他們能夠與你溝通，讓他們知道不管多困難，不管什麼事情發生，我們醫者都會伸出援手。當我們面臨無可救藥的病時，我們也還可以找到病人需要我們幫忙的地方，而不要對病人輕言「沒有什麼可以幫忙的」。他認為傾聽病人時，一定要打開自己的心扉去了解病人，而這種態度曾經被叫過「同情的聆聽」（sympathetic listening）、「同理心的溝通」（empathic communication）、「同理心的體貼」（empathic attentiveness），而「這些都是可以教、可以學的」。作者感觸良多地說，目前科學不論有多發達，還是有很多的痛，我們還是沒有適當的治療，而很多的痛苦我們都沒有診斷出來。我們也需要注意，很多受苦者無法很清楚地把他們的痛苦講出來，所以醫生一定要敞開心胸來接納病人的語言。

讀到好書時，有時候會發現書上所說的話正是自己心中所想的而感到興奮，但讀這本書時，我得到的興奮又比這種意境更上一層樓。我深覺這本書所表達的東西都是我想過的、我同意的，但我卻一直沒有辦法用文字這般貼切地表現出來。我想作者之所以能用淺顯的語言傳達他對醫病關係深奧的卓見，是因為他除了擁有豐富的臨床經驗，又博覽群書，精通文學、藝術、歷史，才有辦法完成這一本好書。我深信謙虛為懷、有心改善照顧病人能力的醫療團隊，一定會非常歡迎這本書，同時醫學生、甚至社會大眾也會因為這本書而更了解醫病關係。果真這篇導讀能為這本書在台灣的中文譯本催生的話，那將是我寫這篇文章最大的喜悅。（刊載於《當代醫學》二〇〇六年三月號「每月一書」專欄）

# 醫生的故事

The Doctor Stories

作者：威廉・卡羅・威廉斯（William Carlos Williams, M.D.）

編者：羅伯・柯爾斯（Robert Coles, M.D.）

出版社：New Directions（一九八四，第一版）

## 全美最多產的醫師作家

《醫生的故事》可能是《當代醫學》「每月一書」專欄裡面所介紹過最薄的一本書，但卻是一本醫生作者所寫的最別緻的書。作者威廉斯醫師（Dr. William Carlos Williams,1883 -1963）可能是全職的開業醫師裡最多產的文學家，而這本書的編者是受他影響至深，著作等身獲獎無數，影響美國教育至深的哈佛大學兒童精神科教授，柯爾斯醫師（Dr. Robert Coles）。柯爾斯醫師寫了一篇導讀，敘述他如何認識威廉斯醫師以及他如何受到他的影響，而書的最後則由威廉斯醫師的醫生兒子艾瑞克（Dr. William Eric Williams）寫了一篇以「我的醫生父親」為題的回憶，道出一些鮮為人知的威廉斯醫師寫作的經過。

本書收集了威廉斯醫師描寫醫師生涯的十四篇散文與六篇詩，其中最為人所樂道的〈行醫〉（The Practice），是從他膾炙人口的《自傳》（*The Autobiography by William Carlos Williams*）裡摘錄出來的一篇非常精采的文章，描述他如何一方面看病，一方面禁不住文思泉湧，隨時寫下筆記，然後有時間就寫成文章的樂趣。在這篇文章裡，他強調看病從來沒有阻礙他的寫作，他說，事實上醫療的經驗反而是他寫作的靈感來源，使他更能寫出真實而深刻的故事。曾經有人問他：「你開業這麼忙，怎麼還能找出時間來寫作？」他回答說：「行醫與寫作事實上並不是兩個職業，行醫生涯使我人生經驗增加，擴展我對生命的感受深度，而使我有豐富的寫作靈感。」

另一篇佳作〈強加外力〉（The Use of Force）傳神地描述他如何與一個不合作的小孩子奮鬥，最後在強力壓制下張開她的嘴巴而看到了扁桃腺長滿了白喉黏膜，及時給予抗生素，才救回了一條小生命。但是他一心想要幫忙這孩子，換回來的卻是被小孩子踢打、抗拒。他在文中毫不掩飾地寫出行醫者因得不到病人和家屬的合作，而感受到的沮喪。

〈長滿了面皰的女孩〉（The Girl with a Pimply Face）這篇文章裡，他描述到一個家徒四壁的窮苦人家看一位生病的小嬰兒，大人都不在家，只留下一位十幾歲臉上長滿了面皰的小女生來招呼醫生。嬰兒看起來是有先天性心臟病，而且拉肚子脫水得很厲害，使威廉斯醫師感慨萬千。後來大人回來後，也不諳英文，只一直要求醫生盡全力救小孩，說他們一定會付醫療費用，而當醫生問到她先生做什麼工作、收入多少時，她又刻意低報數字博取同情。回到家中他非常感慨地與太太談起這家庭時，太太才發現威廉斯醫師根本沒有記下這病人的名字，只記得是俄國移民，甚至還記不起來是否有提醒他們將來要付錢。太太很無奈地說，我們已經付了稅金，如果你要做這種慈善事業，你至少可以到市政府登記「緊急救難」（emergency relief），還可以向政府領個兩塊錢。隔天他聽醫院同事談及飼養的狗生病，送到醫院只打一針血清，居然就要他們付五塊錢，而感慨現在看人反而比看狗更不值錢。這些醫生的對白，再加上他們常會碰到這種不諳英文的各國貧困移民，使他透過看病的生涯，品嚐到各式各樣的人間疾苦。

## 敏察行醫百態

最長的一篇文章是〈老利維斯醫師〉（Old Doc Rivers），描述一位十分特立獨行的醫生，雖然醫術高明、被讚譽能起死回生，但有時擅自替病人做決定，開刀又不按常理，到頭來也傷了不少人命。後來這位醫生才被人發現染上酒癮與毒癮，做出一些醫生不該做的壞事。然而這樣富有爭議性的醫生卻仍擁有一群擁戴者，這些病人非看他不行，因為這些窮人只有禮拜天不用工作的時候才有時間看病，而老利維斯醫師經常犧牲週末的休息時間來看他們。到後來他明明已無法承受工作壓力，卻仍不願捨棄病人。有幾次在開刀途中他突然失去知覺，讓其他醫生不得不丟下工作來接手，最後迫得醫生們聯合起來逼他退休，以免他繼續傷害無辜的病人。這一篇文章清楚地道出醫生需要知道自己能力有限，凡事量力而為，不可妄自以為是在幫忙病人，實際上反倒是害了病人。用現在的醫學倫理眼光來看，老利維斯醫師的確是大有問題，但同時也道出病人與家屬盲目的崇拜，有時會使醫生忘了自己能力的限制。這也印證了《一位外科醫師的修煉》裡〈當好醫師變成壞醫師〉那一章所說的，「醫師應該比多數人更堅強、穩定，抗壓性更高。但事實上卻不見得一定如此。」

〈六月的一個晚上〉（A Night in June）描述醫生三更半夜趕去幫病人接生，在沒有助手、沒有麻醉師的情況下，他如何做緊急處理，最後成功地幫助一位胎位不正常的孕婦順利生下嬰兒，這是他初出道的最大考驗。他描述為病人打催生劑，然後在病人床邊枯等，雖然身心俱疲，也不得不耐心等候，後來忍不住在病人家中小睡，將箇中感受描述得入木三分，也令人了解為什麼醫生這行業會贏得社會大眾普遍的尊重與感激。

〈目無表情〉（A Face of Stone），描述一位猶太裔女人，對醫療無知又不懂得尊敬醫生，而且不願付錢，使威廉斯醫師坦率地道出醫生對這種病人的反感。但最後他發現真正的問題是，因為這女人本身有很嚴重的rickets（佝僂病），且由她先生口中獲知這女人剛由波蘭移民來此，因此推斷很可能這位太太在童年時代，經歷過波蘭猶太人受到的迫害，而揣想她童年在淪陷區所經歷到的創傷，或許造成了她今天對外界社會的憎恨與不信任。由這篇文章可以體驗出威廉斯醫師豐富的聯想能力以及誠懇的自省能力，而使讀者對這位既是視病如親的良醫，又是感情豐富的作家，油然而生敬佩之心。

〈雇用的護士〉（The Paid Nurse）道盡了勞工階級遭受資方剝削，而在職場裡受傷，又不能請假的種種困境，以及工廠雇用的護士小姐對員工的苛刻不仁，皆可以看出服務於貧民窟的醫護人員一般傾向於同情社會主義的想法。

其他還有幾篇散文與詩歌，他的詩雖然只有短短幾行字，卻是字字珠璣，充滿對人生澈悟的哲理。由於篇幅所限，不擬在此介紹。

除了威廉斯醫師的散文與詩之外，本書收集了兩篇他人的作品，編者柯爾斯醫師以學生懷念恩師的心情寫出導論，而最後以兒子追憶父親的文章結束，更是錦上添花。柯爾斯醫師所寫的導論裡，他描述第一次認識威廉斯醫師是在他大學畢業前，指導教授勸他寫信向威廉斯醫師自我介紹，並與他討教他想以威廉斯醫師所寫的詩集《派特森》（*Paterson*）做他的研究對象。想不到威廉斯醫師很親切地馬上親筆回信，並相約見了面。這發生在一九五〇年代初期，以一介大學都還沒畢業的學生居然能夠有機會見到這大名鼎鼎的文壇大師，當時的興奮可想而知。而這會面以後，他們持續的交往也影響到他日後決定走向醫學這條路。當他進入醫學院後，他發現功課很吃力，威廉斯醫師就曾告誡他，你不要以為上醫學院是去玩的，不要以為你要過的日子將是四年天天郊遊野餐的好日子，你要以嚴肅的心情，接受嚴格的訓練，虛心地接受所有加諸於你的責任與訓練，執行他們所交代你的事情，「你是很幸運才有機會接受這些考驗，所以你能夠做醫生，你就要盡你的力量。」柯爾斯醫師坦承在與威廉斯醫師的交往中，使他深深感受到醫生的使命感，他說當他告訴威廉斯醫師他想走小兒科時，威廉斯醫師告訴他，你喜歡小孩子，你想走小兒科我可以理解，但是你要永遠都不能喪氣，因為你要做一位小兒科醫生，你就要懂得如何抓住他們，不管他們如何哭鬧，都要能按住他們不動，你還要能狠得下心給他們打針，這樣你才可以做個快樂的小兒科醫生。他也說威廉斯醫師告訴他很多的故事，使他了解醫師生涯的各種酸、甜、苦、辣。有一次他曾經與他的指導教授，談及他認識威廉斯醫師，這指導教授回答他說，「你實在非常幸運可以認識這樣的一個人。」柯爾斯醫師說，他如果不是親身跟他在一起，實在不敢相信生活這麼忙碌的醫生，還可以在聽到病人的一些話受到感動，晚上就把白天的聽診器轉換成打字機，滴滴答答打出一篇篇的曠世佳作。柯爾斯醫師說他印象最深刻的是，威廉斯醫師有一次對他說：「雖然與我很熟的病人對我非常信任，但我仍然可以感受到他們對我的擔心和懷疑。為什麼他們還會這樣子呢？因為連我自己也可以感受到我對自己的擔心和懷疑！」寫到這裡，柯爾斯醫師就引用艾略特（George Eliot）所說的「unreflecting egoism」（不知反省的自我）來說明醫師最大的問題。本書正可以用來警惕我們，讓我們可以看出來我們所做的哪些值得反省，而不要孤芳自賞或自以為是。威廉斯醫師曾經向一些學生們解釋，他說他自己每一次在病房迴診，或到病人家裡看病都學到很多，「有時候深感自己像是小偷一樣，因為我聽到一些話，看到一些人就變成我寫作的材料。」

## 追念父親的動人回憶

這本書最後一篇文章，是由威廉斯醫師的大兒子艾瑞克追念他父親而寫的文章。他說他祖父是一位替藥廠做推銷工作的人，有機會到世界各地參觀與醫學有關的事情，頗有世界觀，而威廉斯醫師的舅舅也是醫生，兩個人分別影響了他走向學醫的這條路。年輕的威廉斯醫師描述他父親威廉斯醫師在賓州大學醫學院念書時，一心想做藝術家，但他深知念完醫學可以讓他有穩定的收入，才可能有機會繼續追求他對藝術的喜好，因此他決定做一個全職開業的醫生，而且要做一個有良心的醫生，讓他的病人得到第一優先的照顧。所以他畢業以後就成了家庭醫師，而在休息時間，他就是一個喜歡寫散文、寫詩以及偶爾也畫一些素描的藝術家。他描述他們全家一起吃早餐時，爸爸往往已經在打字機前寫了一個鐘頭的作品。吃飯時，電話就放在旁邊，不時與病人或醫生談個不停，接著他就急著開門收郵件，在我們上學之前，他就已經出門上路了。他往往第一站先去郵局寄出他前一晚寫的一些文章，以及一些寫給作家朋友或學生們的回信。看完門診他就到醫院病房查房，看看住院的病人，以及赴委員會的開會，然後才回家吃午餐，也才有二、三十分鐘與我媽媽餐聚小談的機會。有時候他會在家裡客廳小睡一會，然後一點鐘開始到門診看病，診所還設有一個做簡單血液與尿液檢查的小房間，但沒有護士小姐幫他忙。大概三點左右，他看完門診，接著就去訪視因重病無法到診所來看病的病人。

他常常會在看病的路上寫下幾句詩句，而晚餐常常是媽媽與小孩子一起吃，然後父親的飯菜就另外準備，等到父親回來再自己吃。接著爸爸又回去門診看病，一般都會看到晚上九點，或更晚一點，直到看完最後一個病人。孩子們始終沒辦法了解，爸爸到晚上怎麼還有那麼旺盛的精力寫出心裡所想的東西。我們的結論是，爸爸所以會有這麼多精力，可能是因為他很容易抓住要點，有創造力，也許他開車去醫院的途中，會把車子開到路旁，在他的小紅本子裡寫下幾句話。

爸爸在他中年時好幾次都想過是否可以放棄行醫，而全心投入寫作。令他終身遺憾的是，他的出版商一直都不十分重視他，也曾經有人勸他停止行醫，搬到歐洲定居，專心寫作。他曾經去過歐洲兩次，第一次是在第一次世界大戰後，他們舉家搬到維也納，那裡有一些比較先進的小兒科，而回到美國以後，他就開始以看小兒科為主，但當個專業作家而停止開業的願望卻一直沒辦法實現。最後他引述了他父親自傳裡的一段話：「我永遠不會忘記在父親過世之後幾天，我作了一個夢，夢見父親從一座很奇特的階梯走下來，依稀記得是我小時候看過的，但這是在紐約的一棟商業建築裡爸爸的辦公室，他手上拿著商業上的信函，一邊小心地走下樓梯，一邊看文件。當我看到他，很高興地與他打招呼，『爸爸！原來你沒有死！』但是他一看到我，就很嚴肅地對我說：『你知道你所寫的這些詩，我覺得都不好。』我一時無言以對，驚醒過來時全身顫抖，從那以後我就再也沒有夢見他。」他說：「這可以看出我父親一直對自己的寫作並沒有完全的信心，也已經習慣於不為別人所接受。」最後他表示醫學這個「藝術」是他父親最主要的支撐，但文學這個「藝術」卻是一直到他過世後，才因為他的作品榮獲普立茲文學獎而受到肯定。

看完這本書，想想威廉斯醫師一生奉獻給新澤西州一個叫做路勒佛的小鎮，為當地的勞工、貧民與大量移民服務，接生了不只三千個小孩子，而他卻能在那麼繁忙的工作中，孕育出數量驚人、膾炙人口的散文與詩選，他的觀察力、敏感度、對病人的關懷照顧以及流暢的文筆真是令人激賞，在此謹向讀者強力推薦英文之原文版，也希望中譯本不久就能問世。（本文刊載於《當代醫學》二〇〇六年六月號「每月一書」專欄）

# 生活之道

《生活之道：現代臨床醫學之父奧斯勒醫師生活與行醫哲學》
Osler's "A Way of Life" and Other Addresses, with Commentary and Annotations
作者：威廉・奧斯勒（Sir William Osler）
編者：日野原重明（Shigeaki Hinohara）、仁木久惠（Hisae Niki）
譯者：鄧伯宸
出版社：立緒（二〇〇六）

## 十九世紀北美醫學巨擘演講集

奧斯勒醫師（Dr. William Osler, 1849-1919）是影響美國醫學教育至鉅的醫學泰斗。他生於加拿大，畢業於麥吉爾大學（McGill University）醫學院，而後留學歐洲，在倫敦、柏林、維也納進修生理、病理、外科、神經學的研究，最後回到加拿大，在蒙特婁（Montreal）開業行醫，並且在母校麥吉爾大學醫學院進行臨床教學。他特別推崇歐洲的床邊教學觀念，而後他在一八八四年受聘到美國第一家醫學院——賓州大學醫學院擔任內科教授，五年之間，樹立了臨床醫學教學的典範，而且發表無數醫學與醫學教育論文，最後於一八八九年轉到新成立的約翰霍普金斯大學（The Johns Hopkins University）醫學院與附設醫院擔任內科主任。這期間約翰霍普金斯大學醫學院吸引了幾位醫界泰斗，風雲際會，互相砥礪，蔚為一股醫學教育改革之風，進而影響全美醫學教育，而後來震撼美國醫學教育的佛雷斯納報告（Flexner Report）就是出自這所醫學院的教授佛雷斯納博士（Dr. Abraham Flexner, 1866-1959）之手。奧斯勒醫師在約翰霍普金斯大學醫學院工作十五年後決定退休，接受英國牛津大學欽定醫學講座邀請授課，最後病逝於英國。

奧斯勒醫師學醫、行醫的年代正好趕上醫學進步最令人興奮的關鍵時刻：麻醉學的發展使得醫療更能有效控制病人的痛苦；無菌的觀念，完全改變了外科治療的成果；流行病學的發展，使得預防醫學開始推動。這種親身體驗到醫療知識的瞬息萬變，使得奧斯勒醫師在醫學教育裡特別強調醫者終身學習的重要性。

奧斯勒醫師一生共發表醫學論文一千一百五十八篇，文學性文章一百八十二篇。這本書所收集的是他二十篇非常精采的演講，由這些演講裡，讀者可以感受到奧斯勒醫師苦口婆心、強調醫學這一行與其他行業不同的用心，也同時可以感受到奧斯勒醫師個人的氣質以及他的才華，不是一般只會看病療傷的醫師所能比擬。他博覽群書，塑造出人性關懷的敏感度，讀者可以由書中字字珠璣、智慧睿語，領悟出醫學的真諦。

## 日文版編註精闢，成功收錄至英文本

編者日本醫學教育界泰斗日野原重明教授深愛這本書，極力邀請日本明海大學莎士比亞權威仁木久惠教授譯成日文，而後者花了三年的時間到美國、加拿大與英國的圖書館查證各種資料，為這本書加了八百多條的註釋，並且在每一章的開頭加上他們對該演講的心得。其實奧斯勒醫師由於學問廣博，用字遣詞有時較為深奧，而且引經據典，尤其是許多歷史、文學、聖經的典故，以及偶爾使用拉丁文或古典英文，對英語不是母語或非基督教徒的讀者而言，有時難以理解箇中的深奧，而這兩位日本學者如此用心地翻譯、註釋，果然成功地將奧斯勒醫師介紹給日本醫學界。後來這兩位日本學者在友人的鼓勵下，再將日文版的註釋也翻譯成英文，才會有這本增列詳盡註釋的英文版的問世。

這本書所收集的演講，大致可以歸納為五大類：關於醫師教育有八篇，關於讀書之樂有二篇，關於護理人員的教育與執業有二篇，關於醫界應該自我檢討的建言有四篇，而比較屬於哲學性的理念探討則有四篇。

## 關於醫護教育等議題

在醫學教育的八篇演講涵蓋了醫學教育的各種層面，對於老師、學生、學校、教學醫院等等都有非常精闢的見解與建議，並且對學生也提出許多很好的建言。其中最廣為人知的是奧斯勒醫師在一八八九年對賓州大學的告別演說，以「寧靜」（Aequanimitas）為題，道出做一位好醫生的必要條件。他提出做一個醫生一定要能心平氣和，不為壓力所征服，能夠冷靜處理病情，對醫師這行業以及醫學生所應該學習的專業精神也有非常中肯的論述。在〈老師與學生〉這篇演講裡，他非常明確地規畫醫學院的老師應具有的條件。他提到學生需要培養「The art of detachment」（中譯本譯為「善獨的藝術」）的觀念，規勸學生在追求學問的過程中，一定要能夠有系統地貫徹始終，並且指出從事醫學教育的人，如果因為缺乏責任感而未能克盡老師的職責，將會遭到後人嚴厲的批判，因此他呼籲老師們一定要認真地負起教學的工作。他也舉出做為醫師的老師需要有教學的熱誠、優質的研究、充分的準備知識方面的傳授，同時醫學院也要用心聘請最好的老師，並提供良好的研究設備。他也提到如何能夠在醫院裡重視學生學習與病人溝通。在〈學生生活〉裡，他提出許多很好的生活規畫忠言。在〈教學與思想〉的演講裡，他提出對醫學教育的各種思考，不只是充實知識的儲存，同時也要善於醫學研究，兩者是不可偏廢的。在〈送別〉這篇演講裡，他說出他本人對醫學教育的冀望。〈科學的酵母〉講出他對研究方面的重視，他特別提到對醫師來說，科學的訓練非常重要，因為它可以培養慎思明辨的習慣與能力。在〈二十五年之後〉他重回加拿大的母校暢談醫學教育的革命，認為臨床醫學教育應該廢除筆試，而由臨床課程老師直接以學生的實習表現打分數。〈醫院即學院〉的演講充分表達了他認為做一個教學醫院應具備的基本條件，而提出他推動臨床醫學教育的看法。

奧斯勒教授非常重視醫學生養成讀書的習慣，他說他自己每天睡前總要看三十分鐘的好書，而用心良苦地列出十本好書，這也就是奧斯勒醫師很有名的〈醫科學生的枕邊書〉（Bed-side Library for Medical Students），以幫助學生培養成熟的人生觀。在〈書與人〉與〈湯瑪斯・布朗爵士〉這兩篇演講裡可以看出他對書的喜好，而看他如何用心地介紹影響他至深的《醫師的宗教》一書的作者——湯瑪斯・布朗爵士時，可以看出他對「人」、「書」的研究有多用心，以及他對書的「評價」有多深入。這篇演講的用心也使熱心醫學教育者了解在鼓勵學生多看書時，我們需要像奧斯勒醫師這般用心端出好菜，才能誘發學生的食慾。

在護理人員的教育與執業方面的〈醫師與護士〉與〈護士與病人〉，他提出對護理教育的建議，以及闡述護理人員在醫生與病人之間所扮演的重要角色，使我對醫護關係的省思得到更深一層的認識。

## 關於醫學倫理等議題

關於醫界應該自我檢討的建言方面，在〈整合、安定與和諧〉這篇演講裡，他提出跨越國界的醫學教育觀，與目前世界醫學教育組織所推動的醫學教育國際化是相當吻合，這也不得不令人佩服他高瞻遠矚的國際觀。他認為醫療界人士都是充滿了善心、善意，都是無私的奉獻，這點是他覺得最感安慰的，但他也同時呼籲醫生們停止學門之間的惡鬥猜忌，認為溝通是唯一能夠解決的辦法，而挑撥是非、增加紛爭是醫學教育所不容許的。在〈行醫口訣〉中，他說出的話不啻是醫界的暮鼓晨鐘；而在〈定期退休〉

裡，他真誠勇敢地說出「在該退的時候就要及時勇退，不可戀棧」，而引起一些年屆退休的教授們心裡非常不舒服。我個人認為他對醫界最有力的呼籲是〈醫界的沙文主義〉這篇演講，他說醫療行業具有四大特質：高貴的傳承、彼此的團結、隨時都在進步的科學、純粹造福他人，然而醫界卻無法跳脫民族主義、地域主義、派系主義、門戶主義，而無法謙虛承認自己無法改善的缺點。這種出自大師之口的自我檢討，確實帶給當時的醫界莫大的震撼。

比較屬於哲學性的理念探討的演講，包括〈生活之道〉、〈人的救贖〉、〈柏拉圖筆下的醫療與醫師〉、〈舊人文與新科學〉，較之其他各章更為艱澀。在〈柏拉圖筆下的醫療與醫師〉裡，特別值得一提的是，在《理想國》裡，柏拉圖曾經提到「醫師應該親身體驗所有的疾病」的觀念。

在這二十篇的演講裡，我們可以非常清楚地感受到奧斯勒醫師的人格特質，尤其他處處表現對人生際遇的感恩知足，使我留下深刻的印象，特別是對他自己的恩師——麥吉爾大學醫學院的院長帕默•霍華德（Palmer Howard）給他的影響更是念念不忘。在他對賓州大學、約翰霍普金斯大學所做的告別詞，也可以感受到他對美國、加拿大提供他成長教育的栽培環境、對於他日後發展的各種助益，以及同事們與他的合作都心存感激，並且無時無刻都謙虛的自我反省。然而這仁厚長者也有怒目金剛的一面，當他面對醫界的不是時，毅然發出正義的怒吼，而甘冒不諱提出嚴厲諍言的風度，更是當前台灣醫界亟需學習的榜樣。

## 期待中文版的誕生

非常高興這本書已經在美國艾默瑞大學（Emory University）小兒科教授楊義明醫師的策畫下，由鄧伯宸先生譯成中文，不久即將出版，希望這本書能夠廣為台灣的醫界所閱讀。這本書讓我感受到奧斯勒醫師不只是一位醫師，而且是一位學貫古今的智慧長者，也讓我深深體會做一個良醫，需要通識教育的根柢。我衷心期盼透過奧斯勒醫師的理念，能喚醒台灣醫界，「知識」、「技巧」的傳授固然重要，但落實「專業態度」的改進更不容忽視，也促使醫學生瞭解通識教育、人文教育對培育良醫的重要性。同時我個人由這兩位日本學者翻譯、加註以成功地幫忙其國人認識奧斯勒醫師的用心，得到莫大的啟示——我們是否用心思考過，我們還有多少可以為台灣的醫學教育盡力的地方……（刊載於《當代醫學》二〇〇六年七月號「每月一書」專欄）

# 開刀房裡的沉思

《開刀房裡的沉思：一位外科醫師的精進》

Better: A Surgeon's Notes on Performance

作者：葛文德（Atul Gawande, M.D.）

譯者：廖月娟

出版社：天下文化（二〇〇七）

## 知名外科醫師葛文德又一力作

這本書是哈佛大學醫學院教學醫院布萊根婦女醫院（Brighham and Women's Hospital）外科醫師葛文德（Dr. Atul Gawande），繼其暢銷全美的大作《一位外科醫師的修煉》（*Complications*）之後，又出版的第二本好書。本書的原文書名是《Better: A Surgeon's Notes on Performance》，我個人覺得譯為「外科醫師的精益求精」可能與作者的本意更貼切。在這本書的自序裡，作者先描述自己在醫學院快畢業前照顧一位從抗藥性猛爆型肺炎演變成敗血性休克的病人，負責指導他的住院醫師不放心病人的情況，不時自己由一樓到十四樓去看這位病人，及時地改變抗生素用藥，使病人轉危為安。這樣克盡職責、照顧病人的用心，使他深深體會，在醫療的路上，「失敗是那麼容易，一不小心就完了」，也因而領悟到「我們必須洞視成功背後的幽微，只是知道還不夠，還必須願意去做。」他說，診斷正確、技術純熟、視病猶親固然重要，但對醫療種種細節的掌握更重要。接著他也描述到，有一天因為開刀房恢復室已經滿床，他被通知當天的開刀需要改期，但這位乳癌病人為了做前哨淋巴切片的準備，已經打了放射性示蹤劑，如果改天再開刀，病人勢必要再打一次這種含輻射線的同位素藥劑，實在是說不過去。在向病人解釋後，終於等到晚上八點多，開刀房恢復室有病人轉出，才得以在當天完成開刀，而這次自己能以病人為中心所作的決定，使他深感醫療上惟有自我期許，尋求精進才對得起這崇高的職業。他認為做到 better（精益求精）要有三個基本要素：第一個是**努力不懈**（Diligence），第二個挑戰是**務求正確**（Doing Right），第三個要求是**創新**（Ingenuity）。作者即以這三個主題分別寫出十一篇內容非常豐富，對醫師這行業既有反躬自省、又有客觀批判的好文章。

## 從洗手議題到戰場急救透視

在「努力不懈」的主題裡，他寫了以下三章：在第一章〈禍手〉（On Washing Hands）裡，作者提供醫護人員未能養成「洗手」的好習慣，而造成院內感染的一些駭人聽聞的故事與數據；接著他訪問醫院成功推動洗手運動的負責人，而這專家一針見血地指出：「避免院內感染，在我們醫院不是認知的問題，大家都曉得應該怎麼做，問題在於執行。」他問醫療團隊成員的問題不是「你為什麼不洗手」，而是「你為什麼不能洗手？」非常令人感動的是在這一章的結尾，作者說他在看完一位因為開刀後發生感染而未能及時出院的病人時，突然心有所感：「此時此刻，我站在門口，看到警告標示，忽然想到，也許我就是害他遭受感染的人。如果不是我，必然也是我的同事。」這種反省的功夫，正是醫師這行業最需要的美德。在第二章〈一個都不能漏〉（The Mop-Up）裡，他解釋說，「The Mop-Up」是世界衛生組織的防疫標語，指的是新病例出現之後，周遭所有可能遭受感染的兒童都必須接受預防接種，絕不允許有漏掉的。作者在這裡寫出，他親身去印度見證世界衛生組織如何協助推動印度全國人民接種小兒痲痺疫苗的實況，執行任務的工作人員的敬業精神以及對當地民情的洞察力，使他深深感受到「勤奮」是醫療上不可或缺的要素；在第三章〈浴血〉（Casualties of War）裡，作者採訪華盛頓出名的華特．李德軍醫院，而寫出有關伊拉克戰爭中，照顧美軍的醫療人員如何營救傷患的詳細事蹟。他很感慨地說：「為一般民眾診療和上前線支援真有天壤之別。平時或許可以馬馬虎虎，但在戰場上一定要一絲不苟。醫學也是一種實踐的科學，仔細研究，增進已有的知識與技術。雖然他們告訴我的作法很簡單，聽來實在沒什麼特別的，然而成效卻非常驚人。」他提到，單單要求軍人好好穿戴凱夫勒特殊纖維的防彈背心來說，就足以看出，做對了一件可能看起來很容易的小事情，竟會有那麼大的成效。同時他也寫到前鋒部隊的醫療人員、外科部的醫療用品補給有限，只能速戰速決，急救手術時間求快，而術後加護照顧的時間也無法超過六小時，所以他們一旦先把汙染和出血控制住，就盡速往後方送，交給下一站去做更專門的處理，如此一則不會在不理想的環境下進行未必是最好的處理，同時爭取時效，避免其他緊急個案的延遲就醫。這種對效率的重視與平時的一般醫療原則的不同，也是令人耳目一新。

## 人際互動、訴訟和死刑問題

在「務求正確」的主題裡，他寫下了以下五章：在第四章〈裸〉（Naked）裡，作者談到，醫師由於特殊專業的身分，可以要求一位素昧平生的病人裸露身體的部位，而由此談到醫者行為不得不審慎的地方。他說：「你應該把社交禮儀看得跟專業磨練一般重要，學習拿捏自己的態度與做法，要多隨和，多拘謹，何時說話要保留，何時要直言無諱。」並且語重心長地道出：「雖然沒有任何一種決定永遠是對的，我們還是可以好好想想怎麼做會比較好。」；在第五章〈纏訟〉（What Doctors Owe）裡，作者採訪一位本身曾經是骨科醫師，後來因為個人的興趣而到法學院夜間部修課，考取了律師的執照，而漸漸發覺對法律比行醫來得有興趣，於是搖身一變成了專門幫忙病人告醫生的名律師。這位律師也主動與作者談起自己過去行醫被告過的三個案子。他說，他很不同意保險公司站在「花點小錢消災了事」的立場，要求他同意將自己覺得並沒有犯錯的兩個案子「場外和解」。但對於一位死於深部靜脈栓塞的病人，他坦承自己有疏忽，應該挨告。他深信「醫師對病人應負起適當的照護責任，如果沒把病人照護好，或犯了明顯的過錯，使病人遭受嚴重傷害，醫師就該承擔疏失。」最後在這方面作者說出了非常中肯持平的看法：「一位醫者在照顧病人的時候，其實往往沒有選擇的餘地，如果真做錯了什麼，也不會有人願意拿出一大筆錢來做為賠償；但如果願意坦承疏失，可以換得病人的諒解而不提出告訴，醫師多半還是願意承認自己做錯了什麼。」我相信這一章對於目前美國醫療訴訟充斥、醫者動輒得咎而漸漸失去熱誠的醫療困境，一方面可以提供醫者反省改進的睿智，另一方面也可以提供社會大眾對醫療人員較正向的瞭解。在第六章〈薪事誰人知？〉（Piecework）裡，作者以自己從醫學院畢業後，又完成了八年外科住院醫師訓練，而獲晉升為主治醫師，在考量如何與科主任談判薪水時，開始深思「到底醫生應該要要求多少的收入才是合理」，從而提出了他個人的心得。他說：「如果行醫純粹是為了賺錢，跟賣車有什麼不同？為什麼要忍受十二年嚴酷的訓練，去商學院學個兩年不就得了？原因在於行醫至少要具有為世人和社會服務的動機，這才是有意義且令人尊敬的行業。因此儘管病人的保險公司不願給付，讓我們氣到吐血；或者病人根本就沒有保險，在病人上門求救之時，大多數的醫師還是不會見死不救的。如果我們只願意醫治有錢人，不願照顧一般民眾，那麼行醫的理想就蕩然無存了。」在這樣子的思考下，他想通了要向主任提出多少薪水才是他本人認為合理的要求，而在主任一口「沒問題，就這樣」的反應下，開始了他心安理得的行醫生涯。在第七章〈死刑室醫師〉

（The Doctors of the Death Chamber）裡，他筆鋒一轉，談到國家法律執行死刑需要醫療人員的參與，但這顯然與醫師這種以救人為己任的職業精神有嚴重的衝突。他首先指出，一九八〇年美國醫學會即發表宣言，認為「毒物注射行刑法」違背醫學倫理核心價值而反對醫師參與，並標明「只有兩種情形特許：應囚犯要求，開鎮靜劑的處方，以緩和其行刑前焦慮，以及在行刑官宣布犯人死亡後開立死亡證明書。」在討論這罕見的專題裡，他提供由閱讀獲得的各種數據、看法以及自己聆聽參與監獄執刑的四位醫師與一位護士鮮為人知的心聲之後，他本身雖然贊成死刑，但卻決定挺身而出、義正詞嚴地對當前法令提出質疑：「我認為我們應該和醫學倫理規章站在同一條線，立法明令禁止醫師跟護士參與死刑的執行。如果法庭還是堅持執行死刑『不可有違憲的疼痛與殘忍』，但卻又做不到，那就應該考慮廢除死刑。」這種正義凜然地挑戰立法矛盾的風範，充分表現出醫界應該具有的社會責任。在第八章〈戰鬥〉（On Fighting）裡，作者主要談的就是醫生最難做到的「自知之明」，知道哪些是自己能力做得到的，哪些則是做不到的。無可諱言地，我們醫生有時難免會在沒有意識到自己的盲點之下，在病人的診斷、治療上做了錯誤的決定。作者說：「醫療資源分析師常指出，我們把四分之一以上公共衛生的預算，花在生命只剩最後半年的人身上，豈不荒謬？這不是浪費嗎？問題是我們如何斷定哪一個病人只剩六個月的生命？」無可否認地，「事後諸葛」可以看出許多我們錯誤的決定所產生的後果，然而再碰到類似的臨床問題時，卻有可能因為上次「做得太多」，而導致這次「太快喊停」而引起另外的問題。作者與一位批評醫師「不知道什麼時候該喊停」的護士討論時，他誠懇地問她，到底哪一種作法最好時，她經過一番思考才說，她心目中的好醫師應該要掌握以下這一點：「不要只想到自己的表現和風評，多想想病人吧！」這句話使作者得到以下發人深省的結論：「沒有人能明白告訴我們，我們能做什麼，不能做什麼。常常面對詭譎多變的情況，我們只能向前衝，不輕言放棄。但在向前衝的同時，我們必須反省，如果是為了個人英勇而向前衝，或是盲目衝刺，不如停留在原地。一旦意識到向前衝反會為病人帶來傷害，就得三思。」

## 數字在不同條件下反映的不同意義

在「創新」的主題裡，他寫了以下三章：在第九章〈艾卜佳評分表〉（The Score）裡，作者敘述一位女醫師在臨盆時堅持自然分娩，最後在飽受折騰之後，不得不接受剖腹生產的過程，其中穿插了一些有關婦產科醫學的名人軼聞。文中特別介紹首創「艾卜佳評分表」（The Apgar score）而大幅降低新生兒死亡率的麻醉科女醫師維吉尼亞・艾卜佳的一些感人故事，以及聆聽產科大老包威斯醫師對產科執業的諸多感慨。後者在作者採訪時，坦承「產鉗」其實如果好好善用的話，可能會比「剖腹生產」對產婦更有幫助；但今天「剖腹生產」卻反成了主流，而愧然長嘆：「身為教授，你必須做模範。但你不希望只有自己一個人是英雄，下面的住院醫師根本就做不來……更何況，醫學有太多的不測風雲。」在第十章〈醫師的成績單〉（The Bell Curve）裡，作者特別舉出「囊狀纖維化」（cystic fibrosis）這種遺傳病的治療，其成果在不同的醫院竟有顯著的平均存活年齡的差異。作者注意到，在馬修斯醫師所服務的克利夫蘭囊狀纖維化中心，病人的平均存活年齡為二十一歲，是其他中心治療的病人壽命的七倍。特別感人的是，他引述馬修斯醫師在醫學研討會上曾說的一句話：「雖然我不能斷定我們的病人可以活多久，但我希望他們大多數都可以出席我的葬禮。」這是何等悲天憫人的胸懷！最後作者提到他參訪名列全美照顧此類病患榜首的明尼蘇達州明尼亞波利市的囊狀纖維化中心——費爾維大學兒童醫院，而有機會看到在該中心服務近四十年的渥偉克醫師如何看病，他注意到這整個團隊非常注重照顧這類病人的細節，尤其是如何用心呵護醫病關係，讓病人瞭解醫療希望達到的目標，以爭取病人的合作。最後作者說：「我們常以為醫師的能力主要取決於科學知識和技術。但從明尼蘇達和本書其他各章的例子看起來，那只是醫療最容易的部分。即使醫師知識豐富、技術高超，表現可能也只是平平，其他不是那麼明顯的因素如積極、努力不懈和創新才是成敗關鍵。」在第十一章〈我的印度之旅〉（For Performance）裡，作者與大家分享他在父母的祖國印度所看到醫療方面的各種心得，醫院門庭若市的情形比台灣有過之而無不及，而在那麼嚴重的資源匱乏不均以及不盡理想的醫院管理之下，印度在醫療照護方面還是交出了非常亮麗的成績單。但作者語重心長地說，好幾位印度的醫師告訴他，「申請一台磁振造影儀要比取得基本的醫療材料來得容易，也比維持院內環境衛生簡單。」他很感慨地說：「儘管那些機器是現代醫療的象徵，可是有機器並不表示可以治好病人……更重要的是理性、可靠的管理組織。」

## 醫界今後的挑戰

在本書的〈後記〉裡，他提到行醫也像零售生意，一次只能服務一個人，單單一個醫師的貢獻還是有限，而感慨良多地說：「你不由得覺得自己只是一部機器裡的一個小齒輪。這機器雖然神奇，依然只是機器。要看這部由數百萬個小齒輪組成的機器運作得如何，不是單單一個醫師辦得到的。」最後他歸納了五點醫界應該共同努力的地方：第一、**隨口問問**（ask an unscripted question），仔細聆聽，注意病人所說的話；第二、別**猛吐苦水**（don't complain）；第三、**計數**（count something），應該要對研究有興趣，找一個目標去數數看，「只要你數的是你感興趣的」；第四、**寫作**，「寫作可以把你拉回來，使你冷靜思考。如果心裡有怨氣，也可藉由寫作來抒發，也讓自己變得更深思熟慮。」第五、**勇於改變**，願意積極尋求解決之道。

最近有機會從網路聽到葛文德醫師接受名電視節目主持人查理・羅斯（Charlie Rose）在他榮獲二〇〇六年「麥克阿瑟研究員大獎」（MacArthur Fellows），或俗稱「天才獎」（Genius Award）的訪談。當他被問及他最關心的是什麼，他說，做一個醫生最關心的是「醫生這行業失敗的代價」。他語重心長地說，醫生犯錯時，他會傷害到別人，這不只是道德上的遺憾，也會對自己行醫的樂趣產生嚴重的打擊，以自己一介外科醫生言，他就會非常重視外科醫生不小心在開刀時留下外科器械或紗布於病人體內。羅斯先生半開玩笑地問他說，這種事真的會發生嗎？他一本正經地回答說，這種不幸事件發生的機率是一萬五千分之一，由他嚴肅的表情以及精準的數據，可以看出他真心地重視如何避免這種不是故意、但卻很難避免的外科醫師的憾事。他說他目前非常關心的是我們如何以有限資源來維護地球上那麼多的人口，他說他非常擔心中國、印度這種高人口的國家如何應付這種危機，所表現出來的以天下為己任的胸襟著實令人感動。最後他被問及，是否很早就想過要以寫作作為人生志業，他笑說，他是一直到外科第二年住院醫師時，在一位替網路雜誌拉稿的朋友慫恿之下，寫了一篇題名為「波斯灣戰爭症候群」的五百字短文，想不到一寫就寫出興趣來，而使他後來變成《紐約客》、《新英格蘭醫學雜誌》的專欄作家，而最近連續出了兩本暢銷書（註：二書之中譯本，本書及《一位外科醫師的修煉》均由天下文化與黃達夫醫學教育促進基金會合作出版），才使他發現寫作不再只是嗜好而已，而是一種非常有價值的工作。他說，發表在一般雜誌的文章，或以一般大眾為對象所寫的書會有更廣大的讀者群，而對社會的影響更遠、更深，這也可以看出他的確不是一位躲在象牙塔裡，專研學問而不食人間煙火的大學教授。不過他最後還是提醒自己，身為哈佛大學醫學院的外科教師，他最重要的任務還是照顧好病人的健康以及提交研究計畫做研究，絕不能因為寫作而犧牲前者的品質。如果讀者有興趣，我強力推薦諸位上網（網址http://video.google.com/videoplay?docid=-4326184187121041558&q=owner%3ACharlie_Rose）一睹葛文德醫師接受訪談的丰采。

最後，謹向本書中文譯者廖月娟女士再度為台灣翻譯一部信、雅、達兼具的好書致敬。對於積極想要推動國內醫界與社會大眾閱讀好書的有心人，能夠看到好書配上好譯者，正是最感快慰的一刻。謹以此文，鄭重推薦本書給喜歡看好書的讀者！（刊載於《當代醫學》二〇〇七年七月號「每月一書」專欄）

## 醫生這件事

《醫生這件事》
Bloodletting and Miraculous Cures
作者：林浩聰（Vincent Lam, M.D.）
譯者：廖月娟
出版社：大塊文化（二〇〇八）

### 自傳色彩濃厚的虛構小說

曾經翻譯過數本與醫學有關書籍的名作家廖月娟女士應大塊文化之邀，將Vincent Lam的加拿大暢銷書《Bloodletting and Miraculous Cures》譯成中文，而大塊文化的編輯來函邀我為這本《醫生這件事》作序。由於我平時不太喜歡看小說，所以我對作者與書名都十分陌生而有點遲疑，不敢冒然答應。想不到看完這本書，才非常珍惜這段因緣，寫完序文，進而想在「每月一書」向大家推薦。

《醫生這件事》描述四個年輕人進入醫學院，由醫學生「蛻變」（transform）為醫生的成長故事。作者很熟練地以第一人稱交替地寫出這四個年輕人的心路歷程，而從作者的背景，也不難猜出書中許多情節，都是作者將其個人多彩多姿的生涯以及他對周遭同學的敏銳觀察，分散成這四個不同角色的遭遇，由此編織成一部有血有肉的小說，娓娓道出這些年輕人如何由天真無邪的中學生，為了不同的動機，迷迷糊糊地走入學醫之路，而後因緣際會得到各種不同的人生體驗，從而走出各自不同的行醫之路。

由於作者的家庭文化背景，他刻畫的東方人子弟如何受到父母的「威迫利誘」而進入醫學院的「不近人情」，真有入木三分的傳神。進入醫學院初期的大體解剖課、家人生病對醫學生的心理壓力也都有相當深刻的描述，而後進入臨床，在急診處碰到有被迫害妄想的精神病人、應付送病人到急診處的警察人員、緊急施行人工心肺復甦術、為了安慰死亡病人的家屬而學會說謊、參加國際空中緊急救難工作的身心壓力等等，都能幫忙讀者體會行醫路上點點滴滴的甘苦。我個人覺得作者在〈接觸追蹤〉這一章裡描述ＳＡＲＳ侵襲多倫多時，醫師、護理人員與社會大眾的感受，使我直覺地認為作者當時必定有親自照顧這種病人，或自己真的遭受到隔離的經驗，不然實在很難寫出這般傳神的情節，尤其是那段「小陳」醫師衝破隔離他與「費茲」醫師之間的玻璃門，奮不顧身地對同儕進行急救的描述，更會讓人對醫師間的友情、真情所感動。對於曾經接受ＳＡＲＳ洗禮的台灣讀者，這一章應該會引起許多的共鳴。

## 上午拿筆，下午掛聽診器，並樂此不疲

作者Vincent Lam（林浩聰）是一位越南華僑後裔的醫師作家，出生於加拿大安大略

省，成長於渥太華，目前為急診醫學專科醫師，同時他也曾經參加過國際空中緊急救難工作以及南極探險船上的醫療工作。他從小就喜好寫作，在這部《醫生這件事》得到二〇〇六年加拿大吉勒文學獎（Giller Prize）時，接受記者採訪，坦承自己從小就夢想成為作家，而到十五歲時，才意會到作家也要有豐富的生活經驗做題材才寫得出好東西，而做醫生一定會得到許多的人生經驗，才使他走向學醫之路。有趣的是他做了醫生以後，才知道單單做醫生就是一個非常吃力的工作，更不用說作家與醫生兩者兼顧，真是難上加難。但他在記者問他說，你自認為是醫生還是作家時，他笑說：「這要看你問我這問題的時候，我手上拿的是聽診器，或者是我正面對著電腦的word processor。」做為急診醫師他們都是二十四小時值班制，他通常都是下午開始上班，而他發現最好的寫作時間是在上午，能寫出自己想寫的東西以後，帶著愉快的心情去上班是最有意思的生活。他說他所專精的急診醫學，面對的病人與家屬處於緊張恐懼的狀態，而醫生也因為病情的關係須分秒必爭，這種經驗使他充分體會到「醫病溝通」的重要，而這時候醫生說話的用字遣詞更是贏得對方信任的關鍵。

我個人認為，這一本醫師作家所寫的《醫生這件事》是一部非常傳神地介紹醫生如何蛻變的故事，是值得推薦的好書，因為它可以促進醫生瞭解自己，以及幫助社會大眾瞭解醫生。（刊載於《當代醫學》二〇〇八年十一月號「每月一書」專欄）

# 希波克拉底的影子

《別把醫師當做神：一位優秀醫師的真誠反省》
Hippocrates' Shadow: Secrets from the House of Medicine
作者：大衛・紐曼（David H. Newman, M.D.）
譯者：廖月娟
出版社：天下文化（二〇一一）

這是一本由醫生執筆的對醫病關係自我檢討的好書。這本書書名《Hippocrates' Shadow》，直譯應為《希波克拉底的影子》，作者以號稱「醫學之父」的希臘名醫「希波克拉底」對醫病關係的論述與其照顧病人的以身示範，來對今日醫療環境，空有科技的進步，卻無醫療品質提升的窘境，做出發人深省的分析。

## 揭露醫界不能說的祕密

作者紐曼醫師（Dr. David Newman）是一位執教於哥倫比亞大學醫學院的急診科醫師，除忙於臨床急診醫學的服務與教學之外，並經常於醫學雜誌發表其臨床研究報告。紐曼醫師在二〇〇五年曾以美國後備軍人陸軍少校的身分，接受徵召至伊拉克服役一段時間，其人生閱歷、臨床經驗以及每天在急診處的工作使他經常站在醫療的第一線，而對醫生與病人所發生的各種問題有極其切身的體驗。作者以流暢的文筆以及豐富的資料，深入淺出地將一些艱澀的醫學專門知識以及他所觀察到的醫病雙方的問題，條理分明地介紹給一般大眾。他直言，醫病之間之所以漸行漸遠，是因為醫師的行為長久以來擁有許多「祕密」，使得醫病之間無法跨越這道鴻溝。醫師的一些不假思索的習慣態度，不知不覺促使病人接受其權威、傳統的地位，因而引起病人對醫師產生一種超乎現實的期待，一旦有病痛，就會要求醫師一定要馬上開藥、檢查或開刀，而造成許多不必要與無效的處理，引起醫病之間的困擾與不滿。作者在書中非常坦率地指陳醫療界一些罕為社會大眾所知的「祕密」，而希望由此促進醫病雙方的自省。

他在〈前言〉裡，苦口婆心地道出，「事實上，我們現代醫學的真正『祕密』是一直受到醫界傳統、群體思維與制度所保護，而不容我們質疑與自我檢視。」他說他並不是故意要舉發醫界的不是，而是希望這些醫界傳統的積習，可以透過回顧「希波克拉底」的精神，好好重新自省。全書一共分為九章，討論各種他所觀察到的現今醫療界的問題，而在每章的最後，他都引用「希波克拉底」的主張，來提醒讀者，回歸醫療最重要的原則：「聆聽病人所說的話以及仔細為病人做身體檢查」，是無法以其他任何「科學」所取代的。

第一章〈其實，醫師不是什麼都知道〉裡，作者提出科學的進步並沒有回答醫學的所有問題，譬如說「為什麼有些病，如『多發性硬化症』，會在高緯度地區特別盛行？」「為什麼同樣是『紅斑性狼瘡』的診斷，有些病人病情很快地就變得很差，而有些病人經過那麼多年卻還是一點也沒有惡化？」「為什麼許多背痛的病人，因為X光影像所呈現的脊椎病變，而接受開刀，但症狀卻絲毫沒有好轉？」而坦承醫界對許多常見的病，事實上還是所知有限，而一些醫學上常用的診斷術語，事實上只不過是醫療人員利用一種似是而非的字眼，來掩飾醫界難以啟口的「我不知道」。他直言在醫師的培育過程裡，我們的教育使醫師們都羞於承認「我不知道」，因為這種話象徵「弱點」（weakness）與「無知」（ignorance）。最後作者引用「希波克拉底」原作之英譯者瓊斯（W. H. Jones）在其一九三一年所出版的第四卷裡所說的話，根據考證，希臘當時的語言對「科學」與「藝術」二詞是通用的，他說，「希波克拉底當時所使用的這個希臘字，可以翻譯成『科學』，也可以翻譯成『藝術』……希臘是一直到亞理斯多德時期，才有不包含『藝術』的『科學』這個字。」所以作者認為希波克拉底對醫學的認知，「並不以為醫學是絕對正確、不容質疑的事實與數據的組合，也因此他從不假裝自己無所不知，但他有把握他確實瞭解自己的病人。」因此作者說，他從不以為對病人坦承自己能力的有限，是暴露自己的弱點與無知；相反地，他認為一個知道自己能力的極限，而願意請教別人的，才是真正能夠照顧病人的好醫生。

## 坦承與溝通才是關鍵

第二章〈做這些檢查或治療，有必要嗎？〉裡，作者引經據典，舉出幾種醫生經常使用，而大多數病人也都認為他們需要的治療，但事實證明這些都是沒有效或不應該做的，譬如說「一旦心跳呼吸停止，就不管病人的情況，馬上進行心肺復甦術」、「病人感冒喉嚨痛，就應該使用抗生素」、「只要是女性病人，就一定要定期接受乳房攝影檢查，而一有懷疑就要做切片檢查」等等，因此他主張醫病雙方對這種以訛傳訛、習以為常的主張，都要再三自問「這種治療真的需要嗎？」最後作者引用希波克拉底的信條，醫病之間最重要的是「信任」，而病人因為信任醫師，所以都以為醫師之所以推薦這種治療或檢查，一定是因為醫學上已證明這對他們是有必要的，也因為如此，我們做醫生的就不應該濫用病人對我們的信任，而繼續使用沒有效的治療。

第三章〈為什麼醫師的意見常常不一致？〉裡，作者坦言醫生之間意見相左是常見的事實，這不只醫生之間對身體檢查的觸診、聽診的看法不同，有時甚至不同的醫生對同一種症狀與徵候、對同一張心電圖或X光片都會有不一樣的判讀，而造成病情的診斷不一，引起病人很大的困擾。作者引用希波克拉底的名言，「醫療是一種藝術」，而既然是藝術，就應該能容許會有因人而異的可能，所以醫師不應該隱瞞彼此的不同意見，反而應該接受彼此的想法，而提出「百分之百的同意在醫學上並不多見，但完全的誠實卻是一定要做到的。」

第四章〈醫師的態度，容易讓人很受傷〉裡，作者對時下醫療講究效率，而不花時間給病人解釋，有非常深刻的針砭。他也指出有些醫師甚至為了省得麻煩，乾脆投其所好，病人要求什麼，就給什麼檢查或治療，而多做了一些自己也認為沒有必要的處置。作者分析在目前的醫療情況下，因為時間的壓力、對高科技的過度信心與仰賴、沒有效率的醫療制度、不良的醫病溝通、來自於病人的執著或無知的堅持，造成這種愈來愈嚴重的醫療困境，而唯有我們在回顧希波克拉底的行醫之道才有辦法改變這問題。作者說，希波克拉底是一位非常注重溝通的好醫生，他聆聽病人，但自己說話不多，他用心瞭解並記錄病人與其家屬心裡想的是什麼，希望得到的是什麼。遺憾的是，今天我們因為迷失於科學的獨大，而忽略了這希臘先賢幾千年前就強調的醫病溝通的真諦。

## 切記，病人最大

第五章〈為你診斷的是醫師，還是機器？〉裡，作者指出，現在許多醫生與病人都喜歡做一些事實上不必要的檢查，如抽血、照X光片、電腦斷層或磁振造影等的高科技檢查。這種浪費醫療資源的行為十分可怕，但大家似乎都不在乎，而對這種科技的迷失最主要是來自於無知，而高估了各種檢查所能達到的成效，結果反而帶來更多的醫療問題。作者特別在此提出十八世紀的一位基督教牧師貝葉斯（Thomas Bayes），以其對數學的造詣，提出一個「有條件之或然率」（conditional probability）概念，如果我們要瞭解某一物的意義，我們絕對不能忽略其周遭的條件。這觀念直接影響到醫學的就是，如果我們只看醫學檢查的數據，而不了解有關病人的其他訊息，這將會嚴重地誤導醫生。今天醫病雙方都迷失於科技的萬能，而忽略了探問病史與仔細做身體檢查的重要時，我們喪失了醫病溝通的機會，而嚴重地導致醫生對自己的職業以及病人對自己的醫生的滿意度直線下降。最後作者引用一段希波克拉底對一個病案的詳細觀察紀錄，來對照今日的醫師只關心檢查結果，而對病人的了解卻付諸闕如，是無法真正幫助病人的。作者語重心長地說，「希氏深知『病人』比『檢查結果』重要。」

第六章〈十年前的醫學知識，不見得還是對的〉裡，充分地討論科學的突飛猛進使醫者不得不隨時修正自己以前學到的東西。作者列舉許多我們由師長或書本上學到，而奉為圭臬以為是牢不可破的金科玉律（axiom），孰不知這些過時的、沒有深厚根據的知識早已被推翻，而作者將這種錯誤過時的知識稱之為「假的金科玉律」（psueoaxiom）。他指出醫生們對自己過去寒窗苦讀學來的功夫，都有一種偏愛護短的心理，很難接受對這些知識的挑戰質疑，因為這等於指出他們過去接受到的是不正確的教育。他引用一九三五年至一九四九年間，擔任哈佛大學醫學院院長的博維爾（Dr. Sydney Burwell）對醫學生曾說過的一句名言，「你們在學校所學到的知識，在十年後一半以上都會被證明是錯誤的。」最後他說，希波克拉底對這問題也非常關心，他曾在一篇有關人類健康的新論文的開頭，就預言這論文所提出的新的或他人不熟悉的觀念可能遭遇到阻力，而寫出以下這段發人深省的話：「大部分的人在聽過某人討論過某個議題之後，常會拒斥另一個人對同一議題的不同見解，事實上他應該要了解，一個人要學會判斷那個知識是正確與否，是與發現真理一樣，都須要有相當的聰明才智。」

第七章〈別小看了安慰劑〉裡，他主要是討論「安慰劑」（placebo）在臨床上的意義，而感慨地說，在醫學院時代，學生都對這種「安慰劑」的效果嗤之以鼻，以為這都是代表病人無病呻吟，孰知今日科學已證明這種效果不是病人憑空捏造，而是可以用科學方法證實的，他進一步提醒醫學界正視如何善用這種「安慰劑效應」來幫忙為病所苦的病人，並且呼籲醫界應該由病人所呈現的「安慰劑效應」去了解其中的意義。作者引述莫爾曼（Dr. Danial Moerman）書中所說的話，即使診斷出來的病是無法治癒的，但因為知道這病的存在，使病人找到這病的「意義」（meaning），而使病人好轉，這就是所謂的「診斷就是治療」。他並且指出有些研究已發現，對病情的掌握與病痛的減緩的確是有明顯的關聯，由此而引出莫爾曼所謂的「意義反應」（meaning response），認為「安慰劑」之所以有效，是因為它對病人具有「意義」，而我們醫者為了病人的福祉，應該讓病人了解我們治療的「意義」。最後作者很感慨地說，希波克拉底本身可能不曉得，但他照顧病人的核心事實上就是「意義反應」，也因此他贏得那麼多病人的愛戴與尊敬。這一章還有許多作者引經據典討論有關到底使用「安慰劑」是否欺騙病人，是否合乎醫學倫理的精彩論述，相當值得細讀。

## 檢查數據不能代表一切

第八章〈你吃的藥真的有效嗎？〉裡，作者以其淺顯的文筆介紹統計學上「益一需治數」（註：Number Needed to Treat，簡稱NNT，即需要治療多少人才能證明有效）的觀念，來比較許多我們常使用的治療到底多有效。同時他也揭露藥廠推廣新藥的行銷技倆，如何提供醫師與病人對新藥有利的數據等等，而呼籲醫病雙方應該避免聽信一面之詞。我個人認為作者在這一章裡對某些藥物的強烈反應，也許是作者個人見仁見智的看法，可能還不是醫界的共識，不過他搜集資料的用心以及解釋說理的能力實在令人佩服。最後他引用希波克拉底對醫病關係的一段話，「有些病人雖然知道自己的病情嚴重，但因為醫生釋出善意帶給他的滿足而康復。」而希波克拉底認為，他對病人最大的影響不是他的「科學」，而是他的「存在」（presence）。

最後一章〈向希波克拉底學習〉裡，作者列出三個影響科學觀念甚鉅的大師與其理論。首先他舉出第五章已提過的十八世紀的貝葉斯的貢獻，因為他的數學理論「貝氏定理」（Bayes's Theorem），使我們注意到，如果我們要瞭解某一物的意義，我們絕對不能忽略其周遭的條件。換句話說，在醫學上我們切忌斷章取義，如果我們只看醫學檢查的數據，而不了解有關病人的其他訊息，這將會嚴重地誤導我們，而害了我們的病人。接著他提到海森堡（Werner Heisenberg）由量子力學演發出來的「測不準原理」（Uncertainty Principle），以說明有些自然現象不一定都呈現清楚的「因果關係」，我們不可能因為推理的嚴謹，就能一廂情願地「想當然爾」，醫學不一定樣樣都能精確地測量與預測，也因此我們不能只是客觀的旁觀者，我們必須投身於病人的病痛與治療中。最後他提到哥德爾（Kurt Gödel）在二十五歲就發表的影響科學界甚鉅的數學論文〈論數學原則及相關學說形式上不明確的命題〉（On Formally Undecidable Propositions of Principia Mathematica and Related Systems），他指出「邏輯的一致性並無法保證其結果一定是正確的」，這也可以引申出，同一張心電圖可能會有不同的解讀，並不一定是人類詮釋科學的失敗，而是科學詮釋人類的失敗。

這三位科學大師對醫學的貢獻是他們提醒了我們，不應該盲從於醫學的科學權威，而小看了醫學的藝術層面。作者別有用心地舉出最近的文獻報告指出，一九九〇年代美國在電腦斷層與磁振造影的大量使用以及新藥的問世，結果所達到的只不過是，每一萬六千人有一人因此而延長生命或治癒，然而一九九九年的統計報告指出，美國一年有四萬四千人到九萬八千人因為醫療錯誤而過世，這樣的換算就是說，每四千人就有一人因為醫療錯誤而死亡。從這些數字來看，我們可以說，這些科技的發展帶來四倍的死亡，這種發人深省的數據也不由得使我們自問「為什麼？」，而使我們由科學萬能的錯覺中驚醒。

作者最後說我們由醫學鼻祖希波克拉底開始，學會以病人為中心的照顧，曾幾何時，我們卻被科學的神奇所震撼，而科學角色的提升，無形中腐蝕了醫生與病人的關係，而導致醫病雙方誤以為彼此的「連結」（bond）不再是奠基於互信，而雙方愈離愈遠。作者在此呼籲，希波克拉底所主張的「重視醫病之間的『連結』」、「對身體與心理兩者並重」、「確定病人是我們醫療工作的中心」的這些重要理念，都是我們當今醫療需要回歸的方向，而惟有這樣的新思維才能拯救目前每況愈下的醫療。他說，「歷史總是最好的嚮導：讓我們擁抱一個既古老又新穎的典範。」

## 根本之道在於仔細聆聽及做好身體檢查

我鄭重推薦這本書，是因為我非常同意作者對美國目前醫療困境所做的分析以及諄諄告誡醫病雙方的用心。台灣在全民健保以後，醫病關係江河日下，醫療資源嚴重濫用，引起諸多嚴重問題，希望作者的「典型在夙昔」可以帶給台灣的醫病雙方及時的當頭棒喝。我衷心期待這本書可以早日譯成中文，介紹給台灣的醫界以及社會大眾，讓我們重溫兩千年前的希臘宗師希波克拉底的古訓，在病床邊好好聆聽病人對病痛的敘述，仔細做好身體檢查，而醫療不再迷失於高科技的牛角尖。

我非常喜歡作者的文筆，但有些寓意深奧的好句子，有時雖然完全瞭解他的含意，卻很難以另一種語言傳神地翻譯出來，這也是我常勸學生除了中文、台語之外，一定要學好至少一種外文能力，才能更貼切地欣賞好文章。譬如在本書的〈前言〉裡有一句話，真正道盡了行醫之道的真諦，我一再吟誦玩味，非常同意，也非常羨慕他的表達能力，但要翻譯成中文，就很怕在信、雅、達間顧此失彼。謹將這佳句抄之於下，與大家分享：「The essence of medicine is a profoundly human, beautifully flawed, and occasionally triumphant endeavor.」。（刊載於《當代醫學》二〇〇九年二月號「每月一書」專欄，並曾以〈病醫雙方的諄諄告誡〉為篇名，收錄於《別把醫師當做神》一書中。）

# 醫魂

《醫魂：努蘭的醫學故事集》
The Soul of Medicine: Tales from the Bedside
作者：許爾文・努蘭（Sherwin B. Nuland, M.D.）
譯者：崔宏立
出版社：時報出版（二〇〇九）

## 專科醫師風情畫

這本書的書名原文是《The Soul of Medicine》，中譯本書名為《醫魂》，其副標題為「Tales from the Bedside」，而中文譯為「努蘭的醫學故事」。作者是美國名醫師作家，耶魯大學外科退休教授許爾文・努蘭（Sherwin Nuland）。他的好幾本著作在美國都是暢銷書，而國內也有好幾本中譯本問世，如《死亡的臉》、《生命的臉》、《沒有終點的旅程》等。這本《醫魂》是他最近的著作，同時也是一本與以前的著作風格非常不一樣的書，因為這本書的取材並非來自他個人的人生經驗或是他的讀書心得，而是以採訪各種不同專長的醫界同仁，聆聽他們敘述在行醫過程中最難忘的經驗或病人的故事，再由他改寫成一本各種不同專科醫生在照顧病人的過程中所留下來的故事。努爾教授利用他的寫作技巧，將書中主角可能讓讀者辨認出來的姓名、身分特點、發生時間與地點等細節都加以改變，而使讀者無法由文章中猜出病人或醫師的身分，但仍忠實地呈現出這幾位醫生在行醫過程的心靈感受。這本書所介紹的醫師包含各種專業，包括外科醫生、家庭醫生、皮膚科醫生、腸胃科醫生、婦產科醫生、眼科醫生、心臟科醫生、小兒心臟科醫生、麻醉科醫生、神經外科醫生、胸腔外科醫生、老年科醫生、支氣管鏡專家、內科醫生、腎臟科醫生、神經內科醫生、泌尿科醫生以及小兒科醫生，幾乎囊括了所有醫學上的各種專科，甚至連醫學生也另有一章。然而，讓我感到非常驚奇的是，以他過去在書中以及ＴＥＤ系列演講中提到自己因為精神崩潰（嚴重憂鬱加上強迫念頭），而曾經在精神科醫院住過一段時間，並接受電休克治療，但在這本書裡居然沒有包括精神科，真是令人費解。（讀者如有興趣，不妨登入下列網站http://www.ted.com/talks/sherwin_nuland_on_electroshock_therapy.html，聆聽努爾教授談自己得到精神病的就醫經驗，是一篇令人十分感動的演講。）

他在《醫魂》這本書的〈前言〉說，「所有醫生都會收集故事，我也不例外」，而他有感於醫生這行業有機會接觸到許多其他行業所沒有的經驗，不只是醫生治病的科學研究層面，或是醫生救人的成就感與失落感，也都有許多可歌可泣的地方。就如努爾教授所說的：「事實上我們學到的，其實是人性，他有墮落，但也有了不起的地方。」因此這本書所談及的範圍甚廣，但他發現透過這種「巧妙偽裝的寫作方法」，他意外地發現，「由於故事中所提到的醫生都是我長久以來很景仰的同行，改頭換面的寫法，讓我有機會一一凸顯醫學倫理的各個面向以及某些技術變遷，還有病患權益社團如何影響他們或者將來的他們。」值得一提的是努爾教授在有些故事的最後，還會加上個人的「評註」，敘述他自己對這位醫生所做所為的看法，一些珠璣之言正是這本書的精華所在。

以下就全書各章一一做個簡介。

## 各科故事集錦

〈外科醫生的故事〉描述某位外科醫生碰到一個罕見的外科病例，而不覺自以為是全世界首例而沾沾自喜，但碰到他那博覽群書的嚴師，不耐其煩地從自己所收藏的珍貴古籍裡找到別的外科醫生早就報告過這種實例，而使這外科醫生學到了人生一大教訓。努爾教授在最後的「評註」指出，「因此，像是『我未曾見到或聽到有什麼例子可和這稍微沾上邊』之類的說法，應該再加以修正。」他並且指出一段非常富有哲理的話，「行醫最讓人著迷之處，正是那穿越數千年歷史，綿延不斷的脈絡。科學會變，而人性不變。只要醫治病患的同是人類，就會重複發生同樣的故事、遇到類似的難題，看似新穎的挑戰會一再出現，就好像首次現身。」

〈家庭醫生的故事〉描述一位早就摸到自己乳房長了一塊腫瘤，但卻諱疾忌醫，直到晚期才找上醫生的貴婦人，而當醫生為她仔細做完身體檢查時，才發現這女人的處女膜竟然是異常地硬厚，絕不可能享有正常的性生活，但她結婚多年卻未曾因此而就醫。於是醫生說服她在接受麻醉之下，除了進行乳房活體切片檢查，也同時進行處女膜切開術。病人在術後二十週年還寄致謝卡給這位家庭醫生。但努爾教授在「評註」中很失望地指出，「當我問這位家庭醫生知不知道處女膜切開術是否對那對夫婦的術後生活造成影響，是否讓如此相愛的兩個人，在面對眼前不可挽回的命運之際，至少得到一點原先沒預料到的喜樂？而他的回答正如我所料——他並不曉得。」這篇故事與「評註」充分地道出，一位好醫生應該能以病人為中心，而盡心盡力地改善病人的生活品質，同時也提醒醫生們，應該不只是看病治病，還要不吝於對病人的生活表示關懷。他並且特別提到社會上還廣存著一種怕人家知道自己得病的心理，導致一些疾病診斷得太晚，而無法根治，在此他還特別對一位美國總統夫人以及一位副總統夫人公開發表自己罹患乳癌的行為表示敬意，因為這種態度可以有效地說服許多女人早日就醫。

〈皮膚科醫生的故事〉很簡短地寫出一位苦於皮膚過敏的病人在群醫束手無策之際，因為一位皮膚科醫生的關切多問，主動上網查詢，而發現其使用的洗髮劑、沐浴乳都含有某種與過敏有關的化學成分，因為這樣的發現而戲劇性地改變了這位病人的生活品質。

## 尊重每位病人的「個別性」

〈胃腸科醫生的故事〉一口氣講了三位病人的故事，處理方法與治療結果截然不同，但由這些故事裡可以濃縮出一則醫者的智慧；我們看病時需要尊重每位病人的「個別性」，而且也不見得每位病人的問題都會與教科書裡所列出來的「規則」完全符合，因此好的醫生應該能夠「如果發現這些『規則』在當下對於眼前的病人毫無意義時，就必須把規則放在一邊。」

〈婦產科醫生的故事〉描述了一位患有女性器官先天異常的產婦如何在這位婦產科醫生的細心觀察下，得以平安順產的小故事，而由其中描述也可以感受到這位醫生因為改善了病人的生活品質而獲得的成就感。

〈眼科醫生的故事〉是一篇相當冗長的故事，它描述一位猶太裔眼科醫師在服兵役時對一位種族歧視很深的長官的一些觀察，以及後來憑著學生時代幾個星期的婦產科訓練，居然在急診的場合，救了這位長官未婚懷孕的女兒，而戲劇性地改變了自己的服役生涯，同時這篇故事也對病人隱私的保護多有著墨。但我覺得這故事的主角身為眼科醫生，卻捨棄自己的專業，而津津樂道其早年服兵役時的短暫婦產科工作，實在令人費解。在此我很想替眼科醫生向努爾教授請願，如果這一章要以「眼科醫生的故事」為標題的話，他應該要邀請一位眼科醫生談談他們幫助病人重見光明的感人故事。

## 處方籤：「撰寫一部回憶錄」

〈心臟科醫生的故事〉描述一位心臟科醫師，多年照顧專門收集古物、患有嚴重心臟病的博物館館長，因不忍心看著病人因為心臟衰竭日益嚴重而心情低落，於是遞給已經變成好友的老病人一張上面寫著「一部回憶錄」的處方籤，而博得病人會心的微笑。從此心情一振的病人又多活了幾個月，並寫出很有意義的作品。同時他也深知病人所遭受的病痛生不如死，因此鼓勵病人與家屬經過多次溝通，而在全家人的祝福下，醫生將裝置在患者身上調整心跳的儀器關閉，讓他回到家裡，在家人的環繞下平安過世。努爾教授在其「評註」中也談了不少他對這種病人生前預立醫囑的看法，他說他看過許多病人在書面上用心記載，真到了那一刻，有些家人還是不忍心遵照患者所表達的心願，而仍然要求醫生做了許多無用的急救。他認為像這位心臟科醫師的作法，讓病患能與家人有充分的溝通，才能達到家人與病患都心安的雙贏。他說，「我認為在照護每一個對自己全然信任的病患時，所有醫生都該扮演牧師的角色，他們應該是導師、聰慧的顧問以及醫療代理人。」

〈小兒心臟科醫生的故事〉描述一位極負盛名的小兒心臟科醫生，事實上卻對於自己非常沒有信心，而有時會因為不安而做出一些鮮為人知的「小動作」。這故事也許會感動某些人，但很可能因為我不是外科醫師，而無法對箇中情節產生太大的共鳴。

〈麻醉科醫生的故事〉是相當冗長的一篇麻醉科醫師描述自己曾經親眼目睹一位地位崇高的外科名醫，在手術台上做出傷害病人的行為，幸遇同事們及時制止。他事後才知道這位醫師本身患有躁鬱症，而在度假的兩星期裡，他自己決定滴藥不吃，而導致在開刀房內的異常行為。在「評註」裡，努爾教授提到，治療病人已成為醫療團隊的共同責任，尤其是今日的大型醫學中心裡，病人根本沒有機會好好認識那麼多參與照顧他們的醫護人員。他說：「好幾十年前，當我還在接受外科訓練時，我們經常會爭辯，所謂『指揮者』的概念。指揮者究竟該是外科醫生、內科醫生、病患本身的諮詢醫生，還是麻醉醫生？到底誰才能做最終的決定？那時我們在爭的是權威的歸屬。然而就病人的福祉而言，責任才更重要，而這責任屬於每個自稱為醫者的人。」

## 埋藏在不可一世外表下柔軟的心

〈神經外科醫生的兩個故事〉描述一個令人心碎的因家暴而致小孩死亡的案例，使醫者感到憤怒無奈；而另一個是描述自己對一位水腦症的小嬰兒進行腦室引流，而在家人的用心栽培以及病人本身的努力之下，這女孩子充滿自信地接受各種挑戰，並且主動參加醫學生的教育，現身說法與學生分享身為病人的感受，使得這位神經外科醫生感到，病人的成就是對自己當年所做的努力最大的肯定。想不到努爾教授竟然因為這位神經外科醫生的故事，引發出自己過去對一位神經外科醫師同事的那種俗稱「庫欣風格」

相當不以為然的情緒反應（註：哈維・庫欣 [Harvey Cushing] 是美國神經外科公認的鼻祖，他的作風常被用來比喻有些神經外科醫師盛氣凌人不可一世的態度），也連帶回想起一段往事。他自己的女兒被發現患有水腦症，但剛好他比較熟悉的神經外科醫師都不在醫院，而不得不找這位具有「庫欣風格」的同事幫忙。想不到這位平常在同儕們心目中狂妄不已的同事，竟然在仔細檢查完病人之後，手搭著他的肩膀，詳細地解釋診斷與治療方向，並安慰家人，他將盡力而為，預後應該是不錯的。「關於我比他年長十幾歲，在學院的地位也高他一階這些事，那一刻的他完全置之不理。對他來說我是個憂心忡忡的爸爸，而他是唯一能提供我安慰與保護的人。」

〈胸腔外科醫生的故事〉是一位人格行為較為異常的外科醫師坦承自己過去所做的一些離經叛道的往事，但對自己後來如何改邪歸正的心路歷程缺乏交代。我個人以為將這種特例放在這本書，相信有些胸腔外科醫生也會不以為然，而我個人認為這種不尋常的事蹟恐怕會誤導社會大眾對醫生的了解。努爾教授在「評註」中對於為什麼選擇這位胸腔外科醫師的故事，也沒有做清楚的交代。

〈醫科學生的故事〉描述一位醫學院三年級學生（相當於台灣的醫學系五年級學生），在急診處看到一位義大利年輕移民異常性行為引起的性器官感染的故事，而寫出學生對異種文化的好奇以及希望「教訓」病人這種不當的行為的心理，字裡行間所流露出學生的一些「人之常情」的反應，也著實可愛。

〈老年科醫生的兩個故事〉描述一位因為腳部關節痛而前來求診的病人，在這位醫師的仔細檢查下，發現她的手指頭呈所謂的「杵狀膨大」，而懷疑有肺部問題，想不到一檢查起來竟發現肺部有腫瘤。更想不到的是肺部開刀以後，關節痛的症狀竟然全部消失，讓病人感激不已。但醫師自己坦承，到底這肺部的問題與關節痛有什麼關係實在也搞不清楚。另外一個故事是描述一位病人自己上網查資料，而要求醫生幫她開一種過去因為曾引起孕婦的胎兒畸形而被限制使用的老藥，後來因為病人的鍥而不捨，說服了這位醫生，想不到使用後，病情果然痊癒，而在他的行醫生涯裡留下很深的印象。努爾教授在其「評註」中特別提到老年科醫生尤其需要仔細聆聽病史以及好好做身體檢查，才有可能真正找到病人的癥結，而對時下醫生看病草率，太過仰賴實驗室檢查頗有微言。

〈支氣管鏡專家的故事〉描述一位來自非洲因為做不了外科醫師，退而求其次地想學做支氣管鏡專家的醫師，在英國的支氣管鏡大師手下所看到的一些有如劉姥姥進大觀園的趣事，但對我而言，好像沒有感受到什麼特別對醫療的啟示。

## 最成功的治療來自於最完全的信任

〈內科醫生的故事〉是用相當長的篇幅，來證明蓋侖的一句話「最成功的治療來自於最完全的信任」。這是描述一位得到所謂的「無菌性腦膜炎」的病人在臨床醫師完全找不出病因，而無從下藥的情況下，這位身為感染科專家的內科醫師很生動地寫出他的感受「……我們不太清楚目前的狀況，即使日復一日的無效治療下，哈洛德將一步步走向死亡已成了不爭的事實。當你的無能為力愈來愈明顯，病人還說他對你有信心，那聽在耳裡真是極度的虛偽。」後來也不知怎地，病人的病情一天比一天好起來，最後康復出院。後來每次他與他夫人回來門診看病時，都毫不諱言地說出他們從沒有對醫生失去信心。努爾教授在其「評註」中也特別引用了一九七三年美國醫學會休士頓醫師（Dr. W. W. Houston）以〈醫生本身做為治療媒介〉的演說所說的名言：「現代醫生開立處方藥的成效，大半是仰仗他們從醫學訓練而來的，喚起信任與鼓動權威觀念的能力。」的確，在醫療這行業浸潤愈久，愈會碰到這種經驗，有些醫生因而領悟到醫藥能力的有限，而努力以醫者的謙沖來贏得病人的信任，但有些人卻倒行逆施，變得更狂妄自大為所欲為。關心醫學教育的我，如何培養前者的醫生，將是我最大的課題。

〈外科醫生的第二個故事〉描述一位外科醫生在大學醫務室成功地為一位跌倒後肩部劇痛的學生，及時診斷出脾臟破裂，而緊急施行脾臟切除手術，救了這年輕人一命，也因此而意外地得到家長優渥的回報。字裡行間可以感受到醫者救人以及受人感激的喜悅感與成就感。

〈腎臟科醫生的故事〉是一位中年女醫生追憶一位長年為糖尿病所苦的病人的感人故事。她敘述這位病人幾年前接受胰臟移植成功，而享受了幾年非常好的生活品質，但好景不常，後來糖尿病病情又日益加重，而在醫院大會診時，由於醫護人員的疏忽，竟然讓病人在會場的門外聽到醫生們對他病情的全程辯論，而最後兩位專家都同意不該再嘗試另一次的胰臟移植，因為這種手術的失敗率極高，而且對病人也非常危險。結果等到病人進入會場接受會診醫師的檢查時，這位病人居然當著醫療團隊面前慷慨陳詞，希望大家能夠體恤病人的需要與感受，讓他再有一次機會。他的一句話：「你們無法想像我這種人過的是什麼樣的日子，而我只求過的和你們一樣。」感動了許多人，而最後這位病人終於再度接受了成功的胰臟移植，又多活了幾年的快樂生活。這位女醫生坦言她為了這照顧多年的老病人哭了好幾次，同時也在這故事的描述中，多次提及自己身為女性，在求學過程以及職場上都有諸多不利的地方。努爾教授的「評註」裡，也對女性進入醫界表達非常正向的看法，並且指出在這個故事裡，「我們可以看出這病人才不在意他的醫生是男是女，他只在意自己能不能得到最傑出、最有同理心的腎臟科醫生的照顧。」

## 「我寧願見到我的凱特」

〈神經內科醫生的故事〉描述了兩位病人，一位是罹患絕症的「漸凍人」，她勇敢地接受醫生的邀請與他們談她如何面對自己的病。當被問及如此日復一日地過下去是什麼感覺時，她回答說：「我的生命可能看似失去人性而且退化如嬰兒般，這些都是事實。但是，我的床邊有一扇窗戶，每天早晨我看著太陽升起，聽著小鳥歌唱。對我來說，那是個恩賜，這就是我的答案，是的，我想活下去。」另一位是老年喪偶的男性病人華特，在中風以後發生陣發性的視幻覺，會看到他已過世的太太凱特呈現眼前，而當神經科醫生要開藥治療這種幻覺時，病人拒絕治療，「我寧願見到我的凱特。」在這章裡，努爾教授寫了以下這句話：「同樣的病症不管見過多少次，表現在不同病人的身上，似乎都是獨一無二的樣貌。」（No matter how many times I see the same disease, it seems to present itself not only differently, but uniquely, in each patient afflicted with it.）這也道盡了「疾病」（disease）與「病痛」（illness）的關係。

〈泌尿科醫生的故事〉描述一位從事早期腎臟移植的泌尿科醫生的回憶，除了病人的感受，也談了不少科技方面的成就，而努爾教授的「評註」也寫出一些有關器官移植的科技發展。

〈小兒科醫生的故事〉描述一位小兒科醫生，如何幫忙一位整天擔心愛兒的母親過正常的生活。這是一位患有先天性腦積水症的小孩子，每三個月必須到大學醫院看神經外科教授，而醫生總是量量他的頭圍，問幾句話，就結束門診的追蹤。但這對「緊張大師」型的母親而言，是一大心理負擔，因為每三個月她就要擔心會有什麼新發現，小孩會發生什麼問題，而嚴重影響到這母親的心理健康。後來這位神經外科教授退休以後，這小兒科醫師就與大學醫院商量，取消這種舟車勞頓的追蹤，改由這位小兒科醫生在家鄉的診所定期看他，量量頭圍，後來一切都很穩定，就不用繼續回診，而小孩也順利進入大學，母子終於都能夠過正常的生活，這也帶給這位小兒科醫師說不出的成就感。

最後努爾教授也不甘寂寞，以〈說書人的故事〉講了「麻醉科傳奇人物」丹尼•法伯（Danny Farber）的橫跨科學研究、醫學教育、醫學人文諸多領域，以及冒險患難、入世助人的精采生平。而最後以這幾句話結束他對這位醫界奇人的追憶：「他的所作所為，他對我們這些有幸與他建立親密友誼的人來說意義非凡，我在此寫下的僅是精簡的提要。雖說外科麻醉術永遠都會是他的專業遺產，但他如詩般的浪漫一生才最教人難忘。」

## 同理、同理，還是同理

在最後的〈跋〉，努爾教授清楚地指出，他認為醫病關係並不止於診斷與治療，它應該還要像這本書中的一些醫生與病人之間的「深厚感情」，而以一位醫學史權威的身分說出這麼一句話：「誠如前人所說，醫學史本身談的就是生命的一切面相。不論自知與否，每個醫生都是一位哲學家。」他並且再次強調：「疾病診斷的基本支柱是判斷，而不是數據、資訊或知識。」

最後值得一提的是，幾天前我應時報出版社的邀請，與努爾教授在全國書展的第一天進行了對談，對其謙謙君子的風度留下很深的印象。他說了許多有關醫學倫理，特別是「絕對不要傷害病人」的希波克拉底古訓的意義，他出口成章，引用了許多醫學人文的嘉言雋語，而一再強調「同理心」在醫療的重要性。看了他的書，聽了他的話，真的感到「書如其人」，也在此鄭重推薦《醫魂》這本書，同時也謝謝譯者崔宏立先生將這本好書介紹給華文的讀者。（刊載於《當代醫學》二〇一〇年三月號「每月一書」專欄）

## 後記

寫完這篇文章以後，我去信努蘭教授，請教他為何獨缺精神科醫師，想不到沒幾天就接到他的回信，他說他之所以不提精神科醫師是「因為這本書主要強調醫師在臨床上醫病互動的感情投入，是現今科技掛帥的環境裡更需要注重的地方，而精神科的醫病關係本質上就是非常注重感情的，所以我認為在這本書就不需要特別提到精神科醫生。」（Actually, I deliberately omitted psychiatrists from *The Soul of Medicine*, because my intention was to highlight the emotional attachments that so often arise from the clinical aspects of the physician-patient interaction, and should do so more often in our modern technological medicine. The psychiatric relationship is by its very nature emotional, so it did not seem to help me in making my point. I hope I have explained this clearly.）我想這也是相當有道理的。

# 重症照護

Critical Care: A New Nurse Faces Death, Life, and Everything in Between

作者：德芮莎・布朗（Theresa Brown）

出版社：Harper Collins（二〇一〇）

## 當英文教授變身護理師

這本書的英文書名《Critical Care》，中文直譯應該是《重症照護》，而副標題是「一個護理新手面對死亡、生命以及兩者之間的一切問題」。作者德芮莎・布朗（Theresa Brown）在轉行念護理之前，曾經是塔夫斯大學（Tufts University）的英文教授。她以豐富的人生敏感度透過其流暢的文筆，寫出她在癌症病房工作的各種遭遇，同時也勾勒出鮮為人知的護理人員在醫療團隊的獨特角色。全書共分十一章，最後以〈結語〉（epilogue）整理出護理人員經歷陪伴病人與家屬接受人們無法逃避的疾病、死亡的試煉後，所凝聚出來的智慧。

第一章〈為什麼教授變為護士〉（Why the Professor Became a Nurse）：作者談到自

己如何以英文教授的身分轉換為護理人員的心路歷程。她提到由護理人員所重視的「病人教育」，使她學會如何自我介紹，誘導病人發問，並婉轉回答病人所關心的問題。她說，有一天在昏暗的病房裡與病人討論有關生命與死亡的那瞬間，找到了自己為什麼選擇由英文教授轉行為護理人員的原因。她為了照顧一位與自己十一歲大的孩子同齡的病人，而差點誤了自己小孩當天的生日蛋糕，這才領悟到，「醫生診斷、治療、開處方，這些都是醫療的中心工作，但護理人員真正照顧到病人的全人……夜晚在病房裡為病人解釋人類生理學，以及清晨趕回家做好小孩的生日蛋糕，在在都顯現出護理的真意：專業的技術與愛的知識。」由病人的照顧使她了解，護理人員的角色是「病人的利益代言人」（patient's advocate），要服務、保護、不傷害病人是我們護理人員的天職。她深深感到放棄教師的職位，轉換成「沒有寒暑假」的護理工作，換回來的卻是更有深度、「有甘有苦」的生命體驗。

## 護理是一種藝術

第二章〈初次上陣〉（Getting My Feet Wet）：作者描述自己在這最初一年的在職訓練，如何學習與不同的醫療團隊成員合作，以達到幫忙病人得到最好的治療效果，同時透過重複的演練，學習一些重要的護理技巧，並且學會批判性思維（critical thinking）的能力，以及與病人和家屬溝通的技巧。她引用護理鼻祖南丁格爾的名言：

「護理是一種藝術，它需要與畫家或雕刻家一樣全神貫注地準備。」作者認為要做好護理工作，最重要的是要有關懷的心，而能使身心緊張的病人，因為護理人員的幫忙而得到紓解，「我的傑作都是內心的，使受苦的人心得到紓解。」（My masterpieces are all internal: ease given to a suffering human heart.）

第三章〈第一個死亡案例〉（First Death）：作者認為這是癌症病房護理人員所必須經歷的洗禮，而她對自己所經歷的第一位死亡的女病人有非常感人的描述：在急救時觀察到病人的丈夫不忍的表情；如何努力為家屬找到一位神父來床邊，與家屬一起舉行宗教儀式；最後在家屬的同意下，取下氧氣罩之前進行靜脈注射嗎啡，以避免病人經歷缺氧的痛苦。她說最難忘的鏡頭是這病人的老母謝謝她對病人的諸多關照，「在這種親眼看著自己女兒斷氣的當兒，她居然還不忘向我稱謝」，使她感動不已。她也由病人的丈夫最後道別那瞬間的表情，領悟到夫妻感情的真諦。最後死亡的宣布、徵求家屬病理解剖的同意、殯葬業者的安排等等，也都使她體認到護理人員在這方面所做的努力。

第四章〈坐冷板凳〉（Benched）：作者描述自己在雨中蹓狗不幸滑倒，導致左腿劇痛，而一下子由醫療者的身分轉變為需要醫療人員幫忙的病人。這角色的轉換才使她深切體會到病人就醫時的各種遭遇。病人在急診處所接受的處置，醫療人員的態度，在在使她體會到：「到了醫院好像病人就要有心理準備，他們將不再受到尊重，他們似乎不被允許為了失去隱私或自尊而抱怨。」而在這段無法回去上班「坐冷板凳」的日子裡，她才更體會到當護理人員如果只是記載詳實的病歷，但沒有真正關心照顧病人的話，那些紀錄就失去了護理的真意。她坦然道出她對有些醫師的態度實在不敢恭維，同時她在醫師不正確的診斷下接受了一段毫無效果的治療，直到有一天終於找到了用心的醫師，做對了診斷，並且親切地說明，才開始接受完全相反的治療，而得以痊癒。她說這場主客易位的經驗，使她深深領悟到，自己過去常問病人的一句，「在1到10的痛感強度，你現在所經歷的痛的數值是多少」，是多麼地難以回答。

第五章〈在病房的一整天〉（A Day on the Floor）：作者詳述自己在病房的某一天八小時上班的實際作息，使讀者有機會真正了解在癌症病房服務的護理人員每天做的是什麼樣的工作。她當天一早就接到自己主責照顧的四位病人的詳細護理工作表，其中包括給藥的正確劑量、給藥方式、正確時間以及病人當天需要接受的別科照會，或需要到哪個單位接受治療，或安排出院和日後回來門診就醫的時間，以及應付無法逆料的、發生在這些病人身上的任何狀況。最後作者很傷感地說，當她在寫這本書時，回顧那一天所照顧的這四位癌症病人時，才發現他們都已不在人間，但她說當她照顧他們時，她只知道在這八小時的輪班裡，她要竭盡所能地照顧他們，「因為我們的病人或許沒有明天，我們只能把握當下，好好幫助他們……那天下班以後，我回到家，看到我的三個小孩，一起用餐後，就累得馬上上床，以便明天一早七點到達病房，接著是更常的十二小時輪班，又是一整天的病房忙碌的日子。」

## 死亡的解藥是生命

第六章〈心跳停止的急救〉（Condition A）：在作者的醫院裡，他們稱呼這種突發的病人心跳停止（arrest）的情況為「Condition A」，作者描述這種病房突發事件有時讓護理人員很難面對一位剛剛還與她談話的病人，轉瞬間變成急救團隊搶救心跳、呼吸的毫無知覺的肉體。她很感慨地說，她的護理訓練從來沒有包括如何告訴一位太太，幾分鐘前還在跟她談話的三十幾歲的丈夫，在她離開的幾分鐘內，被發現昏倒在走廊上，完全沒有生命跡象。她說搶救團隊常面臨兩難的窘境，一方面需要有人決定病人是否已經死亡，另一方面也需要有人決定是否還要繼續搶救，而這兩者孰先孰後，也常引起醫療人員的困擾。在她經歷了第一次自己照顧的病人發生「Condition A」以後，一些有經驗的同事們都主動安慰她，並勸她回家後，利用先生、小孩的家庭生活沖淡醫院帶給她的震撼，這樣才能漸漸適應這種打擊。作者在這章的結尾時，說了一句頗富詩意，但也充滿無奈的話：「死亡的解藥並不是詩，或奇蹟的治療，或整個房間擁有超高技術與用心良好的人；死亡的解藥是生命。」

第七章〈傷口〉（Openings）：作者描述一位年輕人因為篤信宗教的力量而延誤就醫，一直到腹部腫瘤大到嚴重擠壓胃腸道才接受緊急開刀，結果外科醫師切除了大部分的腫瘤以及一部分沾黏的腸子以後，發現因為腫瘤太大以致傷口無法拉合，只好暫時用紗布蓋住，而需要護理人員經常更換紗布。在這種情形下外科主治醫師堅持他的工作十分緊湊，一定要護理人員在他到達病房查驗病人傷口前，就已經打開紗布準備就緒，但護理人員卻擔心如果傷口接觸空氣太久恐會發生感染，而要求醫師務必準時出現在病房，結果因為醫護之間考量的不同，產生衝突。在等待外科醫師時，作者深怕病人情緒不安，而無話找話地與病人閒聊，但事後檢討自己所說的話有些並非得體，同時也想到自己回家有時與小孩提到太多的醫院所見所聞，而使得天真無邪的小孩擔心地問，會不會有一天媽媽也會成了癌症病人，也會死亡。這才使她領悟到：「我實在不應該對病人說太多我自己的事，同時我也發現我應該對我的小孩誠實以對。我的職業告訴我，當病人主動提出問題時，我應該及時引導他面對他所經歷的人生問題。但是對於我的小孩，我不應該對他敞開醫院殘酷的事實。在我膝蓋受傷時，小孩已經很真實地學到病痛的可怕，我不應該再讓他們幼小的心靈蒙上不必要的陰影。」

## 醫生不管大便

第八章〈醫生不管大便〉（Doctors Don't Do Poop）：這一章可能是全書探討醫護之間在照護病人時所處的角色不同最傳神的部分。作者一開始就說，「護理人員需要面對病人慢步趨向死亡、心情恆常地低落、無法照顧自己、生命步伐混亂以及要料理他們的大便」，而說出他們需要照顧的事實上還有病人的小便、痰液、黏液以及其他一般人避之唯恐不及的排泄物。她描述自己有一天需要照顧一位大便失禁的病人，而幾乎每個鐘頭都需要清理其糞便、尿布、床單以及應付病人的情緒變化。她有一段非常傳神的描述，充分刻畫出醫護人員在工作上的不同付出：實習醫師要她收集病人的糞便送去化驗，但當作者由便盆裡發現昨日看似正常的大便今天已變為血水與黏液混在一起的橘黃色液體時，這位要求收集病人大便送檢的實習醫師正好走過，想不到作者要他看這大便檢體時，這位實習醫師的反應竟然是一句「好噁心」，使她非常反感。她說她真想告訴他，我只是要你看一眼，你還不用將它倒入容器內送檢，你更不用做清理善後工作。在這一章裡，作者也提到有位主治醫師對於病人與家屬擔心的腳部水腫的問題，居然一句話帶過，反而責怪家屬所問的問題都是次要的，「目前還有更重要的更需要擔心的事」，而使得家屬非常不滿。相對地，在作者的筆下，我們可以領會到護理人員由於對病人照護的投入，常常會由病人的立場去了解病人的想法。我個人覺得這一章確實可以帶給醫師們很好的省思。

第九章〈調職〉（Switch）：作者透過這一章傾洩護理人員所遭遇到的挫折感。她們有時為了病人或家屬的要求，不得不硬著頭皮向非常忙碌的主治醫師提出「非份的要求」，而帶來不愉快，但也不忘提到她曾經碰過一位非常誠懇的主治醫師帶給人良好的印象。事實上，她最無法忍受的是護理人事制度的階級化，使得作者在資深護理人員的刁難欺壓下，忍無可忍而要求調職。作者甚至說她在進入護理學校之前，就聽人說過，

「護士會佔晚輩的便宜」（Nurses eat their young），但她是真正到了職場，才親身領教到這種考驗。作者由文學作品中領會護理人員在醫療位階上長年處於最低的地位，也因此有些人就會將自己的挫折發洩在新進資淺的同事身上。作者很坦然地說出她的不滿：「在這種以照顧別人為目標的職業裡，居然無法彼此照顧實在是非常遺憾的事。」並且說出她的觀察，「要改變這種無法重視護理人員對醫療貢獻的制度是比較困難，於是他們就選擇新進的護理人員與較無經驗的醫師，作為他們發洩的對象。」

## 為病人的福祉盡心竭力

第十章〈門路〉（Access）：這一章的開頭，作者說護理人員的工作大略可以分為三類：電話、書面記錄以及他們所說的「alcohol wipes」（直譯應該是「酒精擦拭」），這包括針筒、針頭、靜脈注射、輸血、導尿等有用到酒精擦拭的工作，而這些工作有時對病人治療的影響非常的大。接著她描述一位白血病病人亟需要建立靜脈注射化療藥劑的「門路」，以便開始接受化學藥劑的治療，但在送往開刀房裝置下鎖骨靜脈導管（Hickman氏導管）的準備過程中，因為醫療人員間的溝通問題，導致手術延遲。病人本身就是不太好伺候的年輕人，對於自己一早就依照醫囑而禁食這件事，本來就非常不高興，而今又因為種種問題使得手術一再延誤，更是無法接受。病人在開刀房待命四小時，仍未能進行手術，接著開刀房打電話要病房派人接回病人，進行冰凍新鮮血漿的輸血，而後再靜待開刀房通知。作者接完電話，忍不住發飆，她說護理人員應該是病人的利益代言人，這種情形她不應該坐視不管，於是開始四處打電話找人幫忙，結果引來癌症內科醫師與外科醫師在電話中爭執了半天，最後還是敗下陣來。等到病人被送回病房時，她又需要與這吵著要吃東西的病人爭論一番，她費盡口舌解釋給病人聽，禁食是因為擔心有些病人麻醉之後會嘔吐，如果未能保持空腹，萬一嘔出食物，可能會導致吸入性肺炎，最後她忍受了病人的脾氣，病人也接受了她的勸告，才得以圓滿結束，病人終於有了靜脈注射的門路可以開始化療。這一章可以讓人感受到護理人員常常為了病人的福利，忍氣吞聲做了不少幕後英雄的事蹟。

第十一章〈毒藥〉（Poison）：作者描述一位急性骨髓性白血病（acute myelogenous leukemia）的病人接受副作用極大的化學療法的艱苦過程，以說明這種過去被視為絕症的重病，有機會完全康復。作者詳細地描述在化療的過程中，因為藥物的毒性，護理人員需要特別小心注意給藥的各種細節，而站在關心病人的立場，她看著病人最初因為接受化療，而使心身付出那麼大的代價所引起的治療者心神的交戰，也十分令人感動。她指出接受化療的病人都有非常矛盾的心理：一方面是恐懼，但另一方面卻是希望。她很感性地說，她比較喜歡上下午三點到晚間十一點的班，因為病人就寢前，大多已經打完藥，不再有點滴注射，她可以在幫他們蓋被時，祝福他們有個安詳的睡眠。她說一些成功治癒的病例可以鼓勵護理人員的士氣，而他們的故事也可以帶給新病人希望，「只要是成功的治療，付出任何代價都值得。」

## 人生苦短，要及時行樂

這本書的結語裡，作者先寫出病人的死亡帶給家屬的失落，而後敘述她先生接到一筆遠親過世所贈予的遺產後，買了一台他一直夢想擁有的鋼琴，而重溫他年輕時彈琴的樂趣，使她頓悟出人生及時行樂的重要。書中最後的一句話是：「這台鋼琴帶給我先生生命最大的樂趣，如果沒有鋼琴，他永遠不會知道人生有這麼大的樂趣。人們常說，為什麼還要等？但我想人們應該要改口說，**不要等**。如果可以的話，請你務必記得，告訴你生命中的人，你愛他們，還有趕快買鋼琴。」就這樣子，作者結束了這本護理人員探討生命、病痛與死亡的好書。

本書作者為《紐約時報》專欄作家，文筆流暢易讀，希望台灣不久可以有中文譯本，以幫助醫界以及社會大眾，體會護理人員默默耕耘所應該得到的尊敬與感激。（刊載於《當代醫學》二〇一〇年八月號「每月一書」專欄）

# 診療室裡的福爾摩斯

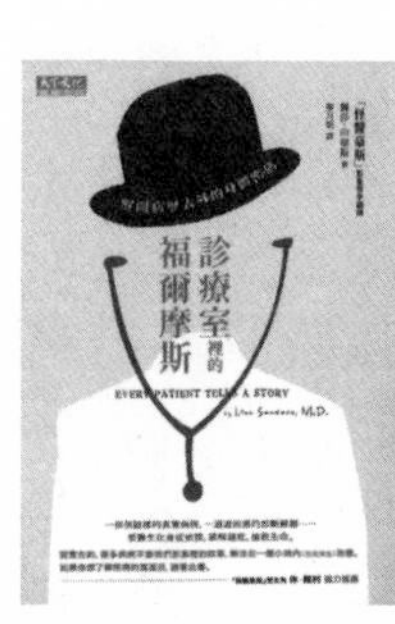


《診療室裡的福爾摩斯：解開病歷表外的身體密碼》
Every Patient Tells a Story: Medical Mysteries and the Art of Diagnosis
作者：麗莎・山德斯（Lisa Sanders, M.D.）
譯者：廖月娟
出版社：天下文化（二〇一〇）

這本書的作者山德斯（Lisa Sanders）本來是美國哥倫比亞廣播公司（CBS）的醫藥記者，因為採訪一位醫生深受感動而轉行習醫，在耶魯大學醫學院畢業後，行醫之餘繼續寫作，為《紐約時報》撰寫醫學專欄，而這本書就是收集過去在這專欄所發表的文章。這本書的原文書名為《每位病人都有故事：醫學的祕密與診斷的藝術》（Every Patient Tells a Story: Medical Mysteries and the Art of Diagnosis），全書以「噩夢」為名的序開頭，接下來共有四部：第一部「每個病人都有故事」（含兩章）、第二部「關懷」（含五章）、第三部「高科技」（含一章）、第四部「大腦的局限」（含兩章）以及以「最後的診斷」為題的結語結束。書中各章分別描述不同的疑難雜症的診斷，過程曲折饒富趣味，對醫療人員以及社會大眾都是很生動的讀物。

以下簡單寫下這本書的摘要：

〈噩夢〉：藉著一位威爾森氏症（Wilson's disease）的病人呈現非典型的臨床病史，最後在一位醫師的悉心照顧下找到診斷，而及時換肝起死回生的故事，引申出這本書的主題，那就是正確診斷的獲得是一種「推理」，必須在不完整而且不一致的訊息下摸索，是一條崎嶇的路。

## 第一部「每個病人都有故事」

第一章〈事實與謊言〉：一位二十二歲女性說她必須用熱水淋浴，才能消除她的噁心想吐，一般止吐藥都沒有效。結果在所有可能病因都被想過，可以照會的醫師都請教過，而仍然一籌莫展時，照顧她的第一年住院醫師進入谷歌（Google）網頁，輸入關鍵字「持續噁心」與「熱水淋浴」，竟然跑出「大麻劇吐症」（cannabinoid hyperemesis），而同病人一問之下，才知道這竟然是正確的診斷。在這裡，作者特別強調醫生做出診斷以後，一定要能把艱深的醫學字眼翻譯成一般人聽得懂的話語，說明給病人與家屬瞭解。她說：「醫師最重要的一種能力就是把病人訴說的病情整理、重組加上醫學知識，變成病人可以瞭解的新版本。」接著她又利用一位呈現非常不尋常的症狀而最後證明是何杰金氏淋巴瘤（Hodgkin's Lymphoma）的病人，說明一位見習醫師如何解釋病情給病人與家人瞭解的過程，來說明唯有透過讓病人瞭解自己罹病的故事，病人的身心才能真正復原。

第二章〈真人版的豪斯醫師〉：她介紹以診斷著稱的加州大學戴維斯分校醫學院院長「菲茲潔羅醫師」（Dr. Faith Fitzgerald）如何現場表演她診斷分析的超人特技，而道出真正要讓學生學到的是診斷的「過程」，而不是她「猜對了」與否。我非常同意，一位好老師的重要任務是讓學生能學到他「如何思考」，而不在於他有多厲害「一下子就猜對」。接著，她又寫到另一位耶魯大學醫學院學務長安格芙醫師請來一位醫師用唱歌的方式，敘述病人悲慘多樣的人生，而使學生感受到「醫學語言往往是冰冷、沒有人性，但病人是有血、有肉、有感情的。」安格芙醫師說：「治病就像過橋，你必須和病人一起從橋的這頭走到另一頭。走到一半的時候，你會發現病人述說的病史逐漸被醫學的語言取代。等到你和病人走過去的時候，我希望你還記得原來的自我、新的自我，也記得病人的一切。」我看到的中譯本剛好沒有安格芙醫師的英文名字，但我聯想到曾經在《美國醫學會雜誌》（JAMA 2001; 286:1017-1018）讀過一篇令我非常感動的短文〈課程的哭〉（Crying in the Curriculum）的作者Nancy Angoff，結果一查，果然也是來自耶魯大學醫學院，想必是同一位醫師，這也使我感到十分興奮。

## 第二部「關懷」

第三章〈消失的藝術〉：作者藉著幾個因為身體檢查的疏忽導致病人診斷延誤的故事，來指出身體檢查的重要性，她指出美國有些醫學院近年來並未重視這方面的教學，而更嚴重的是，最近有文獻指出美國有不少醫學生畢業以後，在身體檢查方面的技巧就此不再進步，再加上目前美國所推動的限制住院醫師工作時數每週不得超過八十小時，如此勢必會嚴重影響到醫師畢業後臨床能力的學習，所以許多醫學院與教學醫院目前已積極想辦法加強醫學生與住院醫師探問病史以及身體檢查的實作能力，並改善其評估方法。最後她提到被發現乳癌的姊姊有一天邀她對自己做乳房檢查，她才深切體會到病人接受醫生對他們做身體檢查時的感受。

第四章〈身體述說的祕密〉：藉一位腹主動脈瘤的病人因為醫生靠腹部身體檢查，而即時診斷，得以在動脈瘤爆裂之前及時開刀得救的故事，指出許多疾病事實上並不需要藉助高科技的檢查，就可以得到答案。但她特別指出一位醫生因為病人與其有同事的關係，而不好意思問一些平常看病都會問的問題，結果延誤了診斷，因而指出醫生與病人的關係有時需要保持客觀的距離。

第五章〈眼見為真〉：這一章利用幾個個案的故事來討論「觀察」在臨床診斷上的重要性，而引用臨床教育大師奧斯勒教授教導學生時所說過的一句名言：「『沒看到』要比『不知道』錯失更多。」最後作者特別提到耶魯大學皮膚科教授布雷佛曼（Irwin Braverman）利用教導醫學生對藝術作品的賞析，來培養醫學生的觀察力。很高興地，一年多前台灣在中山醫學大學醫學院院長皮膚科楊仁宏教授的邀請下，我們都有機會參加布雷佛曼教授在台中親授如何進行這種教學的盛會，使與會者茅塞頓開。

第六章〈療癒之手〉：由一位「缺血性結腸炎」的病人使作者在住院醫師期間學到了如何透過自己的手做身體檢查而找到診斷，接著作者提到幾種當臨床上懷疑為某種罕見疾病時，我們需要做的特別檢查方法，但她也坦承有些檢查方法並不見得放諸四海皆準，所以畢業後的更多臨床心得可以幫忙學生評估所學的東西是否正確可用。最後她又重申，做醫生的絕不可以過分依靠檢驗結果，而不做好身體檢查。

第七章〈聽見，心跳〉：由利用哈維假人學習聽心音的經驗，回顧十九世紀雷奈克發現聽診器的故事，而後提到作者觀察老師如何經由心音，問出病人兒時曾經患有風濕熱，而診斷出病人患有心瓣膜的問題，進而討論到學校老師利用「標準病人」來評估醫學生詢問病史以及檢查病人的能力，才能發現臨床教學的成果，而最近媒體紛紛報導的「客觀結構式臨床測驗」（Objective Structured Clinical Examination, OSCE）即為針對臨床實作能力的評估方法之一。台灣這幾年來各醫學院以及教學醫院也都已經開始推動，考選部也考慮在不久的將來，醫師國考將利用OSCE方式來測試醫師的「基本功」。

## 第三部「高科技」

第八章〈灰色地帶〉：藉由幾位「萊姆病」（Lyme disease）病人的診斷問題而提到檢驗的「灰色地帶」，進而舉出一位曾經被診斷為「慢性萊姆病」的病人在幾年後症狀無法以抗生素治癒的情形下，才被發現是「風濕性多發性肌痛症」（polymyalgia rheumatica），而最後經過類固醇的治療得以痊癒。但問題是，臨床永遠無法以過去檢驗的結果證明或否定病人過去「萊姆病」的診斷。作者由此道出：「醫學檢驗已經改變了醫師行醫的方式。藉由檢驗之賜，醫師對自己的診斷也就比較有信心。但單靠檢驗是不能確立診斷的，思考才是最重要的。更好的檢驗方式應該要能幫助醫師找出正確的思考方式。」

## 第四部「大腦的局限」

第九章〈誤診〉：一位魁偉的大漢在很短的時間內變得虛弱、肢體麻木、便祕、貧血、胸痛、呼吸急促，而幾次進出急診都被懷疑是「心肌梗塞」，最後才被發現是「維生素B12缺乏症」。作者由此對「誤診」做了很詳細的文獻探討，而做出如此的結論：最好的診斷思考必須並用「立即、直覺性」以及「緩慢、推論性」的兩種思考模式，同時為了解決各種各類的難題，醫師要不斷擴展自己大腦的知識領域，但同時也要善用電腦。

第十章〈數位診斷〉：這一章介紹了電腦如何進入醫學診斷的有趣故事，而介紹了電腦的「會診專家系統」如何幫忙臨床醫師在堆積如山的醫學文獻資料裡，快速有效地找到所需要的資料，而對病人提出及時幫助。但也提到今日的病人與家屬不乏有人會請教電腦網路，「Google大神，請問我得的是什麼病？」對這類搜尋到的訊息，有文獻指出，「Google的診斷正確率只有58％」，但作為參考也不無助益。最後，作者強調，「當然，病人需要的不只是正確的治療，還需要有人聽他們訴說，也需要安慰、解釋、鼓勵與同情，這些情感上的支持也是療癒的重要部分，而這是電腦無法提供的。」

〈最後的診斷〉：作者選擇以她在診間看病時，接到親人猝死的訊息，「妳的妹妹被發現死在家中的躺椅上」，來做本書最後一章的主題。她的妹妹素有酗酒問題，而法醫解剖也沒發現任何器官的毛病，而在最後的驗屍報告指出酒精過量，血鉀過高。隔年的聖誕節她們幾位姊妹在海濱租了一棟別墅促膝長談，而她負責向其他姊妹解釋醫學上長期酗酒會引起的致命問題。在這本書的最後，她語重心長地道出：「雖然得知她的死因並不能為我們帶來任何安慰，至少她的生命故事有始有終，不至於變成令人不解的殘篇。」

我個人覺得，這本書最難得的是，作者在書中不時提到對於疾病的診斷最重要的是在於醫者要有能力仔細探問病史，以及做好身體檢查，同時她也讓讀者有機會看到好醫生應該要有鍥而不捨追求真相的熱誠、充沛的醫學知識與一般常識，而且更重要的是醫生做出診斷以後，一定要能用一般人聽得懂的話語說明，讓病人與家屬瞭解。

台灣健保壓低門診給付，但對高科技的昂貴檢查卻沒有適當管控，造成各大醫院無不鼓勵醫生多看病人，以量取勝來應付門診給付的不合理；另一方面，高科技檢查卻相對地被嚴重浮濫使用。在這樣的時空背景下，這本書所傳達的訊息「高科技檢查無法取代詳細探問病史與做好身體檢查」，不啻暮鼓晨鐘。

我誠摯地希望這本書可以說服社會大眾，看病不應該是找「又快又準」、「門庭若市」的「名醫」，而是要找用心詢問病史、仔細做好身體檢查的「良醫」。病人看病也要有耐心，自己有責任將病史正確地告訴醫生，而醫院也應該改變目前過度企業化的管理方式，健保制度也可以考慮以不同臨床科別需要不同的問診與檢查的時間，來調整其給付制度，使醫生可以好好詢問病史以瞭解「每位病人的故事」、做好身體檢查找出更多的重要徵候，以杜絕不必要的高科技檢查。

在這多重考量下，我謹向醫師、醫學院的老師與學生、其他醫療人員、社會大眾以及制訂醫療政策的官員，鄭重推薦這本好書。（刊載於《當代醫學》二〇一〇年十一月號「每月一書」專欄）

## 檢查表：不犯錯的祕密武器

《檢查表：不犯錯的祕密武器》
The Checklist Manifesto: How to Get Things Right
作者：葛文德（Atul Gawande, M.D.）
譯者：廖月娟
出版社：天下文化（二〇一一）

這本書是哈佛大學醫學院教學醫院布萊根婦女醫院（Brigham and Women's Hospital）外科醫師葛文德（Dr. Atul Gawande）繼其暢銷全美的兩本大作《一位外科醫師的修練》、《開刀房裡的沉思》之後，又出版的第三本好書。葛文德醫師這三本書的中譯本都是由廖月娟女士翻譯，同時也都是由天下文化與我目前所服務的黃達夫醫學教育促進基金會合作出版，而且我也曾經在《當代醫學》二〇〇七年七月號的「每月一書」專欄裡介紹過《開刀房裡的沉思：一位外科醫師的精進》，因為這些機緣，使我在這中譯本已問世五個多月後，仍念念不忘一定要找時間介紹這本好書。

### 小小檢查表也能立大功

在本書的〈前言〉，作者先以一位資深的外科同事差點出錯的例子，引申出他這本書最主要的論述：知識與能力不足固然是出錯的主要原因，但是如何將已超乎個人所能應付的龐雜與複雜的知識，正確而安全地運用於實務上，才是當今醫學、飛行、建築等高風險的行業所需要思考的大事，而由此提出「你一定想不到，檢查表（checklist）這樣的小東西也能立大功」的觀念。

第一章〈複雜〉：作者以驚人的醫學數字顯示出目前醫學的複雜性，而提醒讀者，雖然日新月異的醫學科技能夠帶給人類起死回生的醫學奇蹟，但事實上許多本來可以避免的手術死亡與重大併發症，卻因為某些步驟的遺漏而繼續發生致命的錯誤。他進而提出以下的看法：「儘管醫學進步神速，失敗仍層出不窮，這正是我們今天最大的挑戰：在專業不足之時，你該怎麼做？如果連超級專家都會出錯，該怎麼辦？我們已漸漸摸索出一個答案，這答案卻來自一個我們意想不到的地方，而且本來和醫學一點關係都沒有。」而由此引出第二章的主題。

第二章〈檢查表〉：作者先以一段當年波音公司發展新一代的長程轟炸機試飛失敗的原因，來自於一位最資深飛行員人為疏失的故事，來說明專家難免面臨的兩大困難：記憶力不夠而無法保持專注，或者是省略掉某些重要的細節。這時如果有一個提醒工作者的「檢查表」，就可以預防這種不幸的發生。接著他舉約翰霍普金斯醫院加護病房的普諾佛絲特醫師（Dr. Peter Pronovost）為例，他為了改進插管的無菌確認，設計了一張簡單的表格，列出請醫師施行的防止插管感染的五個步驟，同時要求加護病房的護理人員注意醫師們是否做到，結果發現至少有三分之一的醫師忽略了至少一項的步驟，接下來他便說服團隊開始落實執行這份「檢查表」，想不到一年後該醫院加護病房的插管感染率竟由過去的11%降為零，接著普諾佛斯特醫師又設計了「疼痛檢查表」，結果在加護病房的病人疼痛沒有得到治療的比例也由41%降到3%，接著他又設計了好幾個成效顯著的「檢查表」，而後這種觀念漸漸推廣到各大醫院，而為醫界所接受。

## 執行重點：追蹤、溝通、權力下放，以及紀律

第三章〈向建築界取經〉：接著作者因為他所服務的醫院正在興建大樓，對建築工程的每個階段環環相扣產生興趣，而開始深入地實地採訪建築工程的負責人，從而對建築業的各種專業分工合作的精密度有了深入的瞭解，並且對他們專業之間的「溝通進度表」產生很大的興趣。他說這種進度表追蹤的不是工程本身，而是溝通的進行狀況，「專案經理和工地主任碰到預期外的問題以及不確定的狀況時，必須確保在幾月幾號之前，知會所有該知道此事的人。」進而領悟到「不斷追蹤」與「努力溝通」在擁有各種專家的複雜醫療工作中的重要性。

第四章〈理念〉：作者由二〇〇五年美國紐奧良的颶風所造成的空前災情，探討政府的延遲反應，與私人企業沃爾瑪劍及履及的即時援助所產生的強烈對比，顯示出管理哲學在應付突發事件時需要有「權力下放」的機制，進而比對大型建築對於決策權由

中心推到周邊，讓基層根據自己的經驗與專業來應變的重要，而提出在「自由」與「紀律」之間取得平衡的重要性，這不但注重個人的專長與能力，也強調團隊合作，而這種「檢查表」的運用能幫忙促成這種平衡。作者由此做了如下的結論：「我從卡崔娜颶風造成的災難和建築界做事的方式悟到一個理論：在複雜的情況之下，檢查表不只是助力，更是成功的要件。」他更由知名餐廳的管理，看到「紀律的中心就是檢查表」。

第五章〈初次嘗試〉：作者敘述自己如何接受世界衛生組織（ＷＨＯ）的委託，而介入如何替全球醫療照護發展出減少手術造成傷亡的辦法。他由不同國家不同文化看到許多影響醫療品質的原因，而設計一種簡單且容易遵循的手術測試檢查表，以提醒醫療團隊徹底執行消毒、術前正確時機使用抗生素等各種步驟。然而當他回到美國，想要在自己的醫院推動這種檢查表時，他才意識到實際執行時的各種問題。

## 好的檢查表三要件：實用、簡便、能迅速解決問題

第六章〈檢查表工廠〉：為了使檢查表能夠真正發揮功用，作者開始研究有關使用檢查表最有心得的行業——飛航安全，而走訪了西雅圖波音公司長年致力於飛安檢查表與飛機座艙控制研究的資深機師波爾曼，瞭解好的檢查表必須是實用、簡便、可以迅速解決問題的工具，才能用以加強專家的技能，建立最佳的安全防護網。由於極其簡要而且實用，可以使人在千鈞一髮之際仍能按部就班，迅速解決問題，而不知已救了多少人

的性命。這章提供令人嘆為觀止的飛安故事以及檢查表的應用，真令人不得不對作者知識的廣度與深度折服。

第七章〈上路〉：這WHO的手術檢查表經過多重修正測試之後，終於產生十九個檢查項目的手術檢查表，包括麻醉前七項，麻醉後、劃刀前七項，以及送出開刀房之前還有五項的檢查，而後在全世界八家經濟背景迥異的醫院測試，結果顯示在這八家試行醫院接受手術的病人出現嚴重併發症的比率下降了36％，死亡率下降了47％，感染率更下降了一半。最後的研究成果終於發表於二〇〇九年一月的《新英格蘭醫學雜誌》，而得到全世界的肯定。

第八章〈檢查表時代的英雄〉：作者在證明了檢查表應用於醫學上的成功以後，更深入討論其中的意涵。他認為在檢查表上打勾並不是他們的終極目標，他認為真正的目的是在於提升團隊精神和紀律，而WHO手術安全檢查表只是個起頭。他進而走訪金融投資達人，發現「檢查表並沒有告訴他要怎麼做。檢查表不是公式，但是因為檢查表的約束，他才知道懸崖勒馬，不至於做出傻事。由於檢查表，他也才能即時查看一些關鍵資料。最後，在做決策的時候也就能按部就班，有條不紊，確定和每一個人都溝通過了。只要握有好的檢查表，他和他的投資夥伴就能做出好的決定，而且有信心戰勝市場。」最後他又提到二〇〇九年一月十四日在紐約曼哈頓上空，全美航空一架客機因為撞上一大群加拿大鵝險些發生空難的故事，說明全體機員按照程序和檢查表，並利用精密的線控飛行電腦系統才得以成功迫降，而成功最重要的關鍵在於團隊精神與堅守標準程序。最後作者寫道，所有的專業領域都有自己的職業定義和行為準則，以實現理想、完成職責，一般而言至少有三個共同的特點：無私、技術、信賴。但他特別指出：「在飛行界，還有第四點，那就是紀律：嚴格遵守標準流程並與他人密切合作。這種精神在其他行業很少見，就連在醫護人員身上也很難看到這一點。」但以今日醫療科技的複雜性與日俱增，我們也不得不向飛行界看齊。作者並且語重心長地指出：「現代生活的一大特點就是對系統的倚賴，包括人與科技組合起來的系統。而我們最大的困難就是如何使這個系統運作。我們總是希望擁有最好的零件——最好的藥物、最好的儀器、最好的專科醫師。但卻忽略了如何使這些零件相合，成為一個完美的整體。」

## 一個勾勾，救回病人一命

第九章〈救命〉：在這本書的最後一章裡，作者坦承當檢查表上路之後，才發覺自己的手術也漏洞連連，而在一個星期之內發現自己在五台手術當中有三個疏失。他甚至在病人同意下，把自己在進行腹腔鏡腫瘤切除術時，不慎刺傷了病人的下腔靜脈的故事寫在書中。他說，當時要不是自己在填寫檢查表時，先在備血的檢查項目欄打勾，請血庫準備好四袋的血以防萬一，當天病人一定救不回來，而當天檢查表所凝聚的團隊精神，也使得當時的手術團隊臨危不亂地有效處理。本書最後的幾行字是作者與這從鬼門關救回來的病人的一段耐人尋味的醫病對話：

「只要能活下來就謝天謝地了。」他說。

我問，他願意讓我在書中披露他的故事嗎？

「好啊，」他說，「這是我的榮幸。」

看完這本書，我不由得想起作者在他的第二本書《開刀房裡的沉思：一位外科醫師的精進》所說的話：「醫療上惟有自我期許，尋求精進才對得起這崇高的職業。而唯有做到三個基本要素，才能達到 better（精益求精）：努力不懈（Diligence）、務求正確（Doing Right）、創新（Ingenuity）。」從他介紹如何在醫療引進「檢查表」的這本新書，我可以深切地感受到他真正是做到了他的自我期許。這也讓我想起他在榮獲二〇〇六年「麥克阿瑟研究員大獎」（俗稱「天才獎」）的訪談時，被問及最關心的是什麼時，他說，做一個醫生最關心的是「醫生這行業失敗的代價」。這種隨時反躬自省的行醫態度，也才會促成他這幾年來發展「檢查表」的用心。寫到這裡，我忍不住翻開我的資料夾，找到我在二〇〇三年十二月訪問哈佛大學醫學院時的紀錄，在前醫學院院長費德曼（Dan Federman）的安排下，我有幸與葛文德醫師見面。讓我留下最深刻印象的，是他告訴我他當時剛從印度訪問回來，他說他父母都是來自印度的醫生，但已在美國定居多年，他這趟印度行使他學習到許多他過去未曾了解的醫療。他深感我們

檢查表

應該讓年輕的醫生與醫學生有機會多了解其他國家，才能對醫療照護有更宏觀的瞭解（"a bigger picture" of medical care），然後才能了解我們能有什麼貢獻。他並且與我分享他當時剛發表在《新英格蘭醫學雜誌》的印度之旅的心得（"Dispatch from India", NEJM 12/18/2003）。他的誠摯態度令人感動，但願有一天他能來台灣與我們醫界見面。

最後，謹向本書中文譯者廖月娟女士三度為台灣介紹葛文德醫師的大作致敬。謹以此文鄭重推薦本書給喜歡看好書的讀者！（刊載於《當代醫學》二〇一一年七月號「每月一書」專欄）

輯二

# 另一種聲音

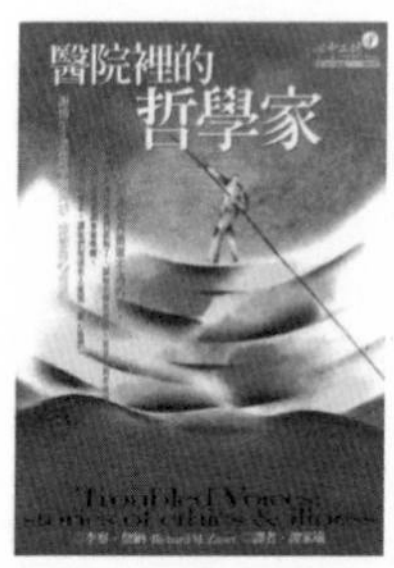
醫院裡的
哲學家

尋找
腦中
幻影
Phantoms in the Brain

第二意見
Second Opinions

現代生死學
談病說痛
人類的受苦經驗與痊癒之道

當天使穿著黑衣出現

醫學院
沒教的一課
The Anatomy of Hope

記憶七罪

Arthur Kleinman
凱博文
道德
的
重量
不安年代中的希望與救贖

派屈克的
生死抉擇

熱情洋溢
Exuberance: The Passion for Life

海拉細胞的
不死傳奇
The Immortal Life of
Henrietta
Lacks
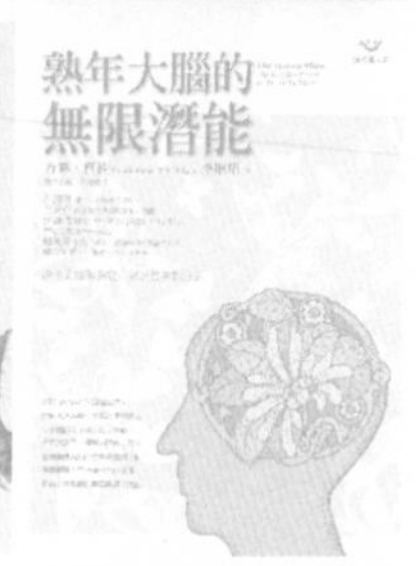
熟年大腦的
無限潛能

未來
在等待的
人才
A Whole New Mind
Daniel H. Pink

My Sister's Keeper
姊姊的守護者
Jodi Picoult

意義的呼喚

夢的新解析
Dreaming

輯二選書

# 醫院裡的哲學家

《醫院裡的哲學家》

Troubled Voices: Stories of Ethics and Illness

作者：李察・詹納（Richard Zaner, Ph.D.）

譯者：譚家瑜

出版社：心靈工坊（二〇〇一）

## 現象學者面對醫療困境的倫理思辨

《醫院裡的哲學家》是心靈工坊最近出版的一本非常好的翻譯書，書名原文是《Troubled Voices: Stories of Ethics & Illness》（困擾的聲音：倫理與病痛的故事），作者詹納博士（Richard M. Zaner, Ph.D.）是美國范得比大學醫學中心醫療倫理研究所所長，本身是一位現象學哲學家，他從一九七一年開始加入醫療團隊，以他現象學家善於觀察的專業素養，介入醫病之間的互動，而發展出他獨到的醫學倫理諮詢的專業。他非醫生的立場使他能夠與病人以及家屬有更好的溝通，因而對各種醫療情況能有更敏銳的感受與更深入的思考，而幫助醫生、病人、家屬在面臨兩難的醫療困境中，做出令他們較為心安的決定。

本書一共有十章，在第一章〈醫療倫理面面觀〉，他回憶十年前第一次隨著主治醫師與醫學生病房迴診時，醫師要求一位年輕女病人讓醫學生一個個學習聽她心臟的雜音，也要詹納博士學習用聽診器聽心臟雜音。事隔多年，他寫到這「聽診事件」時，還清晰地記得他第一次觸摸陌生女子的胸部所引起的震撼。作者事後深深覺得這樣做對病人實在太不公平，因而在離開病房後，他就告訴這位主治醫師，他非常不贊同這位主治醫師向病人介紹他的方式，他認為病人有權知道他是誰、擔任什麼職務，如果病人沒有錯把他當醫生的話，他說他心裡會比較舒坦些。由這經驗也使得他更深切地感受到「信任」與「公平」在醫療上的重要性。這不禁使我想起國內有些醫學院以醫學系五、六年級學生在醫院見習時，為贏得病人的合作，而在學生的白色工作服繡上「某某某醫師」，徒然使學生對過去醫學倫理所學的誠正信實產生更大的困惑，想到這裡，就使我不禁扼腕。

接下去的幾章，作者介紹了他所觀察到的幾個需要接受醫學倫理諮詢的病案，包括：「重度殘障的新生兒是否要救治」、「呼吸衰竭並接受洗腎之婦人的臨終照顧決策」、「先天性腸道異常的幼兒接受手術治療失敗而引起有關安樂死的討論」、「腎臟衰竭病人拒絕洗腎的心理障礙探討」、「孕婦腹中胎兒接受手術失敗而面臨墮胎的問題」、「等待肺臟器官移植老人的遺囑預立」、「基因疾病的產前遺傳診斷及成人基因篩檢的問題」、「末期腎臟病患面臨長期洗腎所產生的心理社會壓力探討」、「腹主動脈瘤感染而病危老婦人其醫療處置意願書的預立及病患代理人的決定」。詹納博士文筆非常流利，本身又具有非常好的幽默感，在這幾個個案的討論中，他成功地引導醫護人員、病患、家屬，從「山窮水盡疑無路」的醫療困境，慢慢地走出一條路而發現了「柳暗花明又一村」，使得醫病兩造達到較為合情合理的抉擇。

## 語言是最重要的溝通工具

作者認為既然做一名哲學家，尤其是現象學家，就要非常關心語言、文字、對話，而且還要去思索一些所用文字的意義。而在醫院任職的哲學家，還要關心在各個病榻旁出現的那些內容敏感、時效緊迫的談話，以關心的方式隨時應用特殊技巧去嘗試進行對話，並思考談話內容。他說：「當我們遇到需要大家徹底了解其來龍去脈的危急狀況時，都會想到最根本的價值觀，而同樣在遇到困境時，我們也應該考慮和別人展開對談。總而言之，醫療倫理顧問一定要關心語言、關心人與人之間的對話。」作者很客氣地自稱經過多年磨練，漸能接受別人以「倫理顧問」或「現象學家」來介紹他，醫療倫理顧問扮演著決策催生者的角色，而這角色為他和別人開啟了一個新世界，讓我們能了解醫療道德的全貌。我們也從這個角色了解到一個事實，倫理顧問即使不能直接提出忠告或建議，也可以間接刺激關鍵性的談話。譬如說，一位太太因為身懷有可能是先天性畸形的胎兒，考慮接受一項有風險的實驗手術時，作者奉勸他們一定要考慮清楚，他直言：「你們有沒有必要跑到舊金山去接受一個說不定對你們的寶寶一點幫助也沒有的手術；那些手術雖然可以帶給別人一些好處，譬如負責完成這項手術的外科醫生將會了解這種手術是否可以增進未來的科學知識，造福以後的胎兒。但這是你們應該負擔的責任嗎？誰有義務做那樣的奉獻，用那種方式犧牲自我，成全別人呢？」

他說：「有位醫生朋友常說，『語言是醫生最重要的工具。』不論醫界如何應用這句話，對於醫療倫理顧問來說，這話的確言之有理。因為完成醫療決策的終極目的，就是在幫助必須做正確醫療選擇的人（包括病患、家屬、醫護人員、倫理顧問）思考一件事：無論遇到何種特殊狀況，他們最珍惜最重視的是什麼？而要進行這類思考，大家就必須進行商議、討論、對談，但這點常是面臨醫療難題的人不容易辦到的。」

這本書裡作者再三強調病人、家屬與醫療者溝通是最重要的。他認為醫病關係應當是彼此接納、替對方設想的行為，這種關係他稱之為「親和行為」（affiliation attitude）。他說，「透過交談、對話才能使人了解到自己個人的問題，以及真正的處境，與病人閒話家常，甚至只是單純地拍拍病人，在在都可以積極表現同情心。」我想這也就是我們所常強調的對病患的「同理心」（empathy）；其實，我個人認為將 empathy 這個字翻譯為「將心比心」，可能更為傳神。

## 將心比心，才能夠真正交心

作者對傾聽病人也有十分精闢的見解，他說在與病人相處的過程中，我們會發現他們迫切希望我們能體會他們的感覺，尊重病人就是要親近他們；親近病人就要體會他們的感受，發揮憐憫之心。而同情的態度又具備了多種形式，他說「最奇妙的現象就是，在持續交談與傾聽的過程中，許多決定不知不覺就忽然迸出來了。那些決定幾乎可以說是水到渠成，但事實又不盡然如此，因為這麼說並無法道出每個人歷經的心理掙扎，也形容不出他們內心的澎湃激盪了。」他在談到自己與病人溝通的經驗裡，再三提及因為本身不是醫生，病人與家屬較能對他傾訴他們的心事，因而他也較能幫忙病人找出問題，克服障礙，幫助他們做更正確的選擇。他在書中特別強調，要了解這些問題就要認清：所有的困擾及阻礙都是源自於病人的現實狀況，他們通常是一遇到狀況馬上就得做選擇、做決定。而病人的難題又都各自有其特殊的形成條件，即使大家無法了解，甚至無法承認這些情況所帶來的問題，還是需要作出回應，就算拒絕承認這些正在發生的問題，問題卻依然存在，也依然迫切。

他在本書的結語說：「面對這些病患，很難與他們保持距離，置身事外。我們即使只是透過書中的故事認識他們，也不會覺得他們與我們無關，或只把他們的遭遇當作故事看看就算了，反而會去注意那些罹患重症、生命垂危、行將就木的病患所面臨的道德問題。我們不但無法與他們擦身而過，對他們視而不見，反而會深深同情他們，就像史懷哲所說的，喚醒我們的道德意識。」

這本書譯者的文筆相當流利，我在看完以後，就忍不住透過亞馬遜網路書店（Amazon.com）訂購了英文本，但很可惜到現在為止，都還沒有接到書，所以也無法仔細地對照翻譯上是否有大的瑕疵。但就整體而言，我實在看不出有什麼大問題。只有一些小毛病，譬如說在醫院醫師們的討論會中，醫生們稱呼他 Dr. Zaner 應該譯為「詹納博士」而非「詹醫生」（104頁）（雖然在很多場合，作者與病人或家屬的對話中，譯者翻譯為「詹醫生」可能確實是有些病人誤會了他的非醫生身分。）其他如文中提到「……穿過艾太太的『胃部』進入子宮」應當譯為「腹部」（139頁）。

這本書的確是一本非常值得向醫學生、醫生、其他醫護人員、一般大眾鄭重推薦的好書。很高興終於能在這專欄裡，介紹一本已經有中譯本的好書。我也在此謹向心靈工坊出版社以及譯者譚家瑜女士，為他們介紹這本好書給台灣的讀者們致謝。（刊載於《當代醫學》二〇〇二年一月號「每月一書」專欄；此文部分節錄文字亦曾在《中國時報》書評專欄「開卷」中發表）。

# 第二意見

《第二意見：為自己尋求更好的醫療》
Second opinions: Stories of Intuition and Choice in the Changing World of Medicine
作者：傑若・古柏曼（Jerome Groopman, M.D.）
譯者：陳萱芳
出版社：天下文化（二〇〇二）

去年聖誕節摯友朱真一醫師送給我古柏曼醫師（Jerome Groopman, M.D.）所寫的《Second Opinions》。一口氣讀完後，忍不住由花蓮打電話向天下文化推薦他們找人翻譯，想不到主編鄭惟和女士回答說：「這本書前幾天和信醫院的黃達夫院長也向我們推薦，既然你倆不約而同都那麼推崇的話，一定是一本好書吧！」就這樣子我與這本書結下「沒完沒了」的緣：又要我審稿，又要我寫序。雖然時間上的確答應得非常勉強，但說實話，一想到這麼好的書即將能介紹給國人，就覺得雀躍不已。Second Opinions 這個書名如果直譯應當是「第二意見」，但這個詞好像還未在國內廣用，而且事實上，這英文的 second 也並不一定是「第二」，而只是意指「再找個其他的意見」，因此我們也可以譯為「聽聽別個醫生的意見」。作者在書中以幾句話勾勒出「第二意見」的重要：「醫學領域裡，沒有什麼東西是神祕或專門到無法解釋好讓一般大眾了解的。如果醫師沒有做詳盡的說明，病人就應該開始擔心，是不是醫師自己對整個情況也不很了解？或是不想和病人針對問題進行廣泛的討論？還是醫師根本不想揣摩病人的直覺？在這些情況下，病人和家屬就該積極地尋求第二意見。」

**聽聽另一位專家怎麼說**

這本書除了〈序〉（prologue）與〈跋〉（epilogue）以外，作者以八個自身所涉及的病案與讀者分享「第二意見」的經驗。有些個案作者本身是以家屬的身分來感受「第二意見」的得失。譬如第一章〈我的大兒子〉裡，做者很生動地寫出作者與其夫人兩位好醫生對他們自己的大兒子在發生「腸套疊」時，如何經歷一位鄉下開業多年的老醫生以及大學醫院急診處的年輕住院醫師的誤診，而後透過他老師的推薦，得以找到一位資深外科教授及時緊急開刀化險為夷，這段故事令人充分感受到「第二意見」的重要。在第五章〈麥克斯外公〉裡，作者以家屬的立場寫出他們費盡苦心找到大學醫院研究阿茲海默症的名醫，但後來才發現這醫生除了將病人當做研究對象以外，絲毫不體貼家人的心理感受與病人的環境調適，而深感「第二意見」所找的「名醫」，不一定是真正幫得上忙的「良醫」。其他的故事則是作者本身以專業的立場在病人或家屬主動上門尋求「第二意見」時，他如何在專業領域上對病人的診斷與治療給予協助，並且為病人爭取更多的關懷與資源。在第二章〈醫學之謎〉裡，他描述一位雖然他已盡了最大努力，但他的「第二意見」還是無法起死回生的病人，不過他對病人的盡心盡力以及對家屬的關愛體貼，使得家屬在病人死後得以心安。在第三章〈一個尋常的氣喘病例〉，他描述一位他過去照顧過的老病人的太太來請教他的「第二意見」。他好意地告訴那位曾經照顧過這位老太太、隸屬於「健康維護組織」（Health Maintenance Organization, HMO）的內科醫生，老太太並非他所說的「一個尋常的氣喘病例」，而是嚴重的「急性白血病」，想不到這位醫生竟惱羞成怒，反過頭來訓了他一頓。難得的是，作者在書中寫出他事後虛心檢討，他這種躲在象牙塔裡「不食人間煙火」的大學教授，有時也的確需要考量現實的社會經濟環境，而不應該動不動就利用大學醫院昂貴的設備與藥物。在第四章〈老一輩的人〉裡，他描寫他年輕時，曾經以區區大學助教授的身分，如何周旋於一位富有的老年病人與一位自負甚深的家庭醫師之間，為了病人的健康他必須堅持己見據理力爭，以爭取老醫生同意他的「第二意見」，而最後他的努力終於救回了這老病人的命。

## 天人交戰的抉擇

在第六章〈破解命運密碼〉裡，作者描述一位女病人在母親姐姐均被發現罹患乳癌後，要求做遺傳基因的篩選。但當她被發現她有ＢＲＣＡ的基因時，她面臨一個痛苦的決定：「是否需要在還沒有被發現有乳癌以前，就先做預防性的乳房切除」。這種恐懼困惑使她對自己這種尋求「第二意見」的行為深感懊惱，而作者也深以科學愈發展，醫者將面臨更多的未知數，而自我警惕。

## 先搞清楚狀況再說

在第七章〈抽籤決定〉裡，作者描述他如何為一位全身都被「黑色素瘤」癌細胞所侵襲的病人，爭取參加一項可能有效的抗癌新藥的試驗，但很遺憾地，為了公平起見，所有有意願參加的病患均得經過「抽籤決定」，而這病人很不幸地沒抽中。他接著為這病人向他的服務單位、他的保險公司「健康維護組織」、以及擁有某種剛研發成功已經上市的藥商多方遊說，以探索其他可能得到的治療，而最後「塞翁失馬焉知非福」，病人竟然奇蹟式地完全康復。最後在第八章〈先別急著治療——搞清楚狀況再說〉裡，作者描述一位遠道由紐約來波士頓請教「第二意見」的病人，呈現一種罕見的骨髓細胞衰竭的疑難症狀；很不幸地，作者與這位病人在紐約的主治醫師溝通上有困難，對方一直擔心不趕快開始治療的話，將會因太慢而後悔莫及，但作者堅持他老師當年勸他們的「先別急著治療——搞清楚狀況再說」。最後他成功地贏取了病人的信任，而未接受這位紐約醫生所建議的骨髓移植，而以較保守的藥物治療成功地救活了這病人。

## 第二意見的濫用：以自身經驗為例

在這本書裡，我們可以在字裡行間感受到作者不只是在學術界名重一時的醫學研究科學家，更難得的是他仍有那股「赤子之心」，他關懷病人無微不至，對病人的隱私權也非常地尊重。更難得的是他以自己過去背痛纏身時，濫用「第二意見」（一心只想找一個肯給他開刀的醫生）所遭致的後果，來警惕年輕的醫師與醫學生。在他的書裡，他說：「我所經歷的，與病人面對疾病時的感受並無二致，只是每個人的強度不同罷了。我在接受後果嚴重又非必要的手術之後，重新審視自己的心，回顧讓我變成如此虛弱的每一步，面對如此痛苦的回憶，我這才發現，自己已經失去不可或缺的判斷力。一直到我開始對醫師提供的意見發生質疑而進行評估時，我才找回了自己的直覺，才找到真正幫助我恢復健康的醫師。」當他無法說服病人接受有可能治癒的療法時，他也不惜找尋過去他所治療過的成功個案，在徵得當事人的同意下，讓病人與病人有機會交換心得，而終於使得當事人欣然接受這治療而康復。

以一個又要教書、又要研究、又要看病的哈佛大學醫學院的教授而言，相信在他忙碌的時間表中要做到他對病人的關心照顧，是非常不容易的，但他還是秉持了他的「良醫」風範。他語重心長地說：「一個醫生一定需要讓病人與家屬了解他所要對他們解釋的消息，如果沒能做到這一點，就應該讓病人有找尋『第二意見』的機會。」

## 研究與看診的相異之處

在書中，他也談到研究與看病的異同，他說：「臨床醫學和科學實驗雖外在形式不同，內在本質卻如出一轍，必須隨時提高警覺，仔細觀察，隨時質疑自己的第一印象是否正確。兩者唯一的不同在於，病人不是試管裡培養的細胞，錯了就沒有機會重來。」

對於醫生的誤診，他說，「這些錯誤可分為：『技術失誤』（ET: error in technique）和『判斷錯誤』（EJ: error in judgment）兩類，以後者較為嚴重。犯了『技術失誤』換來的是『熟能生巧』，但『判斷錯誤』就牽涉到較深層的醫學問題。」。

找尋「第二意見」事實上對醫生與病人來說，都是一件不容易的工作。對病人而言，他們深怕找另外一位醫生，會因而冒犯了本來照顧他們的醫生，或是找到的新醫生是不是真的經驗能力上會比自己本來的醫生更好，而如果他們兩人的意見不一致時，又不知該何去何從。而在醫生方面，就如同書中第八章〈先別急著治療——搞清楚狀況再說〉裡的醫師生氣地告訴病人說「一個廚房只能有一個主廚」，而拒絕與「第二意見」的醫師繼續溝通。然而，當我們回想當年初入杏壇，我們醫生們不也都在「醫師誓詞」裡大聲宣誓過我們將以病人的福祉為第一優先，果真如此，那麼只要我們認為病人與家屬需要再聽聽另一位醫生的意見時，也許我們就應該主動向病人與家屬建議他們找尋「第二意見」，並且也惟有熟悉患者病情的醫生，才能推薦真正有能力的專家，來為這位病患貢獻他的意見。

## 醫者需要誠實面對自己的能力與極限

提筆至此，不覺想起我在堪薩斯大學醫學院教書時，常與年輕醫生們談及我個人在醫師生涯成長過程中一個有趣的自我觀察：當我初出道時，我因為心虛的關係，當病人或家屬對我的處理不太有信心，而希望我能推薦另外一位醫師給他們諮詢「第二意見」時，我總覺得受到羞辱委屈而很不自在。但最後這幾年，每當面對一些我實在沒有把握的疑難雜症時，我都會坦蕩地主動建議照會其他我認為在這方面比我更有能力的醫師或醫院，這時反而有些病人或家屬會客氣地婉拒：「如果連你這樣用心都看不懂的話，你想，我們再花時間金錢去看一位新的醫生，真的有必要嗎？」我想，醫生也是人，病人也是人，事實上是醫生與病人，都需要有接受「第二意見」的雅量。

最後這本書的第六章〈破解命運密碼〉也使我們不得不承認，我們醫病之間都還沒有準備好如何面對這遺傳基因的研究所帶來的衝擊，而第三章〈一個尋常的氣喘病例〉也使我們不得不正視社會經濟層面所帶來對醫療的影響，這些也都直接會影響到病人尋找「第二意見」的可行性。

## 「逛醫院」的求診方式，是濫用醫療資源

最後我不得不提到，國內實施健保以來，國人「一個病看三個醫生」的濫用醫療資

源絕對不是這本書中所寫的「第二意見」。因為我們的病人再看第二、第三甚至第四位醫生時，本來看他的醫生並未被告知，所以兩位醫生也無從有會商的機會，更談不上分享過去已做過的檢查結果，以致我們的「第二意見」的醫生也就像第一位看他的醫生一樣一切都得從頭開始，做了許多同樣的檢查，開了同樣性質的藥，等到病人或家屬失去耐心或信心時，又是依樣畫葫蘆，再找一位新的「名醫」又從頭開始。結果最大的輸家往往是可憐無知的病人，在這四處求醫的折騰中，時間慢慢消失，最後才發覺太慢了，不只身體搞壞了，也不知浪費濫用了多少社會資源。這種怕得罪醫生的心理，事實上反而害醫生要浪費更多的時間資源，而得不到更好的結果。我誠懇地希望台灣的醫界可以透過這本書的啟示，好好自我檢討，我們這種平均三到五分鐘看一個病人的做法，很難能使病人心安，而病人也應該了解，這種怕得罪醫生而使醫生無法獲得所有真相的做法，最後害到的其實是病人自己。惟有在互相尊重、互相信任的關係下，我們才能以病人的福祉為中心，開誠布公地共同努力找尋對病人最有利的意見，而在必要時，醫生可以主動幫忙病人找尋最好的「第二意見」，並且能與對方連繫，以避免對方對病人過去所做的一切一無所知，而不得不從頭做起。

本書作者雖貴為哈佛大學醫學院癌症與愛滋病的權威，在研究、教學、看病之餘，仍經常在報章雜誌發表一般大眾性文章，筆尖流露出他在行醫過程中所感受到的豐富情感，也讓本書讀來真有欲罷不能之感。譯者陳萱芳小姐為師大翻譯所筆譯組碩士班學生，譯筆尚稱流暢。雖然她本身並無醫學背景，但在審稿的過程中，我充分地感受到她對這本書所盡的最大努力。看了她對書中那麼多的醫學名詞彙集成另一本小冊以就教於我，也使我對這年輕人的治學態度留下相當深刻的印象。我衷心地希望我們的努力，再加上天下文化優秀的編輯團隊的專業素養，我們可以把這本好書介紹給國內的讀者，而如果因此能改善台灣的醫療生態與醫病關係，那將是我們最大的期待與滿足。（刊載於《當代醫學》二〇〇二年二月號「每月一書」專欄）

## 談病說痛：人類的受苦經驗與痊癒之道

《談病說痛：人類的受苦經驗與痊癒之道》
The Illness Narratives: Suffering, Healing, And The Human Condition
作者：凱博文（Arthur Kleinman, M.D.）
譯者：陳新綠
出版社：桂冠圖書（一九九五）

### 精神醫學及人類學大師巨著

本書是哈佛大學精神科暨醫學人類學教授凱博文醫師（Dr. Arthur Kleinman）一九八八年所發表的名著，英文書名為《The Illness:Narratives-Suffering Healing & the Human Condition》，中文直譯應為《談病說痛—人類的受苦經驗與痊癒之道》。作者一九七〇代曾在台灣和中國分別住過一段期間，對台灣及中國的文化有相當深入的接觸，也曾以他個人對東方文化的心得，寫了幾本非常暢銷的醫學人類學方面的好書。作者表示在這本書之前，他寫過的幾本書都是以醫療人員為主要對象，但他希望這本書能以一般大眾為對象，透過他們對病痛的了解，來幫助長期受苦的病人。

作者在他第一版的原序中提到，一九六〇年代他自己是醫學院二、三年級學生時，由於接觸到幾位病痛纏身的病人，而引導他將興趣集中在病人的感受，開始了解病痛對我們日常生活多面相的影響。序文描述他接觸到的第一位病人是全身嚴重燒傷的七歲小女孩，每天要接受漩流澡（whirlpool bath）的治療，以沖刷身體腐爛的部位，這種痛苦使病人尖叫，哀求醫護人員不要傷害她，而做為一個醫學生，他必須幫忙醫護人員，把病人按住在澡盆內繼續接受這種慘不忍睹的治療。在每天與病人做這樣的奮鬥中，他漸漸地學會了與這小女孩子溝通，而病人開始將每天遭受到的痛苦傳達給他。他在序文裡說：「在對病人的照顧上，她給我上了一大課：與病人談論實際的病痛經驗是可能的，即使是那些最悲痛的病人，而且見證與協助整理這種經驗會有治療上的價值。」

## 「疾病」與「病痛」不同

這本書頭兩章先以文化社會的背景，把醫者所診斷的「疾病」（diseases），與病人所感受到的「病痛」（Illness）做了一番釐清。從第三章到第十三章，作者陳述過去他所看過的各種病人的病史，而後寫出他對這些病人病痛的詮釋，深入地討論各種不同慢性病人所遭遇到問題，如疼痛時的脆弱，生活上的痛苦，長期疼痛所帶來的挫折感，神經衰弱，長期慢性病病人在接受治療中的矛盾，由病痛到死亡，病痛之烙印與羞恥，還有長期性的病痛造成的社會影響，最後也包括醫療上最感棘手的「偽病症」（Factitious Illness，譯者譯為「造病：人為之病痛」）」與「慮病症」

（Hypochondriasis，譯者譯為「疑病症：諷刺性疾病」）。在最後的三章裡，第十四章以八位醫生因其個人本身不同的遭遇而有不同的醫療生涯，來詮釋醫療者對病痛的感受；第十五章討論長期慢性病人的醫療方法，而最後第十六章，作者以他所探討的意義中心模式來挑戰當今的醫學教育、衛生醫療系統以及醫學研究。

第一章〈症狀與異常之意義〉，作者舉出各種不同文化背景之下，病人對疾病態度有所差異。他舉了一個很有趣的例子，高血壓英文是hypertension，因此很多病人認為高血壓是因為「壓力」（tension）太「高」（hyper）所引起，也因此當病人休閒的時候，就自然會忘了吃藥，因為當時他們並沒有感受到「壓力」，所以就不需要吃藥。以這種觀察來解釋高血壓病人無法順從醫囑按時吃藥，倒是一個饒有風趣的觀察。

第二章〈病痛之個人與社會意義〉分析病人的內在世界，試圖了解病人的反應與想法，例如一位糖尿病病人因為糖尿病必須斷肢，而作者由病人的憤怒領悟出，「在我的經驗中，對需長期醫療的病人所做的精神治療常常是一種哀悼。但鼓舞病人的臨床行動可能要循其他途徑。醫生協助病人（以及他們的家屬）去獲得對恐懼的控制，並在官能限制上去與他們壓倒性的憤怒妥協。他或她協助病人恢復身體和自我的信心。治療者的工作還要教育病人逃避生活上對各種失敗活動過分的罪惡感，以及對其他無嚴重異常者的嫉妒。最後醫生會幫助病人準備死亡。」他也強調臨床醫師必須多了解病人和家屬的經驗，首先就「必須綜合由病人和家屬的怨訴和解釋模式中浮現出來的病痛故事；然後按照不同的病痛意義模型——症狀象徵、文化凸顯的病痛，或個人和社會的情況，而對它加以詮釋。」

## 疼痛看不見、摸不著

第三章對疼痛的病人有非常精闢入裡的一段話：「如果有一件單獨的經驗是由全體長期疼痛病人共同擁有的，那就是在某個時候他們身邊的人——主要是醫生們，但有時也會是家人——會懷疑病人疼痛經驗的真實性。這個反應嚴重造成病人對專業治療系統的不滿，影響他們去尋求變通的治療。」他透過一位長期為疼痛所折磨的警官說出他的心聲，「這是有關疼痛最壞的一件事。你看不見它。你不知道它像什麼，除非天可憐見，你受過疼痛之苦。我覺得人們時常不相信我，這令我生氣，真正的生氣。他們到底以為我是什麼東西——一個裝病的人？」畢竟疼痛是非常主觀的問題，這段話由疼痛的病人說出，實在發人深省。

而後幾章利用更多的病人討論，詮釋病痛對病人的生活在不同層面所發生的各種影響。在第八章〈熱望與勝利：應付長期病痛〉，作者引述一段病人家屬的經驗，「姊姊癲癇發作令培迪感到困窘，他設法避開她。有一次她在他們學校附近起痙攣。他記得他看見她倒到地上，眼睛向上翻，四肢抽動。人們圍著她，不知道該怎麼辦。培迪深感羞恥和恐懼，他假裝沒看見發生的事，走開了。他不想引人注意。他還感到癱瘓無助。他不知道該怎麼辦。」這種描述對於像我這種與癲癇病人相處二十幾年的醫生而言，作者描述癲癇病人與家屬的無奈，的確是非常深入而且真實的。

## 對羞恥感、慮病與慢性病等面向的探討

書中有幾章也提到「死亡」與「疾病的羞辱感」。譬如說第九章由病痛談到死亡，作者以他個人對東西文化的瞭解來比較台灣與美國病人對死亡的看法。在第十章〈病痛之烙印與羞恥〉（stigma and shame），作者描述六位承受病痛而感到羞恥的人，一位是生下來就有紅色胎記——所謂的暗紅酒斑（port wine stain）的病人，一位是患同性戀的教師，一位是做了結腸造口術（colostomy）的潰瘍性結腸炎病人，一位是在台灣的年老痲瘋病人，以及一位因為車禍腦部開刀留下疤痕、說話有困難的病人。作者透過這些病人的觀察，對疾病帶來病人自慚形穢的心理有非常深入的描述。

在第十二章與第十三章裡，作者探討一些深信自己有病，但醫學上卻看不出病人真有其病的個案。作者對於這種自認有病而又難以說服醫者的病人，有一段說得很好的描述：「疑病症使病人埋怨『病痛』，醫生診斷『疾病』的原形醫療關係顛倒。在疑病症的情況中，是病人埋怨『疾病』（「我怕我得了喉癌」、「我相信我要死於心臟病」、「我知道，我就是知道我得了自體免疫疾病」），而醫生只能確認『病痛』。」

第十四章是分析八位醫生的醫療生涯，譬如說極受病人愛戴的內科醫生，竟然是

因為自己十二歲罹患氣喘病的經驗，而使他對長期病人更富同情和更能給予有效率的醫療；一位博覽群籍辯才無礙的家庭科醫師表示，「我認為醫生能夠忍受曖昧與長期狀態之不確定，就不會再有失敗的威脅或死亡的威脅存在；反而會有了解人性之人性（the human nature of human nature）的基礎……」這幾個故事對我們醫療者的確都是發人深省的好例子。

第十五章探討長期慢性病人的醫療方法，作者說：「按定義，長期疾病是不能治癒的，事實上治癒的要求是個危險的神話。它能使他們的注意力從減輕痛苦的一步步行為上移開，即使這些行為沒有奇蹟似地治癒疾病。病人與醫生雙方都要接受，治療的主要目標是在一個病痛的進行經驗中減輕殘障。在可能的程度內，目標應該是在長期病痛過程中降低加劇的頻率和嚴重性……為了說服他們相信這個治療目的對醫療的重要性，醫生必須放棄治癒的神話。他必須嘗試接受，在病痛經驗中，甚至溫和的改善也是可以接受的結果。然而原則上應該同意，病人有長期病痛並不表示殘障已是確定不可避免的。事實上，醫生必須設法防止長期性之社會和心理不良影響。」。作者在書中建議，要增加對這種長期病人的了解，就應該像人類學者一樣，當後者想撰寫一個異族文化的民族誌（ethnography）時，他就需要學習該民族的語言，然後有系統地描述他們社會的環境、經驗和互動改變的情形。對長期生病的病人（常常也包括家屬）慢慢灌輸希望，是非常重要的臨床領域，而對家屬和病人來說，沒有一件事比醫師對他們的需求敏於感受更為重要。

## 籲將人文科學知識納入醫學研究中

在最後第十六章，作者對醫學教育與醫療體系提出呼籲，「這本書中的報告揭示，病痛經驗與意義是臨床工作的重心。醫學的目的即是控制疾病過程和照顧此病痛經驗。這個在長期慢性病病人與其醫療系統之關係中最為清楚：對他們來說，疾病的控制，按定義，是有限的，照顧由異常製造出來的生活問題才是主要問題。」作者也批評醫學教育「醫生被鼓勵去相信，『疾病』比『病痛』更為重要，而他們所需要的只是生物醫學知識，而不是病痛之社會心理與文化方面的知識。」「要改變這種可悲的狀況，必須使病人和家屬的病痛經驗故事在教育過程中更受重視。惟有如此，醫生才能獲得適當的態度、知識和技巧，使他們能寫出長期異常不幸的小型民族誌，或給予臨終的病人支持，或與來自另一族群的病人磋商。這個改變如何實現呢？」「在我想來，唯一有效的改革方法是由下至上重新建立醫學訓練計畫……必須排出課程，花時間教導學生如何詮釋病痛故事和評估病痛經驗……甚至醫學院入學標準也需要優先選擇對心理社會學、文化和道德方面確實有興趣和背景的學生。」在衛生醫療系統裡他也特別提到，不只是醫生需要這方面的訓練，「所有的輔助人員也都應該在尊敬醫生之苦和富有人情地照料病痛經驗的架構中，接受訓練。」他認為醫學研究「需要看到醫療擁有三大知識來源：生物科學；臨床科學；以及醫學社會科學和人文學。至今，頭兩項研究的範圍已經接受具體的資源並已變成強壯的企業。第三個研究範圍，現在卻發展不良。除非人類學、社會學、心理學、歷史、倫理和文學的研究（醫學人文科學）變成醫學研究真正的一支，我們會缺乏將病痛經驗和意義更有系統地概念化所需的知識。只要我們缺乏這種知識，新的行醫規範和有效治療政策的發展就會延後，而研究企業仍會極不平衡地針對著疾病問題。」

第一次接觸到這本書，是因為生長在美國的甥女 Caroline 聽說我有感於一些慢性病病人受到社會的誤解與排斥，所以將在慈濟醫學院開一門「疾病誤解與社會偏見」的通識課程，來改善學生對一些在台灣受到歧視的慢性病的認知，她就寄了這本書的英文版送我。由於工作繁忙，斷斷續續地看完此書，但總覺得這本書應該再另找個時間一氣呵成地看一遍。後來碰到剛從英國獲得醫學人類學碩士學位，才回國不久的家醫科張燕娣醫師，她才告訴我這本書早由桂冠圖書公司出版了中譯本。這本書英文版的用字遣詞有些地方的確不是那麼容易翻譯，幸好譯者陳新綠女士的文筆相當流利，也很用心地嘗試忠於原作地翻譯。不過有些地方可能疏忽而有些錯誤，例如192頁 stereotactic 的腦部手術應該是「立體定位」而不是譯者翻譯的「實體策略」；還有一些日常口語，如249頁 burnout 意思是「累壞了」，而不應翻成「燒壞了」；130頁 in turn 應是「因此」或「而後」，不該翻成「輪流」。

總之，「談病說痛」這本書主要是闡述醫者所診斷的「疾病」與病人所感受到的「病痛」的不同。他強調我們在醫療過程中，醫務人員和家屬常偏重病人的「身」而忽略他們的「人」，偏重病人的「疾病」而忽略他們的「病痛」，偏重「症狀」而忽略他們的「經驗」，影響所及，使病人，尤其是慢性病病人，與醫護人員產生疏離，也與家人無法互相了解。在台灣目前醫療績效凌駕於醫療品質的風氣下，「以病人為中心」的醫療已漸漸淪為口號。為了力挽狂瀾，我謹在此推薦這本《談病說痛》應該是醫病雙方人人必讀的好書。（刊載於《當代醫學》二〇〇三年五月號「每月一書」專欄）

# 希望：戰勝病痛的故事

《醫學院沒教的一課》

The Anatomy of Hope: How People Prevail in the Face of Illness

作者：傑若・古柏曼（Jerome Groopman, M.D.）

譯者：廖月娟

出版社：天下文化（二〇〇八）

這本書英文原名為《The Anatomy of Hope: How People Prevail in the Face of Illness》，如果直譯應為「希望的剖析：人們如何戰勝疾病」，是哈佛大學醫學院內科教授傑若・古柏曼醫師繼一九九七年所寫的《時間等候區》（The Measure of Our Days: The Spiritual Exploration of Illness，心靈工坊），和二〇〇〇年所寫的《第二意見》（Second Opinions: Stories of Intuition and Choice in the Changing World of Medicine，天下文化）之後，於二〇〇五年出版的第三本好書。

書中共分八章，前五章各以一位病人的真實故事，描述他們在面臨生死病痛的不同態度，導致截然不同的後果；而第六章作者以他本人長年為背痛所苦的故事現身說法。作者以這幾個病人的真實故事，闡述「希望」在病人與疾病奮鬥中所扮演的角色，而後作者在最後第七、八兩章以科學家的治學態度，引述精神科醫師以及實驗心理學家對

「希望」所做的研究，對相關文獻做了深入的探討。

在第一章〈老師沒教的一課〉（Unprepared）裡，古柏曼醫師寫出他在醫學生最後一年的實習時，照顧了一位年輕女病人艾莎。在這位熱心醫學生的關懷下，又加上彼此同屬猶太教的信徒，艾莎終於向他坦承自己曾經與職場上的老板發生關係，所以對先生深感愧疚。當她被發現有乳癌時，竟自覺這是神對她的懲罰，認為生這病是罪有應得，因此開刀後不願接受進一步的化療。最後經過外科教授的勸說，才開始為時已晚的治療。但作者認為，病人最後為什麼改變心意願意尋求治療，對他來說，一直是一個謎。他很感慨地說：「我真的很希望知道佛斯特醫師是怎麼說服她的，他是怎麼突破病人的心防。他該不是只教我開刀、教我縫合傷口，教我怎麼治好病人。然而，佛斯特醫師不會跟醫學生分享這樣的心得，告訴我們他是怎麼改變病人心意的。這樣的事其實非常重要，然而當時我的了解還很有限。經過多年的摸索，我才慢慢學到這一課。」

在第二章〈真假希望〉（False Hope, True Hope）裡，作者描述他在加州大學洛杉磯分校附屬醫院當血液腫瘤科研究員時，週末在一位開業醫凱易思醫師那裡幫忙照顧病人，以補貼家用。有一天，凱易思醫師告訴他：「每一位醫師都有自己的風格，有自己一套處理事情的方式。」受其影響，他決定不告訴一位罹患癌症末期的黑人女病人符蘭，她所患的病實際有多嚴重。因為他認為，對這樣的病人來說，還是不要知道太多比較好，但最後這病人病入膏肓時，病人的女兒非常不滿。她認為醫生以為她們是黑人，就不夠聰明、不夠堅強，無法面對事實。作者再三解釋，結果病人的女兒還是無法諒解。這件事給了作者很深的教訓，但當他後來對另外一位病人克萊兒實說疾病的嚴重度時，卻在事後由病人的丈夫口中得知，他對病人所說的那些統計數字，成為她死前幾個月一直揮之不去的噩夢。作者反省說：「好像她還沒死，我已經為她罩上屍布，讓她不得不透過死亡來看世界。」

後來這位凱易思醫師本身被發現罹患膽管癌，他最初憤怒地拒絕放射線治療，他認為做了所有的治療結果可能還是一樣，只是將來這些都做完後，大家會說，「我們已經盡力了，然後心安理得地把我送進棺材。」但最後他終於被說服接受治療，並有非常好的結果。

作者最後寫道：「有一段時間，我極力主張病人有『知的權利』。在我的病人當中，遭受這種『耿直』之害的，還不只克萊兒一人。過猶不及，我漸漸意識到這麼做操之過急，病人在冷冰冰的真相衝擊之下，不一定挺得住。由於擔心這點，我容易受到虛假希望的誘惑，想要躲在這道牆的後頭，就像當初診治符蘭一樣。」

## 病人有希望的權利

在第三章〈希望的權利〉（The Right to Hope）裡，他描述一位哈佛醫學院的病理學教授葛力奮，他本身是研究胃癌的專家，卻被發現得了胃癌且已到末期，他決定唯一的希望，就是使用毒性較大的化學療法放手一搏。看著這位教授接受化療以後，日益衰弱，作者心裡非常不捨。但結果皇天不負苦人心，他居然成功地戰勝了癌症，而十幾年後在作者與他談起他的堅持希望時，作者告訴他當時所有的醫師，包括他在內，都不同意這位教授堅持的那種極端的治療。葛力奮教授回答說，「我對自己的病瞭如指掌，我有權利自己選擇要怎麼做……萬一失敗，說實在的，我也沒指望我的病會好，不過這還是我唯一的機會。我非常想活下去，因此我得拚下去。然後，我才能告訴自己，我已經盡力了，能做的都做了。這樣才能了無遺憾。」

最後作者引用十九世紀的波士頓醫師、詩人和散文家霍姆斯（Oliver Wendell Holmes, 1809-94）的話，「小心，不要剝奪別人的希望」（Beware how you take away hope from another human being.），而提出「面對絕望的病人，醫師千萬不可像個高高在上的法官，宣判病人只有多少時日可活。儘管病人知道自己死期不遠，醫師也不該這麼做……我慢慢才了解，病人做的選擇並不簡單。我該讓他們對自己的疾病有更多的認識，也讓他們有選擇的機會。就像葛力奮說的，即使身陷絕境，也不失去希望，那是選擇用自己的方式活下去。這是人類精神堅苦卓絕的一面，所謂的奇蹟也才有機會降臨。」

## 一步一步來

在第四章〈一步一步來〉（Step by Step）裡，作者描述一位越戰退役軍人阿德，在被發現胸腔長了很大，而且是惡性度很高的非霍杰金氏淋巴癌以後，始終堅持拒絕接受任何治療。請了精神科醫師來看了他幾次，也沒有辦法讓他改變心意。後來他的太太透過他的昔日戰友，才獲知他曾經照顧過一位得了癌症的好友，在接受各種治療後，仍眼睜睜地看著他日漸衰竭而死。

作者最後苦口婆心地勸這病人：「我們不急，一步一步來，你只要踏出第一步就好了，不必做任何承諾。治療就像一列火車，在行駛中隨時可以停下來。要停要走，你可以全權決定。我不一定同意你做的決定，但我不會對你生氣，也沒有人會放棄你的。我現在終於了解你為什麼覺得沒有希望，為什麼覺得再怎麼治療都是白費力氣。可是你得相信你真的有希望，就像我看到的一樣。」就這樣子，他一步一步地勸導病人完成整個療程，而得以痊癒。他非常感慨地說，「我不得不修正自己的看法：如果要使希望成真，光靠科學還不夠……現在大家終於注意到醫學教育疏忽病人感受的缺失。」

作者很感慨：「為什麼一個病人會覺得自己沒有希望？」的這個謎有時是關鍵所在，最重要的是，要幫助一個病人找到希望，必須對這病人有很深的了解，這包括他的過去種種。

## 超越死亡的恐懼

在第五章〈生命有時盡，希望無絕期〉（Undying Hope）裡，作者描述一位女病人芭芭拉在發現乳癌已轉移到肝臟骨骼，一開始就能坦然接受事實，而且表現出一種獨特的沉靜。她並沒有屈服，一直都很了解自己的情況，從來就沒否認過。什麼是可能的，什麼是不可能的，什麼是合理的，以及何時是該跟這個世界說再見的時候，她都很清楚，也明白表示她能夠接受的治療底線。作者感嘆，醫者對疾病的臨床表現可能瞭如指掌，但是對病人的人格特質卻未必都有瞭解。面對死亡，人人無不有深深的恐懼，但有些人卻能夠超越這種恐懼。

這位病人最後告訴他：「恐懼襲上心頭的時候，我就想像有好幾百萬的人一一走向冥界，接下來是我，在我之後也還有好幾百萬人會走上這條路。我父母都死了，我們教會的前任牧師也在六年前死了。我想，如果人難逃一死，我也是一樣。正如〈傳道書〉說的，天下各樣事務都有定時——生有時，死有時。」

最後作者說：「我在長大成人之後，由於工作的關係，常貼近死亡。我就像每一個醫師，已經知道如何在恐懼和焦慮自然湧現時，把這些感覺藏在內心的一個角落，才能繼續專心照顧病人。然而，有時我還是不免想到自己也有必須離開人世的一天。我在想，我會如何面對這一天。當然，那天真的來到的時候，我就知道了……我回憶起芭芭拉說的話、做的事，父親當年的話語也在我耳邊響起。一想到在人生的終點還能感覺到希望，就深感安慰。」

## 有時，阻礙來自於你自己

在第六章〈走出疼痛的迷宮〉（Exiting a Labyrinth of Pain）裡，作者本身成了病人，因為背痛而一直希望能找到外科手術可以一勞永逸，結果一次背部脊椎手術把他的夢扯碎了，在恢復室由麻醉恢復過來時，痛苦反倒加劇，而後他就一直無法過無痛的正常生活。當他回去看這位外科醫生時，他竟然斷言作者只有調整日常生活的步調，學習適應這將永遠不會好的背痛。最後在同事的推薦下，他去看了一位專精於復健的雷維爾醫師。這位醫師在詳細檢查以後，認為他的問題是在於為自己設了限，使自己深信無法抱小孩、跑步、劇烈運動等。接下來雷維爾醫師為他解釋復健計畫的要點，安排吃力的復健工作，接受重量訓練的挑戰，藉由這個「再教育」的機會，他終於成功地棄絕了往昔疼痛的記憶，而完全恢復過去的日常生活能力。

作者最後說：「身為醫師，我知道希望的重要，換自己當病人，卻完全放棄希望。當了病人之後，所有的教育、知識和經驗都成了另外一回事，自己陷入恐懼、困惑和絕望當中。該自己去面對疾病的考驗時，真的很難平心靜氣地接受……回顧我的行醫生涯，我也曾對別人說過這麼一句蠢話。『醫學做為一門科學不夠斬釘截鐵、做為一門生物學又太反覆無常』，因此才有這種狂妄自大的醫師，斷言別人沒有希望。」

## 「信念」+「預期心理」，能夠戰勝疼痛

在第七章〈追尋希望的科學〉（The Biology of Hope）裡，他首先拜訪全美首屈一指的精神科專科醫院麥克林醫院（McLean Hospital）的主任柯恩醫師（Bruce Cohen），談到由安慰劑效應的研究下手，來追尋希望的生物學。而後他探討文獻方面有關天然的嗎啡這類化學物質，腦內啡（endorphin）和腦啡肽（enkephalin）的研究。透過構成希望的兩個最重要的元素「信念」和「預期心理」，能夠阻隔疼痛，讓腦部的腦內啡分泌出來，從而達到像嗎啡那樣的止痛效果。他最後並探討肌肉骨骼疾病引發的疼痛，如何受到安慰劑或安慰劑實驗或假手術臨床試驗的影響、氣喘安慰劑的實驗探討自主神經系統受安慰劑的影響，以及以安慰劑來治療帕金森氏症的研究報告。

作者最後的結論是，「恐懼常常是最大的障礙——害怕沒有意義的疼痛和痛苦。對我的病人以及我自己來說，克服恐懼的勇氣往往來自希望，在治療的試煉中也得靠著希望才能更有韌性……因此，醫師、護士、社工人員、心理學家、精神科醫師、親朋好友的一言一行都會對病人產生影響。雖然希望的科學看來相當複雜，但可以做這樣的解讀：由於人類大腦的結構與設計，每一個人都具有擁抱希望的能力。」

在第八章〈希望解碼〉（Deconstructing Hope）裡，作者首先請教威斯康辛大學戴維森教授（Richard Davidson），以一個實驗心理學家的立場來對「希望」進行剖析。他認為，「希望這種感覺是由兩個部分組成的：一個是認知，另一個是情感。我們希望得到什麼的時候，或多或少會運用認知去蒐羅與目標相關的資料。如果你像你的病人一樣，得了重病，希望身體好轉甚至痊癒，你必須在心中想像和現在完全不同的情況。這種想像，部分是吸收有關疾病和可行療法的資訊而來的……此外，希望還牽涉到所謂『情感的投射』，也就是當你在心中投射出一個樂觀的未來，你經驗到的種種安慰、振奮和高興的感覺。」

接著他們談到愛荷華大學的神經學教授達馬修，有關病態的無恐懼感的 S.M. 這有趣的罕見病例，而發現虛幻的希望無法看清危險，虛幻的希望使我們無法判別選擇的好壞，進而做出錯誤的決定。真實的希望才能夠把真正的威脅納入考量，並設法找出一條最好的路徑安然度過。

作者最後說：「對有些病人而言，信仰是希望之泉，有助於澆熄恐懼之火。他們的每一個決定都是經過深思熟慮，確定對身體和心靈都有幫助，才做出決定。希望就是在我們遭遇大風大浪之時穩定下來的力量，讓我們得以看清眼前的危險和陷阱，不會失足墜入，同時減少恐懼，幫助我們忍耐下去，通過危險的考驗。」

## 希望就像呼吸的氧氣，是生存所需

在本書的〈後語：以病人為師〉（Conclusion: Lessons Learned），作者很感性地說，「一晃眼，打從當年走進艾莎的病房到現在，已過了三十個年頭。現在，每次為新病人診治、聽他訴說病史、為他檢查、查看檢驗報告、研究病人的X光片，我做的不只是蒐集臨床資料，然後加以分析，我也在尋找希望。我愈來愈相信，希望就像我們呼吸的氧氣，是生存所需……要幫助這些病人找到希望，得從戴維森談到的情緒兩大要素下手：一個是認知，另一個是感覺……如果醫師要給病人真正的希望，首先他必須相信病人是有希望的。即使是在跟病人解釋的時候，也不是光靠話語就可以說清楚的。醫師不免犯錯，不只是在開刀或開藥的時候發生失誤，也得當心使用的言語是否恰當……在我眼中，希望就是治療的核心。希望或許只能幫助一些人活得更久，但所有的人都會因為希望而活得更好。」

這本書使我想起，每當我在慢慢調整癲癇病人的藥物劑量或改變藥物時，總是非常擔心病人會因為發作還沒有完全控制下來，而對治療失去信心，再去找別的醫師。常換醫師不但浪費病人的時間、心力，也讓醫師無法深入瞭解他的病情，更是醫療資源的浪費。我會花時間與病人分享我的用藥策略，以及下一步可能要走什麼樣的棋，使他們瞭解，而能繼續耐心地與我合作。有時候講到自己都有點不好意思，深怕病人誤會我是擔心他跑掉，損了我的招牌。看了這本書，我心裡才釋然，相信我所做的正是古柏曼醫師所說的帶給病人「希望」。

最後特別需要提到的是，當我校閱這本書時，除了對廖月娟女士譯筆的流暢，信、雅、達的兼顧留下很深的印象以外，我在她對各章註解所用的功夫，特別要在此表達由衷的讚賞。事實上原書對註解並沒有在原文上標號，只是在書的最後將全書各章有些部分以頁數及數行文字標示說明，反而不如譯者用心找出作者的原句，加以編號，分別在每章結束後即清楚地以對應的編碼譯出註解，這比原書更體貼讀者。說實話，當初讀原著時，我就因為註解被安排在全書最後而失去興趣，而忽略了不少內容非常豐富的原註。

我深信這本書對關心病人的醫師是一部讀來非常溫馨動人的好書；對於年輕的醫學生與醫生，應該更有鼓舞的力量。誠如作者所言，「這是當醫師的福氣之一，因為你學到的這些，不只是對以後照顧病人有幫助，也可從中學到生活的智慧，想想自己的人生要怎麼過。」（刊載於《當代醫學》二○○五年二月號「每月一書」專欄）

# 道德的重量：不安年代中的希望與救贖

《道德的重量：不安年代中的希望與救贖》
What Really Matters: Living a Moral Life amidst Uncertainty and Danger
作者：凱博文（Arthur Kleinman, M.D.）
譯者：劉嘉雯、魯宓
出版社：心靈工坊（二〇〇七）

這本書是我心儀已久的哈佛大學醫學人類學及精神醫學的凱博文教授在二〇〇六年出版的新書，原文的書名是《What Really Matters》，心靈工坊最近翻譯成中文版《道德的重量：不安年代中的希望與救贖》，我因為應邀作序，才有機會拜讀這本大作。凱博文教授前後來台好幾次，而且曾在美國海軍研究所、台大醫院精神科、中研院工作一段時間，所以國內許多精神醫學、社會學、人類學的學者們都對他很熟，而且他又在中國長時間做研究，夫妻倆對台灣與中國的文化都很熟悉。

這本書前後共分八章及〈結語〉，而從第二章到第八章的每一章裡，凱博文教授都是以他所介紹的主角的名字為名（除了第八章黎佛斯 [W. H. Rivers] 以及第七章他提到自己個人的部分以外，均為化名），而整章就是介紹這位先生或女士的生平以及他們在不同尋常的人生考驗中所作的抉擇，透過凱博文教授流暢的文筆，勾勒出一幅一幅真實的人生畫像，進而激發讀者思考到底在人生的旅途中，為了追求作者所謂的「moral life」（道德的生活），哪些是重要而不容妥協的。

## 第一章　真實道德的思索

作者開宗明義就道出這本書的目地，是寫出幾位普通人在平常日子以及後來經歷到不尋常時刻時，他們的 moral experience（道德經驗）以及他們如何應付人生的危險與不確定的考驗。他說，人們常認為危險和不確定是人生旅途中不正常的變卦，但他卻希望讀者能透過書中幾位主角的真實故事，領悟到危險和不確定是人生不可避免的一段經驗，而因為有這些插曲，才知道自己真正關心的是什麼，而使人生變得更有意義。他說：「這本書是關於一群平凡人的故事，敘述他們在人生的不同時刻當中，所認為最重要的價值，而定義了身為人類的價值……這本書的內容便是關於人們在面對環境的挑戰時，如何試圖去過真實道德的生活……如果能夠學習面對真實的世界，我們會活得更好，這便是我寫這本書的目的。」

## 第二章　心理創傷 vs. 靈魂危機：溫斯洛普．科恩的故事

作者敘述一位晚年被戰爭的罪惡感所困擾的病人，委婉道出他不足為外人道的二次大戰中在戰場的罪行：他們侵入一間小型的日軍野戰醫院，而他竟然在近距離下，毫

不思索地連續向一位手無寸鐵的日本軍醫開槍。戰後，這位科恩先生雖然事業成功、家庭美滿，但他始終揮之不去這種深藏的罪惡感，而逐漸失去生活樂趣，呈現符合精神科醫師診斷的憂鬱症症狀。作者說，這故事在他看來，代表著兩種不同的意義：他一方面讓我們看到的是，個人的生活如何被周圍環境所影響，以至於以完全失去人性的方式宣洩憤怒，並產生侵略的行為；另一方面，他對於我們來說有種啟發和激勵的作用，意即一個人如何用一輩子的時間，去抗議曾經被迫做出了不道德的行為，並且堅持以生命去懺悔。同時他更指出，「這個個案，還有另一層更重要的意義，因為我們看到了一個尖銳的問題：即日常生活中的不快樂和臨床上的憂鬱症，到底該如何分辨？當心靈遭遇的創傷被診斷成精神疾病，並且需要接受治療時，對我們來說又具有什麼意義？」他在書中提到這病人是在二十多年前就診，而他在諮詢紀錄中逐字記下病人的話……那些字句現在看來平庸、混亂而沒有重點，我當時必定覺得這個提問挑戰到我的專業能力，因為筆記中只針對憂鬱症和它帶來的影響，以及處理後的狀況評估，我當然知道，這背後涉及更多的倫理議題，但是我選擇了不去處理。」而他在文中也提到當病人老淚縱橫地敘述這深藏內心多年的祕密，而哽咽自問：「我是怎麼了？我怎麼能夠做出這樣的事？」作者說他當時拍了拍他的臂膀說：「我聽見了，我可以瞭解。」然而事實上，他並不瞭解，也無法瞭解如此可怕的經歷。這是一位精神醫學大師發人深省的對自己的專業所作的反思，最後他說出，對這病人而言，「最迫切需要協助的，是靈魂，而不是創傷；是道德危機，而不是伊底帕斯（Oedipal）情結之類的心理衝突。」

### 第三章　美好善念從何而來：伊蒂・伯斯凱—何馬克的故事

作者描述一位勇敢的法裔美國女性，雖然擁有兩個著名大學的學位，卻不追求世俗名利，而選擇了人道救援的工作，長年奔走於戰區、落後國家、政治不穩定的邊界地帶，以及遭受其他各種形式政治暴力的地方，有時還冒著自身的生命危險。她質疑一些學者光靠著錄下倖存者的聲音，而沒有以實際行動去幫助那些人，是完全沒有意義的，她是真正的理念與行動一致的實踐家。在她幾次心力交瘁之際，作者以專業的立場勸她離開工作一段時間時，她卻回答說，她同意這時候不應該繼續沉溺在這些不幸之中，而是應該向後退一步，重新組織、思考未來的方向，但「絕對不是」從此離開。她只是先要知道自己如何能夠做得更好，如何能夠幫助別人，那才是最根本的問題。她認為「人生的意義來自於做好這份工作，找到那裡的人需要我，而我也需要他們幫我走出一條能夠擺脫這些憂傷的出路。」她認為最重要的是犧牲和奉獻，她堅守自己的信念，奉獻給最需要她的地方和人們。但最後她竟在法國的山區死於車禍。最後作者很感慨地說：「那麼，這些對於社會正義的憤慨和要求、幫助他人的善念，以及奉獻自己在世上行善的信念，到底來自於何處？伊蒂的故事，如同它令人感傷的結局，所敘述的是一個人為了心中的美好圖像，願意奉獻生命，讓這個世界獲得改變。身為一個大學和醫學院教授，我遇到的許多學生最初都懷有像伊蒂般的志向，然而經過一段時間之後，多數人都因為職業發展或家庭因素而放棄了初衷，走向完全不同的人生方向。但仍有一群人（實際上的數目頗令人驚訝）選擇繼續堅守在這條路上，過著與伊蒂相同的人生，與伊蒂所遭受到的嚴重打擊一樣，他們也很容易因為同樣的道德經驗而受傷，而如保羅・法默（Paul Farmer）和金辰勇（Jim Yong Kim）能夠繼續在這條路上奮鬥而未受傷者還算是幸運的少數。」「每月一書」所介紹過的《山外有山》（*Mountains Beyond Mountains*），（中譯本改名為《愛無國界》）即為這兩位醫界典範的報導。

## 第四章　道德—情緒—政治混亂下的人生：嚴仲叔的故事

作者描述一位中國醫師經歷人生各種不同考驗的故事。他出生於富賈之家，家人為了保障自己的財富，先後與日本政權、國民黨、共產黨合作過，而他無法接受這種只為自己謀利的心態，認為這是所有中國傳統的錯誤觀念。後來共產黨在內戰中獲得勝利，開始清算地主時，全家逃到了香港，但他卻不顧家人的反對，繼續就讀於北京的醫學院。這段時間他需要抗拒家人的壓力，他們甚至用不孝的罪名讓他感到內疚。然而他希望為自己的家鄉貢獻所學，並且憑自己的能力去實踐所認同的價值觀，只是後來看到共產黨愈來愈激烈的鬥爭手段，他終於逃離中國到香港與家人會合。不過，當他發現在香港的中國人，為了賺錢可以不顧一切討好殖民政府時，他非常不以為然。他認為在中國雖然生活比較困難，但至少大家有著共同的偉大目標，就是建設自己的國家，因此他寧可忍受共產黨的壓迫，而無法苟同資本主義的貪婪、自私。於是，嚴仲叔又一次不顧家人的強烈反對，毅然決定返回中國。很不幸地，因為資產階級的背景和家人在香港的「海外問題」，成為被批判的對象，最後終於接受了苟且偷安是僅有的生存之道，而忍辱偷生，結婚生子定居於中國。然而文化大革命使他的家庭歷經浩劫，全家被拆散、下放。在甘肅，他看到貧窮帶來了嚴重而悲慘的後果，醫院裡沒有設備或藥物，而眼睜睜地看著病人死於普通的傳染病，在這人間煉獄裡折磨了好幾年，後來接獲他太太自殺的消息，內心充滿了憤怒和悲傷，對人生不再有任何希望。

文革結束後，嚴醫師回到北京，得以正式復職，以醫師和臨床教學者的身分，獲得前所未有的發展機會。然而他看到太多的痛苦和傷害造成整個社會的粗鄙、貪婪，以及道德與價值的淪喪。他告訴作者，他在文革爆發時，一位他以為是「好朋友」的拜把兄弟為了保護自己而出賣了他，但文革結束以後，嚴醫師卻放棄了一個報復的大好機會，而決定寬恕他。想不到在後來中國經濟起飛之際，這同事參與了一個計畫，將醫院改造成賺錢的工具，而使醫院的運作方式改變成唯利是圖、完全不尊重專業的環境，他終於在堅持不同流合汙的原則下，被逼退休。他對作者說：「或許這就是我的生存方式。我很清楚地記得過去所發生的事，但是對於未來的發展卻完全沒有概念，我的情感和價值觀都停留在過去，即使在最難熬的那段日子裡，我仍然知道自己應該做些什麼，但是現在的我卻不知所措。過去被認為是好的東西，現在變成壞的；過去被認為是壞的東西，現在卻變成好的。」而作者也回應：「嚴醫師的故事實際上代表了某種生存的策略，藉以保有他清高、真誠面對自我，以及願意面對新環境挑戰的自我形象。嚴醫師的道德權威，來自於他對貪腐和偽善的抗拒，在他所處急遽變化的道德環境之中，他堅持的倫理價值，已經造成了某種程度的影響……道德經驗永遠沒有終止的一天……身而為人，我們有責任用心去經營真實道德，而不是像齒輪轉動的機器一般，只是被動的機械反應而已，我們要建立的是一種能夠反映自我覺察、集體塑造自我形象和未來方向的人類潛力。」

## 第五章　慢性疼痛 vs. 宗教療癒：查理・梅傑森的故事

作者以一位基督教自由派新教牧師的故事來詮釋痛苦與神聖、受難、性愛與救贖的關係，是一篇宗教與醫學的故事。這位身材魁偉的牧師多年來都一直為強烈的頭頸部疼痛所苦，但他告訴作者，這種疼痛雖然有時很痛苦，讓他無法正常生活，但他卻把它當成一件非常好的事。他坦承他年輕時對女色非常輕率，婚姻初期他努力克制自己的幻想與行為，然而婚後五年他又開始再次體驗到如剛成年時強烈的性幻想，但每次有了外遇，都引發強烈的罪惡感和自我痛恨；在一次單獨與一位有過性關係的年輕女研究生在一起時，突然感到非常興奮：心跳加速、思緒紛亂、色情的幻想如電影般在腦中上映，而感到全身彷彿飄浮在半空中，然後他的頭頸部突然抽動，接著猛然一扭，就這樣子開始了他多年來的痛苦。後來他遇到一位曾經跳脫衣舞的年輕女子，使他無法克制慾念，當天晚上他失眠且性慾高漲，早上醒來時，頸部僵硬，後腦疼痛，後來就一直沒有起色。剛開始時，他把這疼痛解釋為上帝的懲罰，但後來疼痛更加劇烈，沖淡了性幻想的誘惑，而舒緩了心內的衝突，使他開始將這疼痛視為上帝的恩典。疼痛對他而言，是拯救，把具傷害性與不必要的慾望轉變為恩典與救贖，將他從難以控制的慾望所帶來的折磨與羞辱中拯救出來。

作者在治療的過程裡指出，對傑梅森牧師而言，慢性疼痛是宗教上的昇華，他發現疼痛改變了這病人的世界，粗淺地從心理學與醫療的角度來看，這些改變似乎完全是負面的，但是運用更廣義的社會觀點來詮釋，身體的疼痛、沮喪、無力與其他慢性症狀，應可說是表達自我批評或抗議的另一種形式；因此，慢性疼痛也可被視為弱者的武器，用來改善其經濟與社會情況。「不管是否同意這種對於痛苦的詮釋方式，在傑梅森牧師身上，可以看到一種轉變自我與世界的道德任務，而這仍然值得我們給予正面的評價。」

## 第六章　坦然面對世界真正的危險：莎莉．威廉斯的故事

這是一位五十多歲的藝術家，在一九九七年發現自己染上愛滋病時，她就決定：

「我要我的每一個子女、我的朋友們都知道我得了愛滋病。」當她做到之後，她感覺「得到解脫」。她解釋說，在十年前與丈夫最初分居的那兩年，生活非常悲慘，而開始吸毒，而後八年，她毅然決定戒毒，重新振作而成為一個成功的藝術家和藝廊的經營者，但就在功成名就時被發現得了愛滋病，讓她再次感到非常羞愧，「我戒了毒，但無法戒掉愛滋病。」然而令她感到欣慰的是當家人得知病情後，孩子們都很支持她，連分居多年的丈夫也回到她身邊。後來她開始積極接受治療，而參與愛滋病與毒品防治運動，她克服先前難以改變的害羞，超越自我限制的自私，將收入的一大部分，捐給國際愛滋病防治活動及戒毒計畫；她到烏干達、南非、泰國與巴西旅行，去探視當地愛滋病防治與戒毒情況；她也參加國際愛滋病大會，參與全球性的遊說運動，說服大藥廠以平價提供愛滋病藥物給開發中國家的窮人；她還寫了一篇有關過去吸毒與愛滋病經驗的很短的回憶錄，不帶感傷也不留情地自我批判，以與親密的朋友及家人分享。

作者對這病人的遭遇，做出以下的分析：「談到危險經驗帶來的創意與轉機，雖然大部分的案例是充滿失落、絕望與衰敗的心境，而走入怨恨、孤立與退縮的狀態，但最重要的影響還是來自病人的主觀自我、人際關係的品質，以及他們從痛苦與變異的生命中所建立的真實道德。疾病不是只有單一的武斷的定義，反倒是嚴重的疾病經驗能讓人們深刻而有力地瞭解個人與集體的道德經驗。可以確定的是，這類經驗總是多元而且矛盾的，這些危險時常能夠重塑出最重要的價值，讓我們本身和價值觀，都發生了新的、不同的改變。在莎莉的例子中，她的疾病經驗擴大了她的視野，並且召喚她以行動回應真正重要的事物。道德經驗，特別是受苦的道德經驗，具有重建我們的生命與其他人生命的潛能。疾病，喚醒了深層內在自我，而使她成為勇敢可敬的道德典範。」而她也坦承，「……但是愛滋病也影響了其他事情，以某種難以解釋的方式，將我帶到不一樣的地方：一個真實的地方，具有很深的真實，還有仁慈，以及愛。」

## 第七章　生命良師vs.父親形象的追尋：比爾・伯特和辛查・艾德勒的啟發

這是我個人認為最具特色的一章，也是唯一作者以兩個人名為題的章節，介紹了以自己本身的生涯串聯出兩位與他身世迥異，但影響他很大的人。他為了深入探討這主題，不惜透露自己從小就不曉得生父的身分，童年時期使用過兩個不同的姓，在沒有父親角色的遺憾下度過。這一章所介紹的兩個人，一個是他在史丹佛大學畢業，進入醫學院之前的暑假，瞞著住在紐約的家人，去當紐約市地下水道的工人，以獲取獨立打拚的人生經驗，結果第一天就因為受不了令人作嘔的地下水道的惡臭髒亂而差點辭職，但因為一位工頭的鼓勵，他居然撐過整個暑假在這惡劣工作環境的考驗，而從這位工頭的身上學到了許多人生堅忍清高的一面。後來他對生涯規畫感到迷惘時，因為及時收到這位老工頭的一封短簡，使他能夠堅持下去，而念完醫學院。在同一章的後半段，他描述念完第一年的醫學院，利用暑假到以色列從事猶太人尋根之旅碰到一位長者，這人負責招募世界各地的優秀猶太青年，回到以色列參加農業經濟的重建。作者說，他雖然很清楚地告訴這位招募者，他對國家的認同是傾向於自認為是猶太裔的美國人，而非以色列國民，但他因為這位長者的開導，而瞭解猶太人的「傳承」、「責任」，而很感慨地說：「我曾經姑息刻意的無知與否認，但現在我不會忘記，我不再是以前那個人了，我能聽見受害者的哭嚎。」這兩個人，一個是非猶太裔的紐約下層階級的勞工，一個是為了猶太人建國美夢而毅然放棄美國優裕生活的農經學者，帶給了他不同的道德經驗，而影響到他日後教導後進不分國籍種族的胸襟。

## 第八章　道德責任重擔的最好象徵：黎佛斯的故事

黎佛斯（William Halse Rivers, 1864 -1922），是二十世紀頗具影響力的英國劍橋的人類學家與精神科醫生。作者在這本書裡收集了許多有關黎佛斯的故事，使讀者認識這位曠世奇才如何力行真實道德，而為重整道德經驗的典範。黎佛斯出生在一八六四年英國的維多利亞時期，他先接受醫學教育，專攻神經學與心理學，但不久就放棄臨床醫學，走入生理學的研究，進而發展出看似不同的各種學科，如心理學、動物學與外科手術。一八九〇年代初期，黎佛斯前往劍橋發展實驗心理學，而後前往托瑞斯海峽（註：Torres Strait，位於澳洲北邊，靠近新幾內亞）研究當地島民的社會、生理與歷史狀況，經過不到一年的田野調查，黎佛斯就變成了人類學家，對親族與其他社會組織的研究產生興趣，引用系統化的田野調查方法，展開嚴密的個人田野調查，對美拉尼西亞社會與南印度的圖達斯山區部落（Todas）進行早期的人種誌調查。

在一次世界大戰中，黎佛斯因為自願協助戰事而回到臨床醫學的領域。他面對受到砲火震撼（shell-shocked）的官兵時，開始展露出其心理治療方面的卓越天賦，黎佛斯採取一種保護性的心理治療，病人接受不必暴露內在深刻傷痕的談話性治療，讓這種病人能溫和而緩慢地重建起破碎的情感，以療護其受傷的自我形象。當時這種病人因為此種症狀而得以從極端危險的戰場上撤離，因此這種診斷常被汙名化，被人誤以為是裝病、懦夫或瘋子，但黎佛斯堅持這些症狀不僅是頭部的生理創傷，也是心理創傷，與其他的病理狀況一樣合理，值得人道的關注，並需要找到有效的醫療處理。

黎佛斯透過心理症狀與人類價值的關係，實踐真實道德，這是他在心理治療的寫作上一再強調的：治療就像田野調查，需要進入病人的個人世界中，讓他回到那個恐怖世界的回憶，再次體驗面對戰爭的經歷。黎佛斯以道德經驗來影響他的病人，讓他們面對真正的風險——生存，以及害怕自己會在前線的終極男性考驗中蒙羞。黎佛斯讓他們走向自我解放的意識浮現，讓他們能夠看到風險所在，並明白為何心中會產生衝突。黎佛斯稱呼他的心理治療為「自識能力」（autognosis，即self-knowledge），他的理論說明了以下幾點：「首先，我們必須覺察到既有的正常道德標準也可能具有危險性；接下來要做的是，打造一個更具包容性的生活空間，讓所有人都能夠建造他們自己的道德事業，能夠從中選擇建立不同的道德規範及正常生活；如此，我們才能夠以個人主體性的方式，將情感與價值觀結合在一起。我們可以說這種轉變是從投入他人身上開始，漸漸地轉移到內在自我最重要的部分。」

最後作者在〈結語〉警惕大家，「在面對的生存處境，要時刻覺察我們的道德力、政治經濟與政治力量的大規模轉變，我們必須確認對自己而言最重要的是什麼，試著找尋自己的位置，然後思考它是如何與目前所投入的使命產生連結。對每個人而言，重要的事物都不一樣，如書中各章節故事所顯示的個體間差異十分驚人。雖然在我們的世界與生活的實際情況中，找出什麼才是真正事關緊要的事物可能很困難，但在塑造一個生活時，這卻是一個真實而有效的方法。」

## 關於中譯本

值得一提的是這本書的中譯本有兩個不尋常的地方：

首先是這中譯本與原文版使用同一封面，這幅美麗的畫作是荷蘭畫家林布蘭（Rembrandt, 1606 -1669）的作品「浪子回頭」（Prodigal Son），作者在第一章特別提到這幅畫之所以美麗，是因為「它充分描繪出人生最深刻的痛苦和失落。林布蘭的作品結合了美學的傳統和宗教，或許可以看作是從逆境和失敗的經驗中，發展出倫理意義的最佳呈現……父親和兒子的重聚充滿了喜悅，對照著年老父親臉上因多年痛苦而刻畫的痕跡，更讓人感受到他們因為重聚而洋溢的幸福。人生有苦也有樂，我們可以從這個故事中看到它們如何同時存在，對於真實世界的領悟，不會讓我們感到沮喪，反而會讓日常生活中的小成就和喜悅變得更有意義。」我相信也因為這封面實在太切題，而使心靈工坊的編輯們無法抗拒它的魅力吧！

其次是這中譯本幾乎是史無前例地邀請了十三位國內精神醫學、心理學、社會學的大師掛名推薦，五位受邀為文作序。坦白說如果當初我知道有這麼多傑出學者推薦，我這門外漢絕對不會接受這丟人現眼的差事。我想在這些序裡，也可以看出凱博文教授的大作在各個大師由不同角度所得到的心得，而由此使人不得不讚嘆作者學貫古今中外、橫跨好幾種領域的功力。

## 閱讀凱博文，人生領悟更上一層樓

就認識凱博文教授而言，我可以說是後知後覺。凱博文教授到台大醫院精神科的造訪是在我離開台大神經精神科，出國專攻神經內科之後，所以我一直到幾天前，在好友林克明教授的介紹下，才有機會見到他。說也慚愧，我雖然喜歡看書，但我與凱博文教授不太有緣分，我是一直到一九九八年快回國前，才接觸到凱博文教授的作品。首先我是透過當時在哈佛大學研究所念書的甥女，因為知道我對癲癇這種神經科疾病的興趣，而介紹給我一本好書《The Spirit Catches You and You Fall Down》（此書為本人在《當代醫學》「每月一書」專欄所介紹的第一本書，中譯本書名為《麗亞的故事》）。這是一本有關苗族家庭與美國醫生由於截然不同的文化社會背景，而對癲癇產生了很難令對方瞭解的認知差異，因而導致醫療上的悲劇結果。作者法第曼（Anne Fadiman）在書中用了整整一章，引述凱博文教授的主張：當醫療團隊與病人和家屬分屬不同文化背景時，需要考慮到「八個問題」（The Eight Questions），來試圖瞭解彼此對疾病、病因、預後與治療的看法，而這段醫學人類學的經典論述使我茅塞頓開。接著我有幸讀到凱博文教授的成名作《The Illness Narratives: Suffering, Healing and the Human Condition》（中譯本書名為《談病說痛》，也在「每月一書」專欄介紹過），使我更深入地瞭解醫者所關心的Disease（疾病）與病人和家屬所感受到的Illness（病痛）有非常大的不同，也因此使我領悟到，如果要消除社會對疾病的誤解、偏見與歧視，我們必須要讓社會人士以及醫療團隊有機會聆聽病人與家屬敘述他們對病痛的感受，才能激發大家的同理心。

就像我在這本書的序文所說的，我雖然這麼晚才接觸到他的作品，但我希望能竭誠推薦這部好書給愛看書的朋友，藉著這緣分，幫忙他們由「不知不覺」晉升為像我一樣的「後知後覺」，而對人生有更上一層樓的認識。（刊載於《當代醫學》二〇〇七年十月號「每月一書」專欄）

# 派屈克的生死抉擇

《派屈克的生死抉擇》
First, Do No Harm
作者：莉莎・貝爾金（Lisa Belkin）
譯者：錢莉華
出版社：天下文化（二〇〇七）



## 醫療與倫理的兩難困境

這本書的原文書名為《First, Do No Harm》，中文直譯應該是「首要之務就是不可傷害」，這是自從西方最早的醫師誓詞（希波克拉底誓詞）就奉為醫界圭臬的教條。中文譯本即以書中的主角之一，一位患有先天性結腸肥大症的小孩「派屈克」在歷經多次輸送營養的中央導管引起的阻塞、感染，而引起醫療處理的困難抉擇來做書名。

本書出版於一九九四年，作者是紐約時報記者貝爾金（Lisa Belkin），她以其報導專長，生動地寫出她在美國德克薩斯州休士頓市赫門醫院（Hermann Hospital）的倫理委員會，於一九八八年五月到十月的六個月間，幾次開會的個案討論。赫門醫院是全美國第一個成立倫理委員會的醫院（一九八三年），而從一九八三年間全美還不到百分之四的醫院有這種組織，在四年間提升到百分之六十以上的醫院都設立了這類委員會，可以看出該議題的重要性。

透過作者報導病人、家屬、醫師與醫院其他工作人員，對醫療處理上的不同看法，以及倫理委員會裡的各種討論，幫忙讀者領會醫學上的決定並非都是科學黑白分明的對與錯，它還有心理、家庭、人情、工作、經濟、社會、文化、價值觀、道德、倫理的考量，而產生不少灰色地帶，使我們不得不謙遜以對。赫門醫院的倫理委員會必須承擔來自各種不同方面的考量與壓力，藉著各個不同領域的委員（專科醫師、全職倫理師、護士、牧師、神父、猶太教士、社工、病醫部主任、品質保證部主任、院方律師）以及病人、家屬的集思廣益，來幫忙醫療團隊解決他們所面臨的兩難問題。

## 以時間為主軸的多議題敘事手法

這本書的寫作並不以章節來分別論述各種不同的個案；相反地，作者以時間為主軸，一開始先由一九八八年五月在「三四八五辦公室」第一次參加醫院的倫理委員會，聆聽病人的小兒科主治醫師艾基福醫師向委員會報告派屈克的個案，這小孩因為多次的腸道切除，致使營養完全要靠靜脈中央導管的注射，然而卻不斷地發生導管阻塞或感染，使這十五歲的小孩一再接受高危險度的開胸手術，以重新換裝新導管。今天這可憐的小孩又面臨了一樣的老問題，需要再一次手術以更換新導管；但不開刀的話，他就沒有明天。艾基福醫師在報完病情後，語重心長地說：「不久他就會需要新導管。我們都知道，之後他還會需要一條，然後，再一條，要一遍又一遍打開他胸膛嗎？但沒新導管的話，他會餓死。哪個選擇比較糟呢？」就這樣子拉開了本書的序幕，而後接下來六月、七月、八月、九月到十月的各種新個案的討論以及舊個案的追蹤，交代了每個個案的最後結果。

書中穿插了幾個病情複雜的個案，簡述如下：

派屈克的個案在每次開會後都無法得到放棄治療的決定，後來他母親也無法拿定主意，而竭盡所能地逃避醫療人員徵詢她的意見，而身為主治醫師的艾基福醫師在每次派屈克又住院時，都不厭其煩地再到委員會接受徵詢，「到底要做到什麼地步才能喊停？」他也多次請教他的同事，但無法得到他個人能夠欣然同意的建議。他很感慨地說：「醫學中心在急性照護和搶救性命方面做得很好，但在長期照護和救完命後的後續照顧卻不是這麼回事。」最後派屈克終於在一次開刀後併發問題，而後醫療團隊才決定讓病人平安過世，這整個過程引發了許多醫學倫理的思考。

一位年輕夫婦凱瑞與法蘭，喜獲龍鳳胎，但不幸早產，而活下來的二十八週女嬰麗泰也被發現多種嚴重問題，雖然他們最初執意「全力救我的孩子，就算不可能，也要救」，但最後父母主動要求醫師停止這種看來是永無止境的高科技治療，而委員會也經過了多次的討論，才說服了熱心的主治醫師接受凱瑞的建議。作者對嬰兒的父母結束這場夢魘前後的心路歷程有很深入的描述，而後來凱瑞與法蘭又有了健康的小孩而開始他們幸福的人生。

一位年輕的來自墨西哥的非法移民阿曼度在市區遭人槍擊，子彈傷及頸脊髓而引起四肢癱瘓。家人堅持要盡一切可能來救治，阿曼度本人雖然無法說話，但意識清楚，他以眼球的不同轉動方向，回答醫護人員的問話，表示「我要活下去」的意願，然而他們又因家貧而無法負擔醫療費用，以至於引起醫院更多的困擾。這個案在倫理委員會裡不只引起醫療上要做到什麼地步的爭論，更因為醫院財政上的負擔引發許多實務上的困難。最後，不得不將他轉到公立的為貧民服務的市郡醫院，而後來也開始有少許的進步。

其他又穿插了幾個個案，包括得到重病的老人、一位脊柱裂的嬰兒以及全心投入於照顧重度腦性麻痺兒子的特瑞莎的故事。後來特瑞莎完成學業以後，受邀加入倫理委員會，而常在會中以其本身過去的心身感受，帶給倫理委員會更深入的人性方面的探討。倫理委員會的負責人是護理界資深學者，本身曾在自己母親過世前，親身體驗到要求醫師不要再施行急救所感受到的挫折感。

## 更深入的人性探討

從這些個案的深入報導裡，作者引出一些醫學上的棘手問題：醫療團隊之間的感情或意見衝突可以反映出，從不同的角度看相同的臨床情境，有時會產生截然不同的結論，因此當醫生過度關注病人時，有時反倒看不到自己的盲點；醫生與病人之間的互動是十分微妙的，有些病人對醫術能力很強的醫生就是「不投緣」，無法認同他的看法，甚至會要求院方改換醫生，以期得到他們希望得到的更好照顧；在看不到康復的可能性或有意義的生活品質時，生命是否值得不顧一切地以高科技（抗生素、全靜脈營養TPN、呼吸器）來延續？由此而引發出一個發人深省的議題——醫療團隊與病人或家屬如何達成「不施行心肺復甦術」（do not resuscitate, DNR）的決定。本書藉著各個不同的個案，對DNR有相當深入的探討。老年人在面臨生命末期有權選擇「有尊嚴的死亡」嗎？作者對委員會裡幾位醫生為這主題的爭辯，也有非常精采的描述。書中有些地方對倫理的定義有相當深入的討論，而作者也特別提醒讀者，倫理一詞不得浮濫使用，認為有些場合事實上應該說是「適宜的」（appropriate），而不見得一定是「合倫理的」（ethic）。

同時作者在書中也介紹了美國醫學倫理的發展史，說明如何由洗腎技術的問世，使人們開始懷疑醫生是否適合扮演上帝的角色——決定哪些病人可以接受洗腎來延長生命，而哪些病人可以任其自生自滅，由此而衍生出一種委員會，包括除了醫生以外的其他專業人員，來共同決定病人應該或不應該繼續使用高科技的設備，得以無限制地延續生命。後來美國發生了幾個經過急救而變成持續靠呼吸器維生的昏迷病人，家屬不忍心這樣繼續折磨病人而要求醫院停止呼吸器的幫忙時，醫院礙於法律不敢照做，如此而引發的爭訟，使得醫學界與社會大眾開始重視醫學倫理，而各醫院也都紛紛成立倫理委員會。

黃達夫醫學教育促進基金會認為，如果能將倫理委員會的功能透過這本敘事傳神的好書，介紹給台灣的醫界與一般大眾，將有助於落實社會對醫學倫理的重視，因此基金會決定與天下文化出版這本書的中譯本。很遺憾地，在寫這篇書摘時，才發現這本書的中譯本將ethics committee（倫理委員會）誤譯為「道德委員會」，而這顯然是一大錯誤，這也反映了國內還是有不少人對「道德」（moral）與「倫理」（ethics）的認識仍然有待加強。不過瑕不掩瑜，這中譯本的可讀性頗高，值得向大家鄭重推薦，我們衷心地希望這本書可以啟發人們對生命、疾病與死亡的思考，而能對醫學倫理有更深入的瞭解。（刊載於《當代醫學》二〇〇八年三月號「每月一書」專欄）

## 拉克斯長生不死的生命

《海拉細胞的不死傳奇》
The Immortal Life of Henrietta Lacks
作者：芮貝卡・史克魯特（Rebecca Skloot）
譯者：賴盈滿
出版社：遠流（二〇一一）

### 神奇的人體細胞株的由來

「HeLa細胞」（HeLa Cell）是在實驗室中由一位罹患子宮頸癌的病人身上取出的組織，培養存活下來快五十年的醫學上神奇的人體細胞株，對醫學研究有很深遠的貢獻，但這細胞的由來卻鮮為人知。本書作者史克魯特（Rebecca Skloot）是一位在《紐約時報》、《哥倫比亞新聞報》經常撰寫科學報導的作家，她在中學上生物課時就對這題目非常好奇，而在偶然的機緣下開始收集資料，在獲知這病人是一位叫做「拉克斯」（Henrietta Lacks）的維吉尼亞的黑人女子之後，她就四處拜訪其後代，並透過她所展現的誠意與耐心，贏得其家族的信任，而經過多年的交往，整理出這本內容豐富感人的故事，同時對從事醫學研究與醫療志業的團隊，提出發人深省的呼籲。在看完這本書以後，深深覺得這本書實在值得推薦給台灣的醫學界以及社會大眾。

這本書大體而言，是作者經由文獻的整理，以及與拉克斯女士的家屬印證後，以時間為主軸，報導拉克斯女士在一九五一年一月發現下腹部有腫塊以後，到約翰霍普金斯醫院（The Johns Hopkins Hospital）就醫。當時病歷上的記載顯示，病人於兩個月之前產下第五個小孩後，被發現子宮內積血，而子宮頸切片呈現細胞增生，而曾經囑咐她要定期回來就診，以確定是否為感染或癌症。但由於病人的知識程度以及家庭狀況，未能完全瞭解醫生的交代，等到這次再回來看診時，腫瘤已經長得很大，做了切片證明是子宮頸惡性腫瘤，而後接受放射治療，最後不治身亡。約翰霍普金斯醫院的婦產科醫師，當時對早期診斷子宮頸惡性腫瘤的研究非常有興趣，因此一直希望能夠將這種腫瘤所切下來的細胞在實驗室裡培養成功，以觀察腫瘤細胞的生態演變。因此之故，拉克斯女士所做的切片也被送到細胞培養實驗室，而這醫院實驗室的主持人蓋伊博士（George Gey）正好是這方面的權威，太太瑪格麗特（Margaret）也在同一實驗室工作，他倆一直認為過去之所以無法在實驗室成功培養人類細胞，是因為實驗室消毒做得不徹底，以至於因為細菌或病毒的感染而使細胞無法存活，所以他們夫妻倆對於實驗室裡的大小事情都事必躬親，而且對手下技術員的消毒操作都嚴格要求，同時他們非常用心改善培養液的成分，最後終於在他們的努力下，將拉克斯女士的細胞成功地培養出來。後來這些存活下來的細胞大量繁殖成功，而在諸多劃時代的醫學研究裡幫上大忙，當時就是利用這種細胞來證明沙克疫苗可以有效地防止細胞被小兒麻痺病毒所感染、利用這種細胞測試放射線對生物的效應、測試細胞對壓力的耐力以預測人體對深海潛水或太空艙的反應，以及細胞對抗癌化學藥物或類固醇的反應等等，對於醫學的進步居功甚偉。

## 關於醫病不對等及以研究為名不告知引發的爭議

作者在書中用心地刻劃出醫生與病人在不對等的地位，尤其是白人醫生與黑人女病人懸殊的社經地位所可能發生的問題。雖然醫生所作所為，都是為了治療所必須做的「正常操作」，但有時為了研究以幫助以後的病人，而做了一些不是平常的手術，而且未對病人或家屬好好告知說明（可能當時的時空背景，使這些醫療人員認為沒有必要如此做），而當後來有些媒體開始報導這神奇的「HeLa 細胞」時，又誤導為 Helen Lane 或 Helen Larson，而後來才發現是 Henrietta Lacks 之誤。最後拉克斯女士的子女驚聞他們的母親居然有這種「長生不死」（immortal）的細胞繼續存活，這些家屬對於醫生從來沒有告知他們感到十分憤怒不平，他們最初拒絕作者的採訪，而有些家屬也提出希望有人能幫他們取得應得的財務補償，「當我們知道約翰霍普金斯醫院因為大量繁殖我母親的細胞而獲暴利，但我們這些子女卻赤貧如洗，生病都因為付不起健康保險而無法看醫師，這是公平的社會嗎？」

## 刻板印象與真實人生的交戰

作者非常難得的是以一介白人女子，居然單槍匹馬走訪黑人貧民區多次，最後贏得拉克斯女士的子女們的信任，而獲得許多珍貴的資料。在書中她為了記載的真實度，而刻意地保留黑人慣用的口音及表達方式，據實地寫出他們的對話，甚至像「約翰霍普金斯醫院」的名字，黑人都習慣地省掉了兩個字最後的S，而作者就故意照他們的發音，寫成 John Hopkin，諸如此類的細節都可看出作者的用心，也因為她如此忠實地保留其原貌，使讀者更能由書中的描述，感受到黑人在美國社會所遭受到的困境。事實上這並不只是經濟環境的貧苦，更因為大人普遍不注重小孩子的教育，而在嚴重的暴力、酗酒、藥物、犯罪等等家庭環境下，他們長期沉淪在社會經濟的底層無法自拔，相信讀者由作者深入的探訪中，可以感受到黑人與白人生活文化之間的隔閡，而令人深感美國社會不平等的一面，尤其是當黑人生病時的困苦更是令人同情。同時作者也在書中提到，當地黑人普遍對約翰霍普金斯醫院這全美首屈一指的醫學教育中心存畏懼，因為他們總覺得這地方會把黑人當成實驗對象，而不太敢去看病。但事實上約翰・霍普金斯這位馬里蘭州的菸草大王，是一位非常同情黑人的善心人，他父親最早就釋放了農場上的所有黑奴，而他本人一生未娶，沒有子女，一八七三年在他死前捐出七百萬美金興建醫學院與慈善醫院，而他在寫給親自指定的十二位董事的信中，特別寫道，這醫院的目的是要幫助那些沒有錢看病的窮人，不管是何種性別、種族、年齡，只要有醫療上的需要，都能住進這醫院。因此黑人對這所醫院的一些恐懼，事實上也是沒有事實根據的，而這也反映出慈善家、醫生、醫學教育家與醫院的無奈。

## 遊走於無私奉獻與違法圖利的灰色地帶

這本書更重要的是作者藉著這 HeLa 細胞的故事，對醫界這些高高在上的醫療者或研究者的心態，做了一番深入的檢討。作者除了走訪這些當年曾經參與照顧拉克斯女士的醫生，以及在實驗室裡利用拉克斯女士的細胞進行研究的科學家，並且報導了其他幾件轟動美國的醫生利用從病人身上所取得的標本，發展出珍貴的研究成果，並進而申請專利獲得經濟利益，但有些醫生卻從頭到尾隱瞞病人所有箇中實情。同時作者也特別提出一位令人感動的血友病病人，在獲知自己因為長期接受輸血，而對B型肝炎產生大量的抗體而未發病，因此眾多藥廠都對他的血液非常有興趣，而欲出資購買他的血清作研究，不過他在醫生的解釋下，瞭解自己得天獨厚的體質應該可以幫忙科學的研究，而主動聯絡了以發現B型肝炎病毒抗原而獲得諾貝爾獎的病毒學家布倫伯格（Dr. Baruch Blumberg），在毫無金錢酬庸的條件下無條件供應起血清，使布倫伯格醫生因此而發現B型肝炎病毒與肝癌的關聯，而研發出B型肝炎疫苗，嘉惠了多少蒼生。

同時作者也走訪當時參與 HeLa 細胞培養的主要功臣蓋伊博士夫婦，而發現他們從未因為與世界各地的科學家分享這種成功培養出來的細胞，而索取任何金錢上的好處，甚至他的夫人一直以義工身分在同一實驗室工作，從未支薪。但最令人感動的，是這位畢生都在實驗室裡從事細胞培養的大師，當自己被發現有胰臟癌時，他夫妻倆竟然非常興奮地召集所有實驗室同仁緊急待命，希望外科醫師在開刀時可以取出一些腫瘤，而能在他的實驗室培養出「長生不死」的GeGe細胞（George Gey）。當他從全身麻醉清醒過來時，外科醫師告訴他，因為一打開腹腔發現胰臟癌已經擴散到腹部各器官，所以就馬上縫合回去，而未取出任何組織，使他感到十分懊惱，而這也充分描繪出這種科學家研究至上的可愛處。

但作者也在題名為〈Illegal, Immoral and Deplorable〉（違法，不道德與可嘆的）的這一章裡，報導美國也曾經歷過令人髮指、罔顧人性的醫學研究。她描述在一九六〇年代美國也曾發生過病毒研究大師以 HeLa 細胞注射於監獄受刑人所做的研究，而當持反對意見的醫師告發時，這位研究學者的律師居然以這些反對醫師的猶太裔特殊身分，誤將這種研究與二次大戰期間納粹在猶太人集中營所作的不人道人體實驗混為一談為由答辯。他甚至在法庭上說：「如果所有的專業人員都這樣做，你怎麼能說他們這種行為是『不專業的行為』？」（If the whole profession is doing it, how can you call it "unprofessional conduct"?）雖然這位學者最後被判決停權一年，但令人震驚的是當他恢復職權以後，居然被選為美國癌症研究學會理事長，這也可以看出研究倫理的重要性，也是在這四十年來才慢慢被學術界所肯定。

## 人體試驗規範的新定義

在這樣持平地報導醫界因人而異的作風之後，作者很嚴肅地在最後一章〈刊後語〉（Afterword）裡，寫出在醫療與醫學研究最重要的人體試驗規範，是一定要做良好的告知，要獲得病人瞭解以後的書面同意，才可以進行。至於任何有關研究引發的專利或任何金錢上的獲利，到底病人是否有權要求「分紅」，則是一件非常困難的決定。因為如果沒有科學家運用他們的智慧、毅力，投入時間精力以及高科技的研究，是不可能做出這種劃時代的創舉，也因此他們的榮譽與專利也實在是受之無愧。但非常重要的是，如果他們沒有盡到告知的義務，那就怎樣也站不住腳，而事實上雖然拉克斯女士的家屬據理力爭，但最後他們也沒有因為 HeLa 細胞而得到金錢上的補償。最後值得一提的是，美國自從《健康保險可攜與責任法》（Health Insurance Portability and Accountability Act, HIPAA）這保障病人隱私權的法案付諸實行以來，醫學界就絕對再也看不到這種以病人名字的縮寫 HeLa，來為細胞命名的舉動了。

我想這本書資料豐富，作者的文筆又非常順暢，讀來趣味性頗高，同時又在有關倫理議題方面有非常好的論述。在讀此書的過程中，不覺想起過去在台灣有關為原住民抽血所做的研究所引起的一些紛爭，也才瞭解連美國這麼先進的研究環境，也是到最近才發覺研究倫理的重要。這本書不只是在知識層面很有價值，對於研究倫理的發展也十分發人深省，對於喜歡科普的社會大眾與學生，以及有心改善醫療環境、醫病關係以及做好研究的醫師、學者，我都竭誠推薦。（刊載於《當代醫學》二〇一〇年七月號「每月一書」專欄）

後記：幾個月前看完此書時，我急著向天下文化推薦購買中文翻譯的版權，才知道國內某出版社已捷足先登，相信台灣不久即可看到中文本的問世。

# 姐姐的守護者

《姊姊的守護者》
My Sister's Keeper
作者：茱迪・皮考特（Jodi Picoult）
譯者：林淑娟
出版社：臺灣商務（二〇〇六）

## 另一種閱讀樂趣

自從將近十年前我們開始了「每月一書」這專欄以來，承蒙幾位喜好讀書，並且深信「獨樂樂，不如眾樂樂」的作家朋友的捧場，我們這專欄繼續維持每個月介紹一部好書而從不脫稿的紀錄。但幾個月前因為台灣神經學會的邀請，做了一次自己從來沒有做過的演講：以「導讀」的方式，在今年的年會以一部非常感人的電影《姐姐的守護者》，來與神經學會會員探討有關醫學倫理的主題。平常很少上電影院的我，也被逼在大會的幾個月前先「溫習」這部電影，並交出「摘要」以正式向醫學會申請醫師繼續教育學分的認證。想不到這經驗使我領悟到從電影所得到的感動，有時並不亞於看書所獲得的心靈滋潤，也因此在這場演講過後仍覺意猶未盡，雖然並沒有機會讀過這部電影所根據的皮考特（Jodi Picoult）的原著小說《My Sister's Keeper》，但也要試著在這專欄裡，把這能聽到、看到、感受到的「另一種書」寫出來與讀者分享。

## 母女對簿公堂的感人故事

這部電影的主要劇情是描述一位得到白血病的少女，父母用盡方法想要挽救女兒，而在醫生的建議下，利用基因科技再生了一個可以與生病的女兒基因相配對的小女兒，而希望能用這妹妹的組織、器官來幫忙延續姊姊的生命。然而這妹妹長到十三歲大時，決定找上一位家喻戶曉的名律師，向法院提出上訴，幫她爭取她所要求的「medical emancipation」（美國歷史上聞名的「emancipation proclamation」即美國南北戰爭時期，林肯總統所提出的〈解放黑奴宣言〉）。她希望她對自己的身體能擁有主宰權，而不需要繼續扮演為姐姐提供肉體器官的「奴隸」。最後步上法庭時，堅持為了救活大女兒不惜一切代價的母親成了被告，而引起母女對簿公堂的又緊張又感人的故事。

當律師在庭上質問母親，過去這十幾年來她的小女兒已為了姐姐付出多少代價時，母親坦承這小女兒一出生就捐出臍帶血，接著長大後前前後後也捐出淋巴球、顆粒白血球，六歲時接受痛苦不堪的骨髓捐贈，並因為發生併發症而住院六天，而目前醫生正在考慮讓她捐腎，以便讓腎衰竭的姐姐得到腎臟移植。

## 關於「醫療自主權」的爭議

在法庭裡，這小孩子是否應有「醫療自主權」就成了律師爭辯的焦點。這位成為被告的母親本身是律師出身，她在庭上辯稱，當我們討論這個案時，問題的考量不應該只局限於這個妹妹的醫療自主權，也應該要考慮姐姐的醫療照顧，換句話說，「自主權」也因為考量的對象的不同，是「相對」而不是「絕對」的。但小女兒的律師在法庭上要求這位母親，不要只由大女兒的角度去看事情，也要從小女兒的角度去考量。在這場激辯中，我們會發覺針對同一事件，但由各不同角度做出發點，會產生各種不同甚至是相反的「合情合理」的看法，而使人深深覺得各方說詞並沒有絕對的「誰對誰錯」。而由醫學倫理來看，雖然這電影所顯現的最重要問題是病人的「醫療自主權」，但到底哪一位病人的自主權會比較重要，才是這部片子探討的重點。

我想整個影片裡也顯現出許多通常我們看病人時，沒有機會去體會病人或家屬的感受。從「同理心」的眼光來看，我們可以由這位一心想要挽救大女兒的母親的立場，瞭解她為什麼會幾近「不擇手段」地強迫已經自知回天乏術的大女兒接受各種治療，而相對地，我們也忍不住為這被「剝奪」自主權的小女兒叫屈。到了最後，因為這對姐妹的唯一兄弟在法庭上大聲鼓勵妹妹實說自己之所以提告的原因時，才使被告的母親恍然大悟，原來是久病纏身的大女兒因為不願意再這樣繼續折磨自己與妹妹來完成媽媽所不願意面對的現實，因此央求妹妹提告，以結束她這場打不贏的戰鬥。母親在庭上瞭解這場控訴的來龍去脈時，頓時露出一副茫然若失的表情，也帶給觀眾深深的感動。

最發人深省的是，當這瀕死的女孩發願希望可以再回到她們常去的海灘逐夢時，父親問照顧女兒多年的主治醫師是否可以使他的小孩如願，想不到這位醫生居然認為這是合理的請求，但因為礙於醫院與保險制度的規定，只好讓她匆匆辦理出院趕去海灘完成心願，而後再回到急診處掛號，而這位醫師答應到時會趕到急診處幫忙她辦理再入院。這種醫者為了幫忙病人完成最後心願的超乎常理的做法，也著實令人感動。

同時電影中也穿插了一些戲劇性的故事：譬如故事中特別交代這位替小女兒發聲的名律師之所以要接下這案子，是因為他本人有癲癇，深知癲癇病人最難忍受的困境，就是他們從來就沒有辦法掌握自己何時要發作，何時不要發作，而他認為這女孩子所要爭取的「medical emancipation」，正是癲癇病人所失去的「自主」。另外一個感人的鏡頭是，當母親發覺大女兒因為化療後，頭髮掉光而感到自卑絕望時，她毅然剃光自己滿頭的秀髮，使女兒不再自慚形穢。父親與兒子與這兩位光頭女人歡樂的闔家照令人十分感動。

## 生物科技突飛猛進引發的新倫理議題

在這電影裡，我們可以深深感受到醫學倫理非常重視的「尊重自主權」十分複雜，同時，其他重要的醫學倫理原則，如「正義原則」、「不傷害原則」以及「行善原則」，也都在這故事裡還有許多討論的空間。這電影故事也告訴了我們，隨著生物科技的發展，許多過去不可能發生的事，今天也因為科學的日新月異而衍生出問題，器官移植、生育科技、幹細胞研究、遺傳學、優生學、基因工程、基因治療，一方面產生許多嘉惠人類的醫療奇蹟，但另一方面，也打開了潘朵拉的盒子，使我們在醫學教育不得不加強醫學倫理的思考訓練。同時，資訊的發達危及隱私權、有限的資源應付無限的需求、生命終點的延長引發各種兩難的情境，也在在凸顯醫學倫理的重要。

最後我也由這電影所展現出來的「自主權」加以引申，我們在醫學倫理常強調的是病人的醫療自主權，但今天緊繃的醫病關係也使醫生們不得不開始自問，醫生又何嘗不也應該有他們的自主權，並受到尊重？因此我也藉著這機會，對醫師的自主權做一些闡釋，以幫忙我們在臨床上偶爾因為碰到所謂的「很難相處的病人」（difficult patient）而遭受到的兩難困境。我個人以為醫病關係有多重難以跨越的藩籬，包括醫學知識的鴻溝等等，如果沒有「互信」做基礎，是很難達到理想的人際關係，而以此呼籲台灣的社會大眾與醫師雙方都要自重，並能彼此尊重與信任，這樣我們才會有更美好的醫療環境。最後我以「當醫生是一件不容易的事，但更重要的是我們必須能夠因為做對了醫生應該做的事，而感到專業的驕傲與滿足」，願和與會醫師共勉。（刊載於《當代醫學》二〇一一年五月號「每月一書」專欄）

# 輯三 人物側寫

最終的勝利
安頓生命的最後歸宿
Final Victory
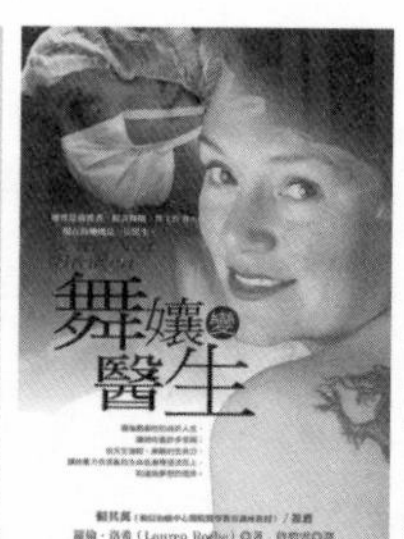
舞孃變醫生

時間等候區
醫生與病人的希望之旅

瘟疫
The Plague
卡謬荒謬哲學
寓言的代表作
戰後最暢銷的
文學名著

Thomas Graboys, M.D.
Life in the Balance

微笑
跟世界說再見！

蘭大弼醫生口述歷史

愛無國界
法默醫師的傳奇故事

共同推薦

上帝的語言

CARLO URBANI
Il primo medico contro la SARS
卡羅．歐巴尼醫師傳奇
最先發現SARS病毒並為之犧牲的傑出醫生
Lucia Bellaspiga
ANCORA

最後期末考

玻利維亞街童的春天
When Invisible Children Sing
聯合推薦

向生命說
Yes!
Viktor E. Frankl

爸爸教我的
人生功課
mark
有一天
父母親都會變成我們的孩子

Hands
of My Father

父親的一手

輯三選書

# 神靈附身你就會跌倒下來

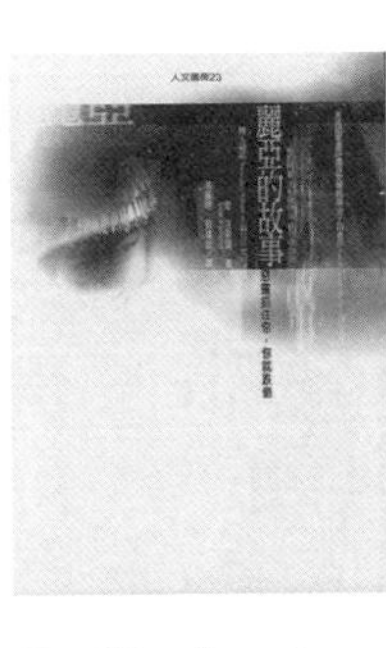

《麗亞的故事：惡靈抓住你，你就跌倒》
The Spirit Catches You and You Fall Down
作者：安・法第曼（Anne Fadiman）
譯者：湯麗明、劉建台
出版社：雙月書屋（二〇〇三）

## 少數族裔與美國主流醫學的衝撞

作者法第曼（Anne Fadiman）以一個非醫學背景的新聞記者，透過她對社會少數族群的關懷，以及她對醫學文獻以及醫院病歷的細心收集與研究，寫出這一部非常不尋常的非小說類好書《The Spirit Catches You and You Fall Down》（「神靈附身你就會跌倒下來」）。這本書曾獲得無數美國出版界的殊榮，包括美國國家書評獎非小說類獎（National Book Critics Circle Award for Nonfiction）、洛杉磯時報圖書獎（Los Angeles Times Book Prize for Current Interest），以及波士頓書評黎雅獎（Boston Book Review Rea Award for Non-fiction）。書中主要記述一個苗族（Hmong）難民家庭移民到美國以後，由於他們在美國出生的女兒麗亞（Lia）罹患一種十分難治的癲癇，使他們在求醫過程中，經歷了文化、信仰、語言、種族的不同所造成的誤會與衝突。作者花了幾年的功夫，住在這苗族社區，收集了豐富的事實資料，而由「行醫者」與「求醫者」不同的角度，來深入地探討當前在醫界以及醫學教育界所重視的「醫病關係」。

作者首先以敘述體的文筆描寫出苗族人的不幸歷史，他們在明代、清代長年與中國漢人抗爭，而有一部分苗人寧可不被漢化而大舉遷徙到中南半島，而後苗人在越戰中由美國中央情報局收買訓練，而成了美軍在越戰中驍勇善戰的一支生力軍，最後在美軍撤出越南時，苗人不得不大舉遷徙到泰國，而後移民至美國。這群以自己獨特的文化宗教而自豪的民族，過去一直拒絕被中國、法國殖民政府、寮國所同化，而今突然間置身於東西文化迥異的社會裡，又正好趕上美國國人反對越戰、戰後元氣大傷，社會普遍很難接受這些曾為美軍出生入死而今需要仰賴美國政府生活補助的外國人，因而使得大批的越戰難民到了美國以後承受到非常大的壓力。在這種周遭充滿敵意的社會裡，他們本身又是一個非常孤立閉塞故步自封的社會，執意繼續保存他們族群的傳統文化儀式，而對美國的社會文化始終無法妥協。書中描述一對苗族夫婦在他們愛女麗亞生病以後，一方面由於語言的隔閡以及醫學知識的欠缺，無法接受醫生善意的忠告；另一方面他們所相信的傳統醫療，如「乩童作法」、「殺生祭祀」、「巫師草藥」也無法為美國醫生、醫院、鄰居所接受。

很不幸地，在這醫病關係緊張的情況下，他們愛女所罹患的癲癇又正好是最難治療的「賈氏症候群」（Gastaut-Lennox Syndrome）。雖然他們女兒的主治大夫是位仁心仁術的美國好醫生，他與他太太兩人在醫學院時代就非常有理想，畢業以後雙雙決定寧可犧牲富貴繁榮的大好機會，而到偏遠地區服務少數族群。但是當這醫生苦口婆心費盡心力，仍無法使這病人的父母信服，又發現他們仍私自使用一些乩童、殺生、巫師、草藥而無法遵照醫囑規律地給予病人服藥，他在忍無可忍之下決定向政府機關告發這對父母「不負責任的行為」，而美國政府也認為這對父母無法聽從醫生的囑咐按時給藥，沒有「遵醫囑性」（compliance）的行為已危害到他們女兒的生命，而決定以「虐待兒童」（child abuse）起訴，取消其監護權，並強行將他們女兒安置於另一美國人的家庭。這引起苗族群體極大的反感，而幾乎引起暴力衝突。一位苗族人很憤慨地說出他們的心語：「不管我們對科技、人體健康、醫學有多麼地無知，我們是有很多的經驗。我不願意看這種把我們當做動物看待的醫生。動物牠們不能了解，但人類會了解，會講話，而我們苗人也像其他人一樣會了解。我們只是難民，但我們也與醫生一樣都是人。」

後來他們終於在據理力爭之下，又贏回了小孩的監護權，但不幸麗亞有一天癲癇連續發作，而在各種傳統療法都無效以後才被送往醫院。但由於癲癇發作已持續太久，一般癲癇藥物都無法奏效，最後在全身麻醉下才總算使癲癇發作控制下來，但麗亞卻已發生嚴重的腦部缺氧損壞。最後醫院宣布麗亞已經「腦死」（顯然，當時醫生對「腦死」的判定並沒有經過周詳嚴格的程序），但這苗族家庭對西方醫學徹頭徹尾地失去信心，而決定自己帶回家裡，找他們的巫醫巫術繼續努力。結果非常奇蹟式地，麗亞的心臟並沒有停止跳動，但幾年來她都成了一個毫無意識的植物人。

## 「癲癇」vs.「神靈附身」，「服藥」vs.「祭祀作法」

作者在書中反覆地敘述介入麗亞這病案的一些人從各種不同角度的看法，而深入地分析文化、信仰、語言、種族的不同所造成的各種誤會與衝突。當醫院的醫護人員談及麗亞時，彷彿在這病人最後一次出院以後，就視為已是死亡的病人；反過來，他們卻無法瞭解美國政府為什麼需要為了延續這毫無意義毫無品質的生命，每個月為了維持麗亞的呼吸的種種設備、大小便的處理、皮膚保養、物理治療、各種口服與外用的藥物，以及每天的護士訪視等等付出美金兩萬五千元的醫療費用，而剝奪了在該社區其他美國貧民的福利。但另一方面，同為美國人的社工人員，卻以他們的努力才爭取到這小生命應該享有的權利而感到欣慰。其實，這截然不同的兩造都是非常關心病人權益的善心人，但夾在衝突中間的苗族家庭，卻無法體會整個社會體制因為他們的加入而引起了這麼大的風波。

作者發現這些涉及此案的醫護人員以及家屬之間，仍然存著很深的鴻溝，雖然毫無疑問地，這些人都是真正關心麗亞的好人。那位曾經犧牲多少睡眠、多少週末、不眠不休地照顧麗亞的好醫生在最後仍然堅信，假使當年這苗族父母如果能有「遵醫囑性」，沒有自行停藥的話，麗亞就不會導致「癲癇重積狀態」而引起腦部嚴重缺氧的悲劇。反觀這苗族父母，他們堅信當年如果不去找美國醫生，而從頭開始就是使用他們的傳統療法，今天麗亞一定是個出人頭地的乩童，原來苗族人相信癲癇是「神靈附身你就會跌倒下來」，他們深信癲癇的發作就像是乩童的「作法」一樣，在發作時他們可以與上天的意旨相通，而這是一種「天生異稟」，並不見得是那麼壞的疾病。

## 八個問題，開啟溝通之門

作者最後以哈佛大學醫學院凱博文教授（註：Arthur Kleinman，精神科醫生、醫學人類學家、哈佛大學社會醫學科主任）所提出來的初看病人時必須要問病人與家屬的「八個問題」（The Eight Questions），來試圖解決這文化背景的不同所造成的困擾。

1. 用你們的話，這毛病叫什麼？
   Quag dab peg，意思是「神靈附身你就會跌下來」。
2. 你認為是什麼原因致使你有這毛病？
   失魂。
3. 當她第一次得病時，你以為是什麼？
   麗亞的姐姐很大聲地關上門，而把麗亞的靈魂驚嚇出竅。

神靈附身你就會跌倒下來

4. 你認為這毛病會使病人怎樣？這是如何發生的？

這毛病使麗亞全身震顫跌倒，是因為神靈附身的關係。

5. 你認為這毛病多嚴重呢？這會拖很久嗎？

你為什麼問我這問題，如果你是一個好醫生，你自己就應該知道這問題的答案才對。

6. 你認為病人應該接受哪一種治療？你希望這治療能帶給病人最重要的結果是什麼？

你需要給麗亞不超過一星期的藥物治療。她一旦好了就應該可以停藥。你不應該給她抽血或抽脊髓液。你也需要讓麗亞住在家裡，接受苗族的傳統藥物以及殺豬殺雞祭祀。

我們希望麗亞健康，但我們也不願意見到她完全停止發作，因為這種發作在我們的文化裡被認為是高貴的，而且她將來長大以後可以變為乩童。

7. 這毛病最主要會引起什麼問題？

看到麗亞因為發作而受傷就使我們傷心，也使我們對她姐姐生氣。

8. 你對她的病最擔心的是什麼？

麗亞的靈魂不再回來。

## 協商的誠意與讓步的雅量

作者最後再與這曾經照顧麗亞不遺餘力的美國醫生，檢討家屬對凱博文教授的「八個問題」的答案，這美國醫生語重心長地說出了以下這段話：「我有三個感觸。第一，我們應該揚棄『遵醫囑性』這個字眼。因為這個字有種道德上的霸氣，你對病人並不是要像一個將軍般地發號施令，你要的是一種對談。第二，醫病之間不要以脅迫造成對立，而要以協商的方式溝通。找一個苗族的成員或一位醫學人類學者來幫忙你與他們協商。要記住這種協商就像離婚法庭一樣，雙方都需要讓步，要先決定哪些是不容讓步的基本原則，而其他細節雙方都可以有妥協的空間。第三，就麗亞這個案而言，苗族特有的文化對病人與家屬的深遠影響，與生物醫學的文化有相等的重要性。如果一個人看不出自己的文化有其獨特的利益、情感與偏差，那你又如何能成功地與他人不同的文化溝通呢？」我想這是一個偉大的醫者虛心反省以後，最讓我感動的心語。這段話使我不禁回想在自己三十幾年行醫生涯中，也不知有多少次為了病人與家屬的「執迷不悟」、「無可理喻」、「朽木不可雕也」而氣短，我卻從來沒有這位醫生的睿智與氣度，也因此未能達到這位醫生的「頓悟」。

這本書的內容的確可以拓寬醫者的視野，使我們由這「他山之石」來發現許多我們醫者的盲點，同時也透過作者流利的文筆與豐富的資料，使非醫學背景的社會大眾對苗族的歷史沿革及心路歷程有更多的了解，從而對「非我族類」更有包容心，也難怪這本書從一九九七年出版以來，在這文化大熔爐的美國引起了很大的反響。其實書中所描述的一些美國人無法瞭解的文化背景，譬如說乩童、牲禮祭祀、全家人都投入的醫療照顧，仍不難在台灣社會的一些角落裡找到實例。我衷心地希望國內有人能盡早將此書翻譯成中文，不但可以幫助我們這些經過西方醫學科學洗禮的醫護人員增加對社會大眾的耐心與了解，也能促使一般社會大眾更能體會醫護人員的用心與立場。我深信這本書是一部對醫病關係有非常深入探討的、值得推薦的好書。二〇〇一年九月二十八日寫於堪薩斯市至洛杉磯的火車上。（刊載於《當代醫學》二〇〇一年十一月號「每月一書」專欄）

# 曲而不折

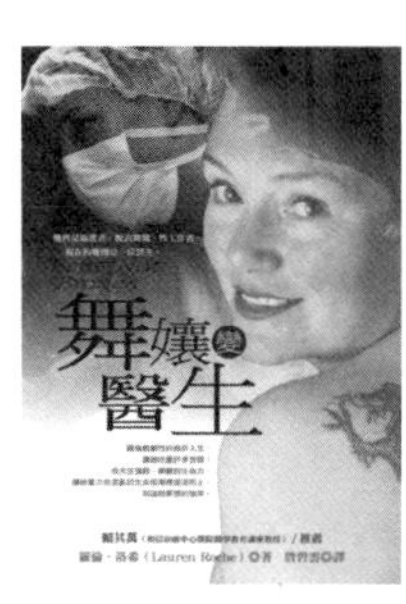


《舞孃變醫生》
Bent Not Broken
作者：羅倫・洛希（Lauren Roche, M.D.）
譯者：詹碧雲
出版社：心靈工坊（二〇〇四）

## 失足女性重新站起來的感人經歷

第一次看到這本書是在《英國醫學雜誌》（*British Medical Journal*）的「生涯焦點」（Career Focus）專欄裡，介紹這位洛希醫師（Dr. Lauren Roche）所寫的自傳《曲而不折》（*Bent not Broken*）。因為這位醫師非常特殊的經歷，馬上吸引了我的注意。一般說來，在女人的職業裡頭最令人瞧不起的行業中，性工作者應該是其中之一，而最令人景仰的行業中，女醫生也應該是其中之一，而這位自傳的作者在紐西蘭渥達哥醫學院（Otago Medical School）畢業前十年，還是一位沉淪於酒癮、毒癮、流落街頭的賣笑女郎，而後她居然以三十歲之齡得到醫學院的學位。作者說她過去坎坷的生涯促使她經常撰寫日記，而這些資料最後就變成了這本自傳。她在〈自序〉中說：「寫日記對我就像是一種治療，我知道很多事情看起來都很悲慘，但是我還是能夠自拔，成為一個醫生。」她認為一個人可以有不如意的過去，但只要自己願意下功夫，就可以改變命運。她曾經述說，因為家裡有兩個小孩要照顧，下課回家再忙完小孩的事，已精疲力盡無法用功，結果每天得清晨四點起床，數年寒窗苦讀，終於使她夙願得償，成為人們敬仰的醫師。醫生的角色對她而言一直是一種偶像，她曾說「如果我能變成一個醫生的話，所有的過去都將會被人原諒、遺忘或抵銷，因為我相信醫生都是好人，而且我對人也有很深的愛，我喜歡科學，事實上我在這方面也曾經念得不錯……所以我真的是有福氣才能實現我的這個夢。」這個非常不尋常的生涯，在她毫無隱瞞的真誠吐露中，讓人深深感受到，「不管現實環境多不理想，只要有毅力，沒有什麼不可能的事。」

## 漂流的早年生涯

作者有個非常不愉快的悲慘童年，父母是奉兒女之命，不得不在很年輕時就結婚。母親一直有精神憂鬱的問題，受不了夫妻之間的不合，帶著三個小孩四處流浪，換過數位男友，而在這不正常的家庭生活中，作者在稚齡就遭受到母親男友的父親及弟弟的性侵害。母親在她十四歲時，因無法從酗酒與毒癮中自拔而服藥自盡。從此她就輟學而淪為不良少女，後來認識了一些美國水兵，竟然躲在船艙偷渡到美國。她描寫自己一個人躲在暗無天日，又沒有辦法站直的小地方，靠著私藏她的水兵們接濟食物，而在船上捱過十幾天的孤獨日子。緊接著這充滿冒險的旅程後，她隻身在美國流浪了兩年的時光，四處搭便車，遊遍了美國各大城市。有一次因為誤搭壞人的車子而遭一群惡徒輪暴，並受到很殘暴的手段凌虐，讓她痛不欲生。最後她決定到移民局自首，被遣送回紐西蘭，而她所供出的偷渡過程也使得一些幫忙她的水兵受到處罰，並且她的傳奇故事也登上美國的報紙，使她一度成為名人。

她在十七歲時與速食店的同事同居，生下了第一個小孩，後來因為染上毒癮和酗酒而無法自制，最後淪為街上流鶯。她在一次不成功的自殺企圖後，終於住進精神病院。在精神科醫生的照顧下，抗憂鬱藥的治療使她重新找回自己的價值，而後毅然離開故鄉，重回學校，補足過去中斷的中學教育，而後進一步申請進入大學醫學院，追求過去遙不可及的夢想。然而當她獲知自己居然在備取的名單中脫穎而出，被錄取進入醫學院的同時，卻發現自己懷了警察男友的小孩。雖然男友以及家人都勸她墮胎，但百般思考之後，她卻不忍心扼殺無辜的小生命而勇敢地決定要生下來，但想不到，這第二個小孩子後來竟被發現智能不足。在這樣一方面要照顧家裡兩個小孩，其中一位還帶有殘障，另一方面又要應付精神狀況很不穩定、時時以自殺或暴力威脅的男友，她竟然能在如此雙重壓力的煎熬下，以她過去克服種種困境的經驗，終於完成了醫學教育。

## 克服萬難和歧視，完成醫學教育

在醫學院的求學過程中，由於她過去的人生經驗與其他學生非常不同，所以她也有些與一般人迥異的看法。譬如說有一次教授徵求一位同學出來當病人，好讓同學們觀察如何記錄心電圖。由於心電圖需要受試者赤裸上身，所以教授就不假思索地問班上同學，有哪一位男生能夠志願，但她就不認為這種事只有男生才能志願，於是就自告奮勇，站出來脫掉上衣，讓女同學們記錄她的心電圖。她坦承這顯然是與她過去的神女生涯有關，但也同時可以看出，她確實是有勇氣挑戰社會上眾所接受的觀念。

她也在書中描述，當她是精神科住院病人時，她的精神科住院醫師曾經很熱心地詢問她病史，當她被問及自己對將來的生涯規畫時，她告訴他，自己曾經有段時間想要成為醫生，但現在已看不出有這可能，所以退而求其次，想當殯儀館的遺體美容師，「因為這是一個與醫生最相近的職業。」想不到這住院醫師輕蔑地回答她說，「看不出醫生這行業與遺體美容師有任何關聯……」幾年以後，當她成為醫學生時，她到精神科查看自己過去的住院病歷，結果她發現這位醫師對她當時所說的生涯規畫寫道，「這病人對自己的未來有不切實際的冀望」。她說，可能以她當時的條件來講，的確，要想成為醫生是不切實際的，但她在書中也有感而發地說：「有時候遠大的夢想並非是完全不可能實現的。」同時，她也提及在精神科當病人的經驗使她想起，那時有位教授醫生看了她的病歷以後，居然告訴了她警察男友的同事，而引起她男友很大的困擾。這位男友的上司有一天告誡他說，做一個警察不應該與一個妓女同居。後來她發現這祕密的來源時，她一氣之下想要告那位教授，但律師告訴她，「妳想人家會聽信一位醫學院教授的話，還是一個淪為街頭賣笑妓女的話呢？」「妳又怎麼付得起昂貴的律師費用呢？」最後她終於屈服於現實而撤銷告訴，但這經驗使她深深意識到醫生應具有尊重病人隱私權的使命感。

## 坦承過往，挺身幫助性工作者

書中有一段描述到當她在醫院實習時，在一個偶然的場合碰到了以前當流鶯時的伙伴，她才突然意識到，只是一味地隱藏過去，並非正確對待人生的態度，因此她開始主動告訴醫學院的同學們有關自己的過去，而且幫忙這些同學到各種不同的環境去了解性工作者的心理背景。洛希醫師也坦然提到她過去一段不尋常的生活經驗常帶給她對現實的不安全感，這種感覺使她懷疑自己是否能成為一個好醫生。後來她選定在風化區附近行醫，照顧這些性工作者，她曾說過「照顧這些人就會提醒我自己曾是什麼樣的人，我很希望能教導這些人為自己的決定負責，以及有關安全性行為的重要。」她感慨地說，她至少也有兩千次的性經驗，可是她從來沒有用過保護措施，因為當時並不曉得有愛滋病這種疾病。後來她看到認識的好朋友得到愛滋病，在陪他過完最後的人生，才感受到愛滋病的可怕。想起自己從事性工作多年，居然未曾染上這種致命的疾病，實在應該要感謝上蒼，也因此覺得她應該以這種感恩的心情來教育這些性工作者，使他們懂得保護自己。

畢業以後，她除了自願為性工作者做健康服務以外，並且千方百計製造機會，使周遭的一些同事有機會去了解這些弱勢族群在心理、生理上所需要的協助。她在書裡說：「我們很容易看到一個人就把他歸類於某種類型，而往往這種類型就使我們再看不到這個人真正的潛能。這些犯了大錯、染上藥癮的人，我們一開始就有了先入為主的想法，以為這些人將會永遠困在這種生活模式而無法自拔。但是，我們忽略了，在真實生活上，他們還是有可能做一個重大的改變。」

除了幫助醫界人士瞭解性工作者的問題以外，她也開始到監獄探視女性受刑人，對她們說明照顧自己健康以及安全性行為的重要性，並現身說法來鼓勵她們不要為自己不好的過去而對生命喪失信心。後來她也開始從事對男性受刑人的教育，與這些在監獄的人們分享自己過去的不幸以及今日的成就。她認為人最重要的第一步就是「要能鼓足勇氣踏出過去的陰霾，只要自己肯尋求幫助，我們可以把過去見不得人的經驗當作一種慢性病，就像高血壓一樣，而不需要感到羞恥。」回憶她自己的過去，她已能原諒那些傷害她的人，也能原諒自己以往的不自愛。她說，原諒使她得到過去一直無法得到的內心平和。她說：「人們無須繼續在過去的不幸裡面鑽牛角尖、繞圈子，那只會使自己再遭受到更多的傷害。」

## 只要不放棄希望，任何事都有可能

本書字裡行間處處可見洛希醫師對生命的熱情珍惜。她非常感慨地說，她每照顧一個病人就想成為那個專科的醫生，譬如說，在外科病房看到病人苦痛，她就想變成外科醫生，當她到心臟科病房時，看到病人受苦，她就想成為心臟專科的醫生。她說當醫學生時最感到惶恐的，是自己在學醫的路上從病人以及醫生們得到那麼多的幫忙，真有說不出的感激。她語重心長地說：「不管病人有多恐懼或多痛苦，他們很少拒絕讓醫學生檢查，但這點卻常被一些醫學生們所忽略，而忘了對病人表達應有的謝意。」

總之這本書可以讓我們體會到，一個人即使有多麼不堪回首的過去，只要你能自愛、有自信，任何事都有可能。這本書也許是我在這「每月一書」專欄所介紹過的好書裡最具爭議性的，但我個人認為因為作者如此地不尋常，讀者在看完此書以後，一定會更能體會一些生不逢時的苦命人的感受，這種經驗也無疑地將會提升讀者對人類受苦的敏感度（sensitivity to human suffering），而這正是我認為成為一個良醫最重要的條件。

（本文刊載於《當代醫學》二〇〇三年一月號「每月一書」專欄）

後記：非常高興這篇文章感動了我當時的祕書詹碧雲小姐，而決定譯成中文，並由心靈工坊於二〇〇四年九月出版。

# 瘟疫

《瘟疫》
Le peste/The Plague
作者：卡繆（Albert Camus）
譯者：孟祥森
出版社：志文（一九九三）

在ＳＡＲＳ肆虐聲中，心情一直很低沉，突然想起這本大學時代曾經看過，但沒有留下太深印象的諾貝爾文學獎得主卡繆（Albert Camus）的名著《瘟疫》（*Le peste*）。由於如今自己年紀已長了三十幾歲，又業已行醫多年，加上此時此刻正是ＳＡＲＳ流行病橫掃台灣之際，重讀本書更覺作者觀察疾病對人的行為與心理實有其獨到之處。因此雖然此書已經出版多年，但我仍覺得在此時此刻，這本老書還是非常適合在「每月一書」推薦給大家。就我所知，這本書的中譯本不只一種，而我所看的是孟祥森的中譯本，文筆十分流暢。

**俄蘭城黑死病的故事**

卡繆這本小說是描述阿爾及利亞一個約有二十萬人口的小城「俄蘭城」爆發鼠疫，

導致封城十個月的故事。作者以一位「李爾醫生」為中心，描述這段時間所觀察到的人生百態，藉著故事中不同人物的穿插對話，凸顯出卡繆濃厚的存在主義的色彩。故事開始是人們發現城裡老鼠大量暴斃，最初人們並不以為意，但接著有人發燒呼吸困難而死亡，於是大家開始恐慌，謠言四起，人心惶惶，醫界再三開會也不敢斷言是否鼠疫即將橫行，而政府也遲遲未能裁決，最後到每星期死亡人數不斷竄升，才倉促決定封城。這時正好書中主角李爾醫生的太太病重被送往城外療養，而醫生的母親聞訊趕來照顧工作繁忙的兒子。封城前居民不乏因恐慌而離開者，而封城之後，產生許多家人分離的種種悲情，而民眾頓時陷入自我放逐的心情，成了「黑死病的囚犯」。人們開始無法忍受孤獨，而電影院、咖啡廳變成唯一能消遣的地方。繼之而來的，是憤怒，小城一片蕭條，但是有些人卻因為「今朝有酒今朝醉」的心理而反常地出手大方，人民漸漸地變成逆來順受、麻木不仁，「每個人都眼色空茫，顯然由於剝奪了一切對他們有意義的生活而痛苦。而由於他們不可能整天都在思考自己的死亡，就變得一無所思。」苦等了十個月後，開城的時間終於降臨，人們又浮現了一絲希望，重新看到新的生活秩序。在這當兒，作者精心地刻畫出「近鄉情更怯」的細膩心情，「人們又十分小心地不表露出個人的願望，故意用不相干的口吻」。書中也描述到一些大眾的愚蠢作為，譬如瘟疫高潮時，有些人因為家人生病而自己也遭受隔離，重回家園時心理已經失去了平衡而縱火燒屋，以為如此就可將黑死病消除，因而造成封城之後一方面要防疫醫療，一方面又要四處救火的人力匱乏的困境。有些奸商囤積食物，造成飲食物資短缺，更使人們生活於水深火熱之中。當死亡人數激增，葬禮的效率也跟著增快，而平常沒有人願意幹的搬運屍體的工作現在卻容易找人。作者說：「貧窮已經顯示出比恐懼更有鞭策力，尤其這種工作的危險性帶來的高報酬。」

## 浩劫下的人生百態

在這樣的背景下，小說中穿插了各種人物的對白，來刻畫人類在遭遇人間浩劫時的心路歷程。譬如說李爾醫生敘述最初鼠疫剛開始時，他最大的困擾是在一旦診斷是鼠疫，就必須強迫病人隔離時所遭遇到的困難。有一段描述當他做了診斷，而必須將病人轉送時，病人太太哭著哀求「不要拿他做實驗」，但他心裡卻明白當時政府根本還來不及運來治療用的血清，所以病人只是送進去等死，根本連實驗都談不上。他覺得「現在市政府所採取的規定已經到了可悲又不切實際的程度。至於說那些『特別設備的』病房，他知道等於是什麼：兩棟額外病房，把其中原有的病人撤出去；窗戶都封得密不透風；外邊加了衛生警戒線。唯一的希望就是這場瘟疫自然壽終正寢；目前政府所採取的措施要想把這場病壓下來是萬不可能。」作者還多處描寫到做醫生的在這瘟疫橫行時所感到的無奈。當他斷定病人是黑死病，那病人就必須遷出，這時就真正開始了那種「隔離」和跟病患家人的奮鬥；使他最難以面對的是，病人家屬哭嚎著對他說：「請你可憐可憐吧，醫生。」讓他有說不出來的壓力。他說「在早期的時候他只是打電話，然後就匆匆忙忙去看別的病人，並沒有等救護車到來，但不久他發現，當他走後家人會把門鎖起來，寧可感染黑死病，也不願意跟親人隔離，因為隔離的結果他們知道得太清楚。接著發生的是責罵、抱怨、嘶叫、砸門，警察採取行動，到了後來武裝軍人；病人是用暴力被搶走的。這樣在最初幾個星期，李爾不得不留在病人的家裡，一直到救護車來。後來，由於每個醫生都有一個民防警察陪伴，李爾才能匆匆忙忙趕往另一個病人那裡。」這是一段醫者沒有辦法幫忙病人，反而引起病人更悲慘的處境時所感到無能為力的挫折感，「在不知還要延續多久的時期中，他的任務已經不再是治療，而是診斷，是看，是描述，是登記，然後是宣判——這就是他目前的用處。」

## 從潘尼洛神父看醫學與宗教的衝突

李爾醫生與當地人們所景仰的潘尼洛神父的對話，也充分反映出醫學與宗教的衝突，他認為「潘尼洛是個有學問的人，是個學者。但他跟死亡沒有直接的接觸；這就是為什麼他能夠用那種確定的口吻來談論真理——用那似乎不能動搖的信仰。但是每個鄉村教士當他到教區看望教友的時候，當他聽到臨終的人在床上噝氣的時候，都會有我一樣的想法。他會想辦法先減少人類的苦楚，然後才會向人指明這苦楚的好處。」事實上，潘尼洛神父是一個非常有學養而且有熱誠的耶穌會修士，他曾經在封城引起城內居民極端恐慌時，在祈禱布道裡發出令人震撼的一句話：「災難已經臨到你們頭上，你們罪有應得。」一席如雷貫耳的布道使得居民都感動得跪下來接受這不可抗拒的命運。幾個月後，他又做了一次布道，但很顯然地，人們在長期的煎熬下再也沒有辦法用這種宗教的力量獲得心安。「在死氣沉沉的俄蘭城中，潘尼洛神父告訴人們歷史中人類在對抗鼠疫的先例——根據馬賽黑死病的記載，在慈恩修道院有八十一位出家人，其中只有四個逃過了黑死病，而四個中又有三個逃出了修道院……潘尼洛神父拳頭落在講壇的邊線，用震耳的聲音說，『兄弟們，我們每個人都必須做這留下來的一個！』」然而這種高分貝的信心喊話這時再也使不上力了。李爾醫生曾經在一次與潘尼洛對談裡說：「不，神父。我對愛的看法很不一樣。一直到我死的一天，我都拒絕去愛一個可以讓孩子受盡折磨的世界秩序。」這位神父安然地回答說：「我到現在才瞭解什麼叫恩寵。」而李爾醫生對神父的回答是：「這是一種我沒有得到的東西；這個我知道。但是我不想跟你討論這個。我們兩個靠著某種把我們結合在一起的東西並肩工作——這種東西要遠遠超過瀆神和祈禱。而這個東西才是唯一重要的。」

## 從藍伯先生反思何謂愛與奉獻

剛封城時，有一位記者藍伯先生前來找李爾醫生，希望能得到診斷書，藉此獲准離開這裡，回去巴黎與女友相聚。藍伯先生歇斯底里地對著醫生怒吼：「可是，該死，我並不屬於這裡呀！」原來這位記者先生剛被派到這裡來採訪阿拉伯人的生活習慣，但不幸地正好遇上封城而被迫留下來。後來藍伯放棄了偷渡出城的機會，留在城內參加志願服務的行列，有一天他與李爾醫生談論到，如何做出偉大的事情時，藍伯認為一定要為他的情感，說穿了就是要有愛情，他所關心的只是「與他所愛的人去活去死」，而李爾醫生冷冷地回答他，「人卻不是一個觀念」，藍伯反詰，「人是一種觀念，而且是一種非常渺小的觀念——設若他把他的背轉對愛情。我的意思就是這樣；我們——人類——已經喪失了愛的能力。我們必須面對這個事實，醫生。」在他們的激辯中，最後李爾醫生做了結論，「我們所做的這些事情絕不是所謂的英雄主義。那只是一種人之常情。這個念頭可能會使某些人發笑，不過唯一跟黑死病戰鬥的方式乃是——人之常情。」

## 從塔霍先生看醫者的人性掙扎

塔霍先生在封城之後挺身而出，發起「衛生隊」號召城內有心人士共同組成志工，來幫忙李爾醫生推動各種環境衛生與隔離病人的工作。有一天他對李爾醫生吐露出不為人知的過往。他出生在一個很好的家庭，父親是法官，一直希望他能克紹其裘，但有一天當他在法院親眼看到父親利用他的雄辯，使得犯人成功地被判死刑，在他心裡引起了莫大的震撼。他對父親崇高景仰的印象完全幻滅，因而決定離家出走，後來又有一次偶然的機會看到行刑的過程，更加深他無法認同父親的職業。這位急公好義的朋友對李爾醫生坦承他心內的「瘟疫」，他說，「直接了當的說，李爾，我已經害了瘟疫，在我來到俄蘭城，在這裡遇到它之前，就早已經感染了。這其實也等於我跟每個人一樣。只不過有些人不知道，有些人在這種狀況下覺得自在；另外一些人知道，並且想脫出來。就我個人來說，我一直是想脫出來的。」在封城結束幾天前，塔霍先生終於病倒下來，染上鼠疫而過世。當李爾醫生發現塔霍有鼠疫時，他居然一反過去嚴格遵守的原則，不把塔霍送往隔離，他對塔霍說，「我還不能確定你患了黑死病」，塔霍最後告訴他，「這是我第一次知道你給人注射治療，而不是下令送病人到隔離病房。」這段話也生動地刻畫出「醫生也是人」的真理。李爾醫生在這摯友過世時，心中十分空蕩，「當那終局到來，李爾模糊的眼淚是無助之淚，是無能之淚……一個人在黑死病和生命之間的鬥爭中所能贏取的只不過是知識與回憶。但塔霍或許就會管這個叫作『贏』吧。」「『贏』就是這個意義——只伴著一個人所知道的回憶去生活，卻跟所希望的斷絕，那又是何等辛酸！」

就在開城之前，李爾醫生接到電報獲悉太太已經在療養院病逝，這位外表矜持，不苟言笑，強制執行隔離病人時，執法如山鐵面無私的李爾醫生，這時也難掩夫妻情深的人性的一面。在封城之前趕來幫忙照顧他的母親，與這位清早出門，深夜才拖著疲憊步伐回家的兒子之間每天只有短暫的接觸，有一天李爾醫生也脫口問他母親：「媽媽，你有沒有怕過？」而引起母子之間非常深入地對人生的探討。「在這樣的時候他知道他母親在想什麼，她愛他。但他也知道一個人愛一個人並不算什麼；或者更正確一點，愛永遠不會強到足以找出適當的字眼來表達。因此，他和他母親永遠都會是這樣沉默地互愛著。」

## 自願重回隔離營的老父親

書中也摻雜著幾個小人物，譬如說自殺獲救憤世嫉俗的柯塔，在瘟疫橫行時變成城內唯一快樂的人，而在開城時卻發瘋殺人而被送進監獄；還有一位市政府的職員格蘭，整天都希望學會表達自己的意思，每晚總是在努力寫稿，冀望有一天能夠用他的寫作感動多年以前遺棄他的妻子。結果在他染上鼠疫發高燒時，他要求李爾醫生把他寫了五十幾頁的稿子燒毀，而在燒毀之前，李爾醫生才發覺這五十幾頁的稿子事實上寫的都是同樣的句子，只是一個有關「……騎著馬走過一個街道」的句子改了又改，這也影射出小人物浸淫於作家的天才夢，每晚構思寫作可愛又可悲的樣子。中間又穿插了一位令人感動的法院推事奧銅先生，這個人是一個循規蹈矩的老實人，當他發現自己的小兒子得病，明知一旦通知李爾醫生就可能會遭受隔離的厄運，但他還是通知李爾醫生。果然兒子被證明是鼠疫而被送到醫院，全家人也因而遭到隔離。他在隔離營裡住了很長一段時間，才發現自己是因為文書上的錯誤而未被準時釋放，所以他寫信拜託李爾醫生，才從隔離營釋放出來。當他發現兒子早就已經過世，頓時心灰意冷，而要求李爾醫生幫忙他再回去隔離營裡。他說：「我怕我沒有把話講清楚，我聽說在營裡有些公務人員在做自願工作，那當然會讓我相當忙。而且——我知道這話聽起來有點荒謬，但是我仍舊覺得這會跟我的小兒子離得近些。」這是一段令人十分感動的插曲。

## 面對病痛，人類永無休止的戰鬥

綜觀這本書，對於醫者的角色，從治療病人、解除病痛，而後淪為強制病人住院、家人隔離、拆散家庭，面對周遭朋友同事相繼過世而又無能為力的無奈，以及在瘟疫控制下來以後對人生產生更進一步的認識，都有非常深入的刻畫。作者最後藉著一位李爾醫生照顧多年的老人，說出一些深具人生哲理的睿言。這位老人聽李爾醫生告訴他好友塔霍過世，他說，「這是最好的，人生就是這樣子」，當醫生追問他為什麼這樣說，「你差不多以為他們要為了瘟疫得動章。可是『瘟疫』又是什麼意思呢？那就是生活，如此而已。」「在瘟疫的時期，人們所受到的教訓就是人類值得讚美比值得鄙視的事情更多。」作者在書中最後幾行裡交代出他對人生正面的看法，「他所要講的不是一個獲得最後勝利的故事，而是人必須做什麼、在那永無終止的戰鬥中必然還要反覆再做的事，這戰鬥是一切不能夠成為聖徒、而又拒絕在瘟疫面前俯首稱臣的人，儘管個人遭受一切痛苦，仍舊竭盡所能去跟恐怖的統治與無情的屠殺所做的戰爭；他們致力於成為治療者。而真的，當開城慶典時，李爾聽著那從俄蘭城升起的歡呼聲，他想到這些歡樂永遠都是朝不保夕的。他知道一些事情是這些歡呼的群眾所不知道的，但他們卻可以在書本上看到：黑死病的病菌不會死滅或永遠消失；它可以經年累月潛伏在家具和衣櫥裡；在臥室，地窖，箱子和書架裡等待；而有一天，為了給人類帶來苦難和啟發，他可能再把耗子轟起來，讓它們死在一座快樂城市的光天化日之下。」這讓人又回想到小說一開始，成百上千的老鼠流竄橫死在街上，開始了瘟疫的序幕，時光就是這樣的周而復始循環不斷。

記得三十幾年前看卡繆的《異鄉人》遠比這本書來得喜歡，當時只覺得《瘟疫》帶給我難以透氣的沉悶感，但今天由於親身體驗ＳＡＲＳ肆虐人心惶惶，而三十幾年來自己也由學生變成了醫生與教授，再讀此書更對卡繆能如此深入地觀察浩劫下的人生百態，以及傳神地刻畫醫生的角色，感到由衷的佩服與喜愛。（刊載於《當代醫學》二〇〇三年七月號「每月一書」專欄）

## 蘭大弼醫生口述歷史

《蘭大弼醫生口述歷史》
作者：劉翠溶、劉士永、陳美玲訪談
出版社：中央研究院台灣史研究所（二〇〇七，第二版）

### 引頸企盼許久的好書

第一次聽到英國友人在e-mail中告訴我蘭大弼醫生的口述歷史終於出版了，心中感到無限興奮。由於這本書並沒有廣泛地在市面上銷售，所以就打電話給擔任中央研究院文哲所所長的友人楊牧先生（王靖獻教授），很高興我就收到了這本書。書的封面就是熟悉的蘭醫生的照片，他高大的身材，微駝的背，頭微向右傾，那親切可敬的模樣，頓時讓我陷入一些溫馨的回憶。

蘭醫生是一位生長在台灣彰化的英籍醫生，事實上他與他父親都一樣叫David，但一個是三世，一個是四世，所以中文就刻意地區分為「蘭大衛」及「蘭大弼」。蘭大衛醫生於一八九五年來到台灣，之後成立彰化基督教醫院，而後蘭大弼醫生也克紹其裘在學成後到中國泉州服務了一段時間，然後回到台灣繼續父親的志業。這本口述歷史在中央研究院研究員劉翠溶、助理研究員劉士永的精心策畫，以及彰化基督教醫院院史館陳美玲館長協助下，收集到非常豐富的史料，包括書裡許多珍貴的照片，蘭醫生本人親筆信函，以及他在牛津大學川流基金會的演講稿，對於要瞭解這位比台灣人更像台灣人的蘭醫生，這本書的確提供了非常好的史料。

## 「彰化囝仔」的快樂童年

第一章童年時光，我們可以看出這位八十六歲的老人還記得台灣的颱風、地震以及當時「父親常常都在醫院」、「母親常常都在教堂」的追憶，讓人想起這是無私奉獻的家庭。也因為在這樣的家庭氣氛下，難怪蘭醫生會是一位如李遠哲院長在序文中所說「充滿誠懇、謙虛、及愛心」的好醫生。蘭醫生的童年就和台灣小孩子混在一起玩，而功課方面則由母親在家裡自己教導，所以他受到多種文化的薰陶，以及深受台灣社會教育的影響。他回憶八歲時由於父親身體不適回英國休息二年，他發現別人竟都稱他為「彰化囝仔」。

第二章回憶他中學被送到青島芝罘中學，這是一所在中國大陸為外國宣教士子弟所設的學校，他們稱為「內地教會男子學校」，專門幫忙這些在中國服務的外國宣教士的子弟奠下對西方文化精神及科學的修養，以便將來回去英國繼續接受教育。在書裡，他曾經有感地對他們學校並未教中文說出他的心聲，「我想他們犯了一個錯誤，沒有在學校教中文。他們只採用英國學校的制度。我想，那是氣量狹小的作法。我們應該利用那機會教中國語文、中國歷史和地理。」由此可看出在他小小心靈裡已經建立了世界觀。

## 走入神經內科

第三章描述他從一九三一年到一九三九年上倫敦醫學院的經過，他當時喜歡解剖學科的程度可由以下這段話看出，「醫學院是整個建築系統的一部分。在外面有一條普通的道路。我在那裡而我向窗外望去，正好看到一個人快快走過。這個可憐的人，他走在路上，而我正在這裡聽解剖學。你知道，我為這人感到惋惜，這可憐人失去了多少。在這人體解剖學的第一課，我感到非常興奮和幸運。突然看到這個人從外面走過，令我為他感到惋惜。當你年輕時，你有各種奇怪的想法。」在這段時間他比較喜歡外科，但卻發覺他沒有「外科醫生該有的氣質」，因為他認為做一位外科醫生需要保持冷靜，但他發現自己很容易緊張，所以他選擇走入神經內科的路。後來他在福建有時碰到必須替病人動手術時，他發現自己還是非常喜歡這種工作。

## 因緣際會重回台灣

書中有一段話提到他當年決定走入服務人群的決定，相當值得深思。「在我畢業前，我曾思考我到底想成為什麼樣的一個醫生呢？我想做什麼樣的工作呢？而且我以為當我們年輕時，我們都會想這類問題。我只想我要為人服務，奉獻我的服務。有許多服務的方式，透過教書、透過研究、或是當一個鄉村醫生、或當一個全科醫生，你都可以服務。服務的可能性很廣，我常想也許我可以做些幫助別人的事，幫窮苦的人啦。我受家父的影響，我靜靜地受到家父榜樣的影響，他曾長期在台灣服務。但他那時已退休了。他從未對我說任何事，但我就從他個人學到了他的作為。他從未告訴我，我應該到台灣去。但由於他所做的事及我所見到的，我明白那是一種服務的方式。做為一個基督徒，我想為上帝服務。但你可用各種方式，許多方式為上帝服務。我開始對傳教工作感到興趣。我可能是不知不覺中受到家父的潛移默化。」後來醫學院畢業時，正值二次世界大戰，所以大部分的同學都考慮參戰幫助在歐洲戰場的英軍，但是他早已經答應教會要到中國泉州幫忙醫療工作，因此他曾經有一段時間舉棋難定。他說，「我的兩難困境是：我在這非常危險的情勢下要對國家的服務上落伍，或我應該做我已經答應要做的事，也就是到泉州去？……我不知道哪一個意識才是正確的。最後，教會的祕書寫信給我，他說：『泉州正需要人幫忙。你真的應該前去，而且他們也正期待你去。』他極力請求我繼續原來的安排。所以我說我願意去。」

## 強調病理解剖與護理訓練

書中他也強調病理解剖在醫學診斷教育的重要性。當時台灣民風還是相當閉塞，他有位護士生得了「多發性硬化症」（multiple sclerosis，作者譯為「多發性大腦皮質障礙」是一種錯誤）。後來她的神經症狀惡化，經過蘭醫生再三遊說，家人終於在病人死後答應接受神經病理檢查，最後經過日本神經學家確定為「多發性硬化症」。台灣過去多認為沒有「多發性硬化症」，而到這時也不攻自破。

在彰化基督教醫院任內，他極力推動護理人員的訓練。彰化基督教醫院長年臥床的病人居然沒有褥瘡，是他最引以為傲的地方。他強調護理就是醫護人員需要用自己的一雙手去做事，而不是只告訴病人的家屬該做什麼。他與他父親一直都非常重視護理工作，而最後彰化基督教醫院也在他的領導下發展出居家護理、公共衛生服務、安寧病房，將醫院帶入二十世紀的現代化的大醫院。

蘭醫生屢次提到過去英國一位很好的神經學老師對他的影響，也說明了他為什麼在彰化基督教醫院那麼勤奮按照規則努力做床側教學。在彰化基督教醫院的二十八年裡，他見證了台灣各種各類的傳染病、環境公害以及各種文明社會改變所引起疾病種類的改變，還有他對台灣神經病學與精神病學分裂成兩個獨立學門的經過始末也都十分清楚，在書中他也闡述了本身對神經學的理念。

蘭醫師為人非常厚道，在文中可以很明顯地看到，對於台灣過去的落後以及一些不合理的民俗他都只是輕描淡寫地帶過。甚至於當他被問及他父親當年割下他母親的大腿皮膚，移植到一個台灣小病童身上的感人肺腑「切膚之愛」的故事，蘭醫生表現得非常謙虛低調，而且認為他父親應該不會是台灣第一位做這種手術的醫生。這種謙沖為懷、誠心照顧台灣人的愛心，確確實實可以由蘭醫生的口述中感受到。

## 對父親蘭大衛醫師的追憶

蘭醫生在文中說出許多對父親的感情，他提到他父親是一個很有耐心，很和善，沒看過他生氣的人，但他也提到有位台灣人被日本警察拷打而至傷口發炎致死，日本警官要求他開立死亡診斷書，他父親在上面寫「打到死」，日本警察前來詢問這是什麼意思，並希望他改寫，但他老人家堅持不改。蘭醫師對他家人的感情也在他寫給本書作者劉教授的謝函裡流露無遺，他說他自己是一個很快樂的人，因為他生長在彰化，而且他非常喜歡那裡，他與太太和小孩也在那裡擁有很多快樂的生活；他覺得他實在虧欠他父親很多，他說他父親是一位非常慈祥、脾氣很好、有耐心、很樂意幫助別人的好人；從醫學大師那裡，他學到而自己也做到高水準的醫療，並且將知識經驗傳遞給他的學生，最後他附上一段非常珍貴的歷史文件，以幫助別人瞭解他父親。這是《英國醫學雜誌》在一九五七年十一月九日一篇蘭大衛醫師的訃文，由此可以看出蘭醫生受到醫界及教會人士的敬重。他說他覺得父親帶給他的影響很大，但他也同時感念母親在他成長過程的影響：中學前的家庭教導，她的音樂、社交品質、慈祥以及對人的關懷。然後他再三強調他在台灣與他太太一起與台灣人共同工作了二十八年，他非常珍惜這份感情。他也表達他一貫謙沖的態度，說他「實在不值得被寫」。

在書中，他也用了相當大的篇幅懷念故人，包括許多彰化基督教醫院過去的同事，基督教名醫謝緯、高俊明牧師，還有他自己的醫生太太。他六十五歲退休回英國後，仍繼續進修，在英國倫敦醫學中心擔任臨床工作一段時間。他一生非常念舊，而且對待上至院長、醫師，下至工友、清潔工人都一視同仁地眷戀。

## 對當前台灣醫療的看法

我個人覺得全書最重要的，就是他對台灣醫療、人文精神以及目前醫療的迷失，有非常精闢入裡的看法。以下簡述幾句他所講的話：

「我想，一所教會醫院『應該』努力做為模範，現在它是不是模範，我並不清楚。它在照顧病人方面，『應該』成為模範。對現代醫學與醫生而言，很容易只注意科學的一面，而給予病人個人的幫助與尊重有所不足。我想，個人的照顧和個人的了解是出於同情心。在醫療執業而言，同情心是非常需要的。你可能是一位很好的醫生，可能在如何治療某些病人有專業知識與經驗。但如果沒有愛心，你可以做這個、做那個，而仍一事無成。也就是說，對病人個人的照顧與關懷是很重要的。」

「……至於（醫院）應該特別著重哪一方面，是很難說的。我會希望更重視身體的檢查。現在大家太強調X光、超音波，許多許多很有價值的檢查方法，包括生物化學方法等等。但我寧可希望醫生們仍然願意在個人的層次上來接觸病人，聆聽病人說些什麼，並且小心的看病歷，檢查病人，去感覺、觀察和細聽，基本上是依賴病人而不是靠科學儀器來看病。當然，所有科學的診斷支援是極大的幫助。但病人到底是活生生的；他們是病人。因此我希望門診對病人的檢查是表示對病人有更好的了解。這是基本而重要的。對病人抱持良好的態度是很重要的。醫生應該有同情心，醫生不應該只是表示同情，而是要真正的同情、關心、憐憫。檢查與治療的方法有很多種，但病人還是人啦。醫生該經常的憐憫、同情、移情（empathy，本人認為應翻譯為『將心比心』或『同理心』，要比『移情』來得適合）與了解，並讓病人知道，他們是同情的，是以同情心來做事的。我認為另一種思考方式是，你愛你的病人就如同他是你的家人一樣。」

「一般而言，我想在台灣受醫學訓練的人是有良好的訓練的。在台灣接受治療的病人也都得到良好的醫療服務。我想強調的是有一點不同。我想，在台灣的醫學實踐與教學中，非常注重科學的檢查。你知道血液的化學成分，以及血中的各種要素，對血液做各種檢查。所有的X光技術，所有最新的化學檢查都很重要，那是很好的。但在英國，無論如何也非常重視我所謂的『臨床問診檢查與仔細探問病人的病歷。』我覺得在台灣，他們較偏重現代科學的檢查，那當然是很好的。換句話說，他們強調儀器檢查第一，而把臨床檢查視為其次，而在英國，臨床檢查是首要而儀器檢查是次要。當然這兩種是並行的。」

蘭醫生對人的寬宏大量也實在令人激賞。他在書中提到有些醫生送出國以後並沒有回國服務，或是回來沒多久就去開業，引起不少遺憾，但他總是輕描淡寫，看不出有任何怨恨不滿的情緒表現。當他談到送醫護人員出國進修時，他轉述國外友人的意見：「你們的醫生很好……但有語言的障礙，語言的困難。有時我們不了解他們說些什麼，有時他們不了解我們說些什麼。」因此他經常勸想出國的醫師們說「在去之前努力把英文學好。不然，你會失去一些東西，失去機會。」

## 博愛的胸襟

我在一九九六年教授休假時曾由美國到英國倫敦去拜訪過蘭醫生。從那以後我們書信往來，而蘭醫生一九九九年回台灣時也到慈濟醫學院來訪問我們，去年我也到倫敦拜訪過他。蘭醫生讓我最感動的是，他是一位非常真心誠意而且謙沖為懷的人。本書作者居然能夠說服他接受口述歷史的錄音，真是難得。本書以中、英文並列，以保留歷史檔案的真實性，也看得出作者的用心。然而，深知蘭醫生的友人一定會同意我，這本書美中不足的是太過寫實，而少了許多蘭醫生動人心弦的真實小故事。

最後我忍不住要說，在我第一次到英國拜訪他的時候，由於看到他身在英國心在台灣的樣子，我忍不住告訴他，我自己身為台灣人但卻長年滯留在美國，看美國病人，教美國醫學生，面對這位身為英國人卻畢生貢獻給台灣的長者，我感到非常地不安。想不到蘭醫生聽了我的話以後，拍拍我肩膀，親切地說：「我不是台灣人但我愛台灣，幫忙台灣。你不是在美國出生，但是你愛美國人，幫忙美國，我們大家都這樣地為別的國家人民服務，明天的世界不是會更美嗎？」這種世界觀的胸懷，震撼了我。

今天讀完這本口述歷史的好書，我再次被這位真誠待人、虛懷若谷、世界大同、助人為樂的長者所感動。今天台灣一片亂象，一切往錢看，醫療環境逐漸失去理想，更覺得這本書實在值得向醫界推薦。（本文刊載於《當代醫學》二〇〇三年八月號「每月一書」專欄）

# 山外有山

《愛無國界：法默醫師的傳奇故事》 Mountains Beyond Mountains: The Quest of Dr. Paul Farmer, a Man Who Would Cure the World

作者：崔西・季德（Tracy Kidder）

譯者：錢基蓮

出版社：天下文化（二〇〇五）

## 保羅・法默醫師生平

這本書是一九九三年普立茲文學獎得主崔西・季德（John Tracy Kidder）介紹哈佛大學醫學院傳染病學教授保羅・法默醫師（Dr. Paul Farmer）的生平。法默醫師擁有非常不尋常的生平，他擁有哈佛大學的人類學及醫學雙料博士，目前他每年四個月在哈佛看病、教學，其他時間則都在海地照顧窮人，是一位傑出的人道醫療者。除了在海地以外，他在祕魯受到一位天主教神父以實際行動幫忙貧苦窮人所做的犧牲而感動，在這位神父死於結核病以後，他矢志繼續這位神父留下來的遺志，在祕魯照顧結核病和瘧疾病人，後來又到古巴幫忙公共衛生，最後則將注意力轉移到西伯利亞監獄因擁擠不堪的環境造成結核病的大量爆發，而說服了世界衛生組織（WHO）以及世界銀行以大量金援，成功地改善了蘇俄監獄的健康情形。這本書書名原文為《Mountains Beyond Mountains》（山外有山）是來自海地的諺語「越過了山，還有山」（Beyond mountains there are mountains），意思是「才解決了一個問題，接著又來了一個問題」，而法默醫師的生命，就是風塵僕僕地四處奔波，以行動來關懷世界各地的弱勢者。

作者季德先生從一九九四年在海地政治動亂而美軍進駐時隨軍採訪，在偶然的機會裡看到一位美國醫生帶著一群海地人與美軍部隊指揮官據理力爭，使他留下很深的印象。他經過多方打聽，才知道這位與當地居民混在一起的美國醫生竟來自哈佛大學，而且學生時代就在海地成立了一所稱之為 Zanmi Lasante（海地土語，意為「健康夥伴」Partners in Health）的慈善醫院，以服務海地中央平原無人照護醫療的窮人。五年後他終於在哈佛大學醫學院與法默醫師正式見面，隨後他為了想要瞭解這麼一個傳奇性的人物，而追隨法默醫師到海地翻山越嶺去為當地土著看病，到祕魯參加瘧疾、結核的防治，到蘇俄監獄參訪，以及到哈佛大學參加他的病房迴診與教學，而透過這種親身的體驗，寫出這本法默醫師的傳記。

## 人類學者與海地結緣

法默醫師小時家境並不太理想，父親是一位比較偏激的人，早期他們全家住在一輛拖車裡，沒有自己的房屋，而且有一段時間全家都住在船上。他父親也是極端的自由主義者，並不相信傳統的學校教育。法默醫師得到獎學金進入杜克大學（Duke University）主修人類學，而北卡羅來州菸草工人有許多來自海地，透過幫忙這些弱勢團體，他開始對海地產生興趣。海地的人種主要是克里奧人（Creole），是歐洲人（主要是法國人）與當地黑人混血所生的後代，語言也是雜揉了非洲土語、法語和英語，因為文化、語言、人種與其他加勒比海、美洲國家不同，而與鄰邦較少來往。法默醫師為了要更深入瞭解這些人，就用心學會了他們的語言，透過深入地認識海地人以後，他發現很多介紹海地的書都是錯誤的。「住在海地以後，我才瞭解很多有權利的人所做的一些小小錯誤，可以引起貧窮大眾受到很大的衝擊，而我就基於同情，一心想在海地做更多幫忙當地人的事情。」

法默醫師在學生時代，非常景仰一位德國醫學家費爾可醫師（Rudolf Virchow），這位十九世紀對癌症貢獻良多的名病理學家，共著有兩千篇的論文以及許多的專書。此人多才多藝，他設計了柏林的地下水道，而使得柏林成了當時歐洲最清潔的都市。他對貧富不均的流行病學也有非常深入的研究報告。法默醫師在學生時代就讀過很多費爾可醫師的書，也曾經翻譯過費爾可醫師的文章，他特別喜歡費爾可醫師曾經講過的一句話：「醫學教育並不是要教學生怎麼賺錢，而是要教他們怎麼保障社區的健康。」他也說過：「醫生是窮人天生的保護者，而醫生也應該對社會問題負很大的責任。」這些思想深深地影響了法默醫師日後生涯的抉擇。

## 親睹死亡，決定習醫

大學畢業以後，法默醫師到海地工作一年，在那裡他看到一位懷孕的女病人因罹患瘧疾而陷入深度昏迷，但因為沒有輸血的儀器設備，母子兩人都不幸過世，心中感到非常震撼，決定要走入學醫的路。他也發現當地居民深信巫術，常常不願意接受西方的治療，他曾親身碰到一位母親帶女兒來看病，父親堅持女兒需要接受巫術的治療，但母親費盡心力終於說服了父親，讓女兒同時接受巫術與西醫的兩種治療。這個經驗使他領悟到，如果有心想要幫助病人，自己除了需要是精通醫術的醫師以外，也需要是真正瞭解病人的社會文化背景的民族人類學家。作者很有感觸地寫道，「法默醫師幸運地先在海地實際地做了人類學、醫療與公共衛生的工作，以後才進入哈佛大學醫學院接受正式的醫學教育。」

在海地住了一年以後，法默醫師申請進入哈佛大學主修醫學以及人類學的雙主修，而在六年的時間裡順利完成他的學業，在三十一歲時拿到雙料博士學位，然後接受哈佛大學醫學院附屬醫院布萊根婦女醫院的內科住院醫師訓練。這時候剛好有一位韓裔美籍的哈佛醫學院畢業生金辰勇（Dr. Jim Yong Kim）也同時申請內科住院醫師一職，他們兩人相談甚歡，彼此都有非常濃厚人性關懷的一面，於是他們兩人一起更深入地投入海地的醫療工作。想不到哈佛附屬醫院竟然允許他們在住院醫師的臨床訓練期間，兩人互相交替到海地繼續他們的工作，當法默醫師在海地工作時，金醫師在哈佛接受住院醫師訓練，而法默醫師回到哈佛接受住院醫師訓練時，金醫師到海地工作。哈佛大學之所以允許他們這麼做，是因為院方認為事實上，這兩位傑出的年輕醫師在海地所能夠治療的各種各樣疾病，遠比哈佛大學醫學院附屬醫院所能提供的臨床經驗更豐富，所以院方就放心讓他們繼續追求他們的理想。等到他們雙雙結束住院醫師以及研究員的訓練以後，法默醫師就開始步入他四個月在哈佛大學、八個月在海地的不尋常的包括服務、研究、教學的學術生涯。

## 風塵僕僕穿梭於波士頓與海地間

作者隨著法默醫師生活一段時間，親眼看到法默醫師從波士頓飛邁阿密，再轉機到海地，直接步入醫院工作，而工作到最後一刻，又趕上飛機直奔波士頓哈佛附屬醫院，開始教學、迴診、看病、值班，而這中間作者從沒聽過法默醫師抱怨生活太繁忙或工作太勞累。事實上他看到的是，人道主義者因為能夠幫助別人得到的喜悅。作者在書中很多地方都流露出他對這位醫生的讚嘆，譬如說他親眼看到這位醫生接受一位墨西哥母親帶著病童向他鞠躬，感謝他起死回生的醫術，但法默醫師卻靦腆地不敢直視這位母親，他用西班牙語很細聲地說：「能照顧妳女兒，對我而言是一種福氣（for me, it is a privilege）。」他也曾經說：「每一個生病的人都是我的病人，而每一個健康的人都是我想影響的學生。」

作者描述法默醫師在自己女兒出生一個月後，在海地照顧一位被發現有高血壓、癲癇發作以及尿蛋白的「子癲症」病人，但由於當地醫療資源的貧乏，小孩一出生就發現是個死嬰。當時作者親眼看到法默醫師站在那裡一直流淚，後來索性跑到外面痛哭一場。事後他坦白告訴作者，他這才發現自己為什麼痛哭，是因為他想到自己的女兒。他說：「我們常常講要用同理心，但事實上是辦不到的，很多偉大宗教都教我們要愛你的鄰居如同愛自己一樣，坦白講，我是辦不到的，不過我還是會繼續努力朝這方面走。」這種真情的流露使人深深感到法默醫師實在是性情中人。

法默醫師十分關心全世界各地的健康衛生的問題，他說他有時覺得參加世界性的重大會議對全世界更多的病人有非常重要的影響，但一方面又認為他很想做一個單純的鄉下醫生，好好照顧自己的病人。法默醫師曾對同事們說：「有些朋友勸我集中精力在一些世界性的大問題上，但是我卻常常會有另外一個耳朵聽到海地病人告訴我，我的兒子在生病、我的兒子快死了。」在這本書裡，我們可以感受到一個非常有人性的醫生內心的交戰。

## 無法容忍不公不義

除了人性關懷的一面，法默醫師非常不能夠容忍世界上不公平的事情。他認為世界上有一條線把人分為兩類，一種人是享盡世界物質條件的精華，極盡奢侈之能，另一種人卻生活在極度貧窮髒亂的世界，受盡貧病交迫之苦，他把這稱之為「巨大的流行病學分歧點」（great epi divide，按 epi 為流行病學 epidemiology 之簡寫）。他無法忍受住在美國的人只是享受物質的文明，而罔顧他所熟知的海地之人間煉獄。他記得自己初到海地時，碰到一位正好要結束在海地服務即將回國的美國醫生，他問這位醫生，要離開海地會不會覺得不捨？想不到在這裡工作一段時間的醫生竟然回答他：「我是美國人，我巴不得趕快回到美國享受應得的享受，這裡這麼落後，也沒有電，我快撐不下去了，我回到美國絕對不會懷念這裡。」他感慨萬千地說：「為什麼我是美國人，就會讓我忘掉這些人？」他有一次從海地回到美國，看到那麼多減肥的廣告，而很感慨地說：「我在海地看到的都是一群骨瘦如柴的病人，而想盡辦法要增加他們的體重。」有一次清晨到達巴黎，他發現街上有許多專門替寵物理髮、洗澡的廣告，他不禁感慨：「如果這些替寵物美容所花的錢都給我的話，不知道我又能多救幾個海地人。」

## 改變結核病傳統治療法

法默醫師就他在海地治療結核病的經驗，對聯合國主張的ＤＯＴ（直接觀察治療）的政策提出挑戰，他認為這種由公共衛生護士負責監督病人吃藥，而使結核病控制下來的政策是有暇疵的，因為有些病人雖然規則吃藥，但他們的菌株仍然會產生「多重抗藥性」，因此有的病人需要第二線的抗結核藥合併使用。因為他這方面的科學論文與實際經驗，他贏得了一九九三年麥克阿瑟基金會的「天才獎」，而他把這份大獎的獎金悉數捐給「健康夥伴」。然而這種並用第二線抗結核藥物的治療方法，勢必會增加很多的醫療費用，因此在第三世界很難推行，於是他把注意力集中到蘇俄不合人道的監獄管理，這種非常擁擠的環境引起很多結核病的交互傳染，而引發嚴重的公共衛生問題。法默醫師四處奔走，得到聯合國世界衛生組織與世界銀行的支持，運用無數金錢、勞力幫忙改善蘇俄監獄裡面的健康環境，然後因為藥物的使用量大增，他也成功地運用影響力使得藥廠降低藥價，從而讓第三世界能夠付擔得起這種改良式的治療。

他有一次在國際會議裡，對有關多重藥物抗藥性的結核治療做了非常深入的學術討論之後，引言人美國ＣＤＣ專家們對他說，非常感謝他做了一場非常富有挑戰性的演講，想不到法默醫師對他直說：「對不起，你怎麼會把我的意見說成富有挑戰性呢，我只是告訴你，既然我們擁有這樣的科技，我們就應該這樣地治療病人。」他就是這麼一個率真，認為對就是對，可以做就應該做的人。

## 不要遺忘受苦的人們

從這本書裡可以體會到法默醫師不僅工作態度認真，待病人誠懇，教書用心，而且因為人類學的背景而能夠很快地打破文化之間的藩籬，深入人心地認識各種不同文化族群，而且他又有能力說動很多慈善家、企業家來幫忙他完成他的夢想。但最讓我感動的是，法默醫師對人類受苦的敏感度，他認為世界上最大最根本上的錯誤就是我們忽略某些人的受苦，對某些不公平的事實視若無睹。他認為他奮鬥的最大目的就是「要使這些人了解，我們不能夠遺忘地球上還有這麼多受苦受難的人。」

這本書的確是一部非常值得推薦的好書，透過這位普立茲文學獎的名作家犀利的文筆，我們可以感受到一位人道主義者在選擇人生的方向時，其優先次序的考量令人肅然起敬，使人讀來不覺會有「有為者當若是」之感。這本好書告訴我們，一個人不僅能追求知識上的滿足，也可以透過自己的專業去服務比自己不幸的人，而得到心靈上的安寧。當然要像法默醫師這樣才氣縱橫、精力充沛也著實不容易，但很明顯地，他的所作所為可以為我們指出一條路，即專業的追求與人性的奉獻並不會有衝突。書中看來，法默醫師現在也不到五十歲，而他已經寫了那麼多醫學論文，尤其在愛滋病、結核病的醫學研究有很多的著述，在人道醫療的貢獻更是令人讚嘆。我相信如果哪一天法默醫師得到諾貝爾獎的話，我絲毫不會驚奇，只是不知道他得到的將會是和平獎，還是醫學獎？

（刊載於《當代醫學》二〇〇四年三月號「每月一書」專欄）

# 卡羅・歐巴尼醫師傳奇

《卡羅・歐巴尼醫師傳奇：最先發現ＳＡＲＳ病毒並為之捐軀的傑出醫生》
Carlo Urbani: Il primo medico contro la SARS
作者：貝美穗（Lucia Bellaspiga）
譯者：古桂英
出版社：望春風（二〇〇四）

## 穿著白袍的外交使節

這本書是義大利名記者貝美穗（Lucia Bellaspiga）為這位因ＳＡＲＳ而犧牲的歐巴尼醫師（Dr. Carlo Urbani）所寫的傳記。本書的編排非常精心，第一部〈卡羅這個人〉，作者平鋪直敘地報導一位華裔陳姓商人由香港染上ＳＡＲＳ來到越南以後，引起群聚感染，而歐巴尼醫師全心投入救治工作，並以其專業的判斷，對這新興的傳染病，即時向世界衛生組織發出警訊，斷然採取防範措施，使越南人得以免除像中國、台灣、新加坡一連串的感染、死亡，但歐巴尼醫師本身卻不幸因而染上ＳＡＲＳ過世。作者接著寫出歐巴尼醫師的家人對他的追憶以及對他過世的反應；第二部〈歐巴尼這個醫師〉，談到他過去從學生時代喜歡看書，深受史懷哲的影響，急公好義，樂於幫忙殘障人士，到畢業後投身傳染病學的研究，而加入「無疆界醫生組織」，參加第三世界的醫療服務，開始感受到世界經濟的不平等，造成許許多多應該可以救活的病人因為藥物的缺乏而死亡的悲劇，因而全心投入柬埔寨、非洲的醫療服務，成為一位「穿著白袍的外交使節」。後來他以無疆界醫生組織義大利主席的身分，於一九九九年代表無疆界醫生組織在奧斯陸接受諾貝爾和平獎；第三部〈結局〉，紀錄曾經與歐巴尼醫師共事的醫生們對他的評價，以及歐巴尼醫師十六歲的長子唐馬斯談到父親對他的影響，以及他自己對未來的看法；最後第四部〈我要再度飛上青天〉，收集了幾篇令人激賞的歐巴尼醫師與朋友間的來信。整本書充分反映出歐巴尼醫師並不是因為SARS死後才為人所肯定，事實上他是一個以天下為己任的好醫生，過去做了許多可歌可泣、令人讚嘆的義行善舉。

書中有幾個特別使我感動的地方，我想在此多加著墨。

當他由「無疆界醫生組織」跳槽到「世界衛生組織」時，作者提到：「雖然說因病而痛苦的人到處都有，不須遠走他鄉，就在自家附近也可行醫行善，歐巴尼對此沒有疑問，但是他更知道，世界上有許多地方的人能活下去就已經是個奇蹟了，能有碗乾淨的水喝簡直就是奢侈了，他的志願就是到那種地方去奉獻。」

在他加入「世界衛生組織」後，他決定舉家搬到越南，把小孩都送到越南學校上課，而不像有些世衛組織的同仁，寧願付昂貴的學費把孩子送到專門為西方人子弟所設的學校。他在家裡僱用了幾位越南人幫忙，是希望可以讓更多的越南人有工作的機會而得到自信，同時也刻意要讓自己的孩子有機會接觸了解當地人的文化，並且徹底去除他們對當地人的優越感。他對自己一無所求，唯一的目標就是減輕他人的貧困；至於輝煌的事業不是他在乎的目標，但他也了解有時為了實現計畫，只有爬上那個高位才有希望改變世界。

## 發願到被世人遺忘的角落，尋找苦難者

書中提到歐巴尼醫師一直認為他必須以受害者身分與疾病作戰，他認為當醫生不只是醫病，而是醫人，是要把病人所有的問題都承擔過來，不只是要恢復他的健康，更要恢復他們「做人的尊嚴」與「活下去的慾望」。因此，一個醫生不能坐在辦公室裡，「我們當醫生的應該常在病人床畔，在垂死病人床前，而非安坐辦公桌後。」他要到被世人遺忘的角落裡尋找苦難者，「因為他們是不會有力氣自己前來求助的」。當他代表「無疆界醫生組織」接受諾貝爾和平獎的頒獎時，他說，「為什麼會把『諾貝爾和平獎』頒給我們？為什麼照顧病人會變化成高度的政治表述？面對麥克風，我們可以對好奇的觀眾高呼說：這獎不是頒給我們這些組織的成員，而是表揚一個理想，一個認為健康與尊嚴是人類共享的權利。努力承擔、就近照顧不幸患者，是得獎的原因，我們要記得，就是在獨立、中立、不靠邊、不妥協的時刻，我們與不幸的人同舟共濟，他們讓我

們成為特別的觀察員，讓我們能夠親眼看到恐怖的實情與事件，看到人性的尊嚴是如何變成淌血的可憐的被丟棄的包袱。」這是何等悲天憫人的胸懷！

書中也提到，在第三世界的國家裡，他發現很多非洲當地土著並不是因為罕見的怪病而死，卻大多死於司空見慣可以治療的腹瀉、呼吸困難。在全球醫學權威的會議中，專家們不斷重複的結論總是「貧窮、貧窮，世界上有將近三分之二的人還沒有能力獲得基本的藥物。」因此，「無疆界醫生組織」特別發起全球「讓基本藥品人人買得起運動」，他們把諾貝爾和平獎的獎金通通用在這上面。他們發現當代醫藥研究只有不到0.3%是針對第三世界常見的死亡病因，而目前在醫藥研究優先的，卻是肥胖症的研究，這是何等地諷刺？他認為，「面對一個手足炸殘的患者，外科醫生的眼睛首先注視的是他的傷口，但療傷之後，一定要抬頭觀望四周，因為那位不幸的傷殘者，是絕對沒有機會向外告發他的處境。」這也不禁讓我想起已過世的英國黛安娜王妃生前不遺餘力地為地雷斷肢的小孩子們，對世界和平所發出的呼籲，讓人深深感受到這些關懷人類的偉大心靈是何等地令人讚嘆。

## 一個偉大母親的胸懷

書中最讓我感動的，是一段描述歐巴尼醫師的母親對他一生的評價。她對愛兒的犧牲完全沒有怨艾，當作者聽到這位偉大的母親如何培養兒子對社會的關懷時，她忍不住問了一個殘酷的問題：「不就是這種忘我的教誨，導致她兒子失去了生命嗎？她可有過詛咒造化弄人？可曾埋怨過卡羅誇張的忘我為他的精神？可曾後悔過兒子的慷慨赴義？可曾想過早知如此，當時應該自私點兒？」但這母親的回答竟是：「沒有，完全沒有，因為生命的價值是不容質疑的！……我的兒子算是英年早逝，但他向全世界的人強調了大家一定不會忘記的人生價值。」

由這母親的胸懷我們可以看出，為什麼她會培育出如此助人忘我的心靈。反觀國內在ＳＡＲＳ期間有些醫學生家長的反應不禁讓我也流下眼淚。台灣很多醫學生念醫最大的原因是受父母親的價值觀所影響，但又有多少父母是像歐巴尼醫師的母親這般胸懷呢？這也令我想起我的偶像蘭大弼醫師，他就是因為有這樣一位願意忍痛割捨自己的皮膚，讓她的先生蘭大衛醫師為一位毫無血緣關係的小孩子植皮，這種令人可敬的「割膚之愛」，才會孕育出蘭大弼醫師這樣濟世救人的胸懷。

## 向譯者致敬

最後值得一提的是，促成這本書的翻譯，而使中文版與義大利文版得以同步發行，都要歸功於當時派駐歐盟的張武修醫師，而中文譯者古桂英女士長年住在義大利，能以流利的雙語能力，如此傳神地把這偉大的心靈介紹給國人，更是令人折服，誠如前衛生署長李明亮教授在他的序所說的，「她的譯文令人忘了這是一本譯作，其語文的才華令人折服。」

當我讀到歐巴尼醫師如何為第三世界付不起藥費而奔波，如何參加「無疆界醫生組織」、「世界衛生組織」，以照顧更多可以治療的病人，我不禁想起幾個月前在這「每月一書」的專欄，曾經介紹的另一本好書《愛無國界》（*Mountains Beyond Mountains*）的保羅・法默醫師。我衷心地希望一些忝為醫界人師，而汲汲營營於名利者，可以因為這些好書的感召，猛然覺醒過來，好好做個醫界作育英才的典範！台灣目前已有幾位年輕醫師在非洲做得有聲有色，希望因為這本書的啟示，可以使台灣產生更多像歐巴尼醫師這種「穿著白袍的外交使節」，使台灣的醫界能提升到更有世界宏觀的人道醫療。

（刊載於《當代醫學》二〇〇四年九月號「每月一書」專欄）

# 當看不見的孩子們唱歌時

《玻利維亞街童的春天：一位台裔哈佛醫學生的美夢成真》
When Invisible Children Sing
作者：黃至成（Chi Huang）、唐譪邦（Irwin Tang）
譯者：劉介修
出版社：望春風（二〇〇七）

## 在玻利維亞，你看不見他們

這本書書名《When Invisible Children Sing》直譯為中文應該是「當看不見的孩子們唱歌時」，是描述黃醫師（Dr. Chi Huang）一九九七年八月至一九九八年六月在哈佛大學醫學院畢業前，跑到南美最窮困的國家玻利維亞（Bolivia）照顧無家可歸的街童（street children）的經歷。這本書是我的忘年之交王智弘醫師（Dr. Jason Wang，《一個台灣小留學生到哈佛之路》，《菜鳥醫生上前線》的作者）最近送給我的，他告訴我這位黃醫師是他在波士頓大學醫院的同事，父母來自台灣，在美國出生，中文名字叫做「黃至成」，（英文全名為Chi-Cheng Huang），而這本書是黃醫師與他的朋友唐譪邦（Irwin Tang）一起寫的。打開這本書，赫然發現為本書寫序的，居然是當今醫學人文泰斗，哈佛大學兒童精神科教授柯爾斯醫師（Dr. Robert Coles）。他對黃醫師極盡推崇，認為黃醫師是堪為表率的一位敏感、有能力，能夠超越地理、國界與社會階級的好醫生，關心遠在南美的街童，而為他們做了這麼多事，實在非常難得。最後他說，這種義行堪與史懷哲醫師為非洲的貢獻相比喻。這種讚譽出自柯爾斯醫師之口，真是無上殊榮。

本書的前導有幾段話深深感動了我，他說當他回看自己當年申請哈佛大學醫院所寫的自我介紹信——「拯救世界」、「為癌症找到妙方」，使他羞愧地自問，「我當時是真心誠意地寫這些話嗎？」他說四年的醫學生生涯，結果是世界改變了他，使他差點忘了當年的雄心壯志，而他卻沒有改變這世界。因此他下決心要在畢業之前，做一些有意義的事。他申請延期一年畢業，每天細讀舊約與新約聖經，並寫了一百多封信給世界各地慈善機構自我介紹，表達希望能為窮困地方的小孩服務的意願，就這樣子，他接到了南美玻利維亞教會給他的回信。他戲說，當時他只知道玻利維亞是在波士頓的南方，而對這國家一無所知，但這將近一年的經驗使他認識了世界上有那麼多不幸的小孩，但世人卻很少聽過，也因此書名稱這些街童為「看不見的孩子們」。他說這本書的目的是希望讓讀者有機會聽到這些小孩子的故事，而不是要讀者聽到他本人為他們做了些什麼，「我只是要借給你們我的眼鏡，使你們看到他們。」當他結束了玻利維亞第一年的生活時，曾自問到底他改變了多少街童的生活，他問一位街頭的雛妓，「妳要我替妳做什麼？」她回答說，她並不需要他的錢、藥或任何東西，她只要他能夠讓街童有房子住，能夠告訴大家她以及其他街童的故事。

## 守護街童的善心大哥

黃醫師到達玻利維亞以後，白天負責照顧兩所孤兒院裡五十個男孩與二十個女孩的健康問題，每天晚上則坐計程車到市區危險地帶，照顧夜間無家可歸流竄街頭的孩子。最初他們對他投以懷疑的眼光，但他通宵達旦替他們裹傷治病的誠心，感動了這些從沒享受過人間溫情的孩子。他經常隨身帶著足球，小孩子們見獵心喜，就會靠過來邀他一起踢球，如此用心良苦地一步一步與他們建立良好的互動，甚至於後來有幾個小孩都願意讓他錄下他們親口講出的辛酸經歷，而使讀者能瞭解所謂「看不見的孩子們」為什麼會淪落街頭，他們到底在想什麼，以及我們社會一般人可以替他們做些什麼。

這本書不到三百頁，分作三十二章，每章十分簡潔，描述他親眼看到這些被社會遺棄的年輕人吸毒（大多使用廉價的油漆稀釋劑）、酗酒、挨餓、受凍，經常受到大人的暴力、性侵害甚至死亡的威脅。書中並特別用心地報告幾個街童的悲慘故事，包括割劃手臂自殘的女孩；好不容易勸他住進孤兒院，卻因街頭械鬥而逃亡的男孩；女嬰住進醫院，因付不起醫藥費而餓死的年輕單親母親；無法跳脫吸毒惡習的妓女，以及他千方百計想要使她脫離流落街頭厄運的小女孩而失敗的故事。在敘述這些故事的同時，又穿插黃醫師自己童年的回憶，使讀者一方面了解這些無家可歸的小孩的困境，一方面也慢慢了解黃醫師熱心奉獻的心路歷程。

## 刻骨銘心的行醫經歷

在書中很多地方都流露出黃醫師悲天憫人的胸懷。他提到自己到達玻利維亞四個月以後，因為日以繼夜的工作使他精疲力盡，而不得不離開玻利維亞，去智利度假一星期，想不到在這期間，一個他過去照顧過的街頭女孩所生的小嬰兒發高燒住進醫院，但醫院因為家人沒有付錢，而不給水分食物而死亡，這引起他很深的自責。由此他追憶自己小時候年幼無知，未能善待智障的妹妹而帶給父母許多困擾，而在他十六歲那年的聖誕節，發現妹妹暴斃而引起長年的自責。想不到十年後這街頭女孩痛失女嬰的悲劇，又勾起自己當年未能照顧妹妹的悔恨，使他竭盡全力要讓這女嬰有個體面的喪事，他替她買了棺木，並央求神父祝福，而後找到墓地下葬。他在看到一位街童因為械鬥而脾臟破裂大量出血時，不假思索地捲起袖子慷慨捐血，但一看到抽血所用的針頭竟然是好幾天都沒換過的大針頭時，一心想要救人的他因為擔心得到愛滋病而引起心靈交戰，也令人非常感動。最後一個故事裡，提到他在費盡千辛萬苦才說服一個祖孫三代都流落街頭的家庭，讓他將其四歲小女孩接到家裡住了幾天，想不到這小孩子居然半夜哭叫要回去找媽媽，他也不得不在三更半夜用計程車送她回去街頭的那一幕，最是感人。他描述計程車司機在路上獲知這小女孩子堅持要回去過街頭生活時，淚流滿面地說他也有一個四歲大的女兒，他無法想像這麼小的女孩子在街頭如何過日子，兩個性情中人對這流落街頭的家庭所感到的無奈，在彼此的對話裡表露無遺。

## 成立街童收容所

在這本書的結語，黃醫師說自從二〇〇一年以來，「玻利維亞街童計畫」在世界各地善心人士的捐款以及人力的支持下，開始成立街童收容所，統計指出這些小孩的平均年齡為十四・四歲，一半以上為男孩，幾乎百分之九十曾經受到暴力，百分之九十以上吸過毒；街頭女孩一半以上懷孕或生產過，百分之三十八曾遭受性侵害。但這幾年來玻利維亞的街童問題已有大幅改善，透過學科以及技術學校的教育後，有些小孩已經進入社會勞動力主流，有些甚至進入律師界或商業界。他很感慨地說政客常把事實扭曲，而使一般人看不到事實。他說左派會讓人們深信流落街頭的小孩都是無辜無助的小孩，而右派又說街童都是喜好暴力、懶惰、罪有應得的敗類，但事實上他們並不一定都是全好或全壞，而只是複雜的人類，與我們一般人一樣，有好的也有壞的。

黃醫師對童年的回憶可以看出他父親當年所過的日子，正是台灣窮留學生捉襟見肘的日子。台灣人父母望子成龍以及他如何在父母的殷切期望下，在學校功課與運動方面都有出類拔萃的表現等等，都是在美國第一代移民創業者非常熟悉的故事，而這本書也多少反映出在美國成長的台灣人第二代對父母價值觀的看法，值得我們第一代的台灣移民深省。我心裡不覺在想，當黃醫師決定在哈佛醫學院延畢而跑到玻利維亞時，其家人不知能否接受。然而看到黃醫師迄今仍然每年花一半以上的時間在玻利維亞樂此不疲地繼續追求他的理想，他的成就也已廣受肯定，相信他的父母一定非常以他為榮，連我看了這本書以後，也忍不住升起以台灣人為榮之感。的確，我們台灣人的子弟在美國學校表現出色的比比皆是，但是在公益方面的活動就遠不如美國子弟，我想這可能與我們這一代的價值觀很有關係，也因此我特別想在這裡對黃醫師的父母致上最大的敬意，相信如果沒有他們的支持，黃醫師也不可能達到今天的成就。

## 另一種人生選擇

在看這本書時，我心裡一直浮現出最近由黃達夫醫學教育促進基金會與天下文化介紹到台灣的《愛無國界》這本書所介紹的在海地服務的保羅．法默醫師與金辰勇醫師，而黃醫師在他的書最後致謝的名單裡也找到這句話，「法默醫師與金辰勇醫師所成立的『健康夥伴』使我不至於希望幻滅，並使我能夠專注於幫忙窮人。」（Paul Farmer and Jim Kim at Partners in Health, for preventing me from becoming disillusioned, and for allowing me to focus on the poor.）

值得一提的是王智弘醫師送我這本書時，還非常有心地請這位黃醫師簽名，而他寫出來的話竟是「感謝對玻利維亞兒童的支持，願這本書帶給你希望與鼓勵。www.bolivianstreetchildren.org」（Thanks for supporting the children of Bolivia. May this book provide you hope and encouragement.）相信黃醫師寫這本書時還念念不忘為他的義舉爭取更多的支持，實在令人感動。

看完這本書我不禁感慨萬千，為什麼哈佛大學已經培養出幾位這種學生，為什麼台灣還無法培養出願意終生奉獻的醫學生。很高興最近陽明醫學院與台大醫學院在幾位有心的老師指導下，開始利用暑假到印度的西藏難民區進行服務活動。希望這本書不久就有中文版問世，以帶動國內更多年輕醫生對國際醫療服務的熱誠以及宣揚普世博愛的理想。（本文刊載於《當代醫學》二〇〇六年十二月號「每月一書」專欄）

後記：這本書後來由劉介修醫師翻譯，望春風文化出版社出版。

# 有失有得的人生

Life in the Balance: A Physician's Memoir of Life, Love, and Loss with Parkinson's Disease and Dementia

作者：湯馬斯・格拉伯斯（Thomas Graboys, M.D.）、彼得・周德林（Peter Zheutlin）

出版社：Union Square Press（二〇〇九，第一版）

## 心臟科名醫罹患巴金森氏症兼失智症的故事

這是一本非常不尋常的醫生自傳。書名《Life in the Balance》直譯應為「平衡的生命」，或更貼切的應該是「有失有得的人生」，而副標題是「一位醫生的生命、愛以及因為巴金森氏症兼失智症而失落的回憶錄」。當事者格拉伯斯醫師（Dr. Thomas Graboys）是一位全美聞名的心臟科名醫，並且是哈佛大學醫學院非常受學生歡迎的好老師，他是舉世聞名的心臟科權威、也是羅恩醫師（註：Dr. Bernard Lown，《搶救心跳》[*The Lost Art of Healing*] 的作者，與蘇聯醫師挈佐夫共同成立「全球醫師防止核戰組織」而於一九八五年代表這個組織榮獲諾貝爾和平獎）的大弟子，但不幸卻在事業如日中天時，發現自己得到巴金森氏症兼失智症（神經學的一種神經退化性疾病，「路易體失智症」（Lewy Body Dementia），而不得不退出醫界，但最後決定勇敢地挺身走出陰霾，而邀請一位作家朋友周德林（Peter Zheutlin）整理他的生平資料，寫出他「有失有得」的一生。令人感慨的是醫生這職業天天都與病人為伍，而自己也都深知有一天自己會變老、會生病，最後也會步入生命的末期，而這本書道盡了這番無奈。

作家周德林先生事實上是格拉伯斯的同事，是他任職的羅恩醫師基金會與羅恩醫師醫療團隊的經理，同時也是一位經常為報社撰稿的自由作家。在他的序言中他說，格拉伯斯醫師是一位人人讚賞、用心聆聽病人的好醫生，他對一年看他一次的老病人都要花上一個小時，深信並篤行他老師羅恩醫師所倡導的用心聆聽。周德林先生也道出他與格拉伯斯醫師真正結緣是肇始於醫病關係，他說他自己的父親是一位小兒科醫師，當老周德林的心臟科醫師勸他再接受第二次心導管檢查時，兒子勸父親來看格拉伯斯醫師以徵求他的「第二意見」，結果格拉伯斯醫師在細心詢問病史並詳細檢查身體後，勸他寬心養病，不用再做各種檢查，而他也心悅誠服地接受這意見，終其一生都對格拉伯斯醫師感念不已。作者說他父親一直告訴他，格拉伯斯醫師這種醫生真是最理想的醫生，他能與病人親切地促膝長談，使他感到安心，帶給病人舒適、信心與希望。作者說看著格拉伯斯醫師一天比一天動作變慢、走路不穩、記憶混淆，心中實在非常不忍，所以當格拉伯斯醫師提起希望他能幫他寫自傳時，他義不容辭地答應下來。在序言的最後一段，他說當格拉伯斯醫師與他討論對這本充滿苦惱與悲劇的書應如何結尾時，作者建議他，想像做醫生的格拉伯斯對來求診的巴金森氏症人格拉伯斯，應該如何灌輸希望、達觀與感恩，以幫忙他規畫生命所餘的時間與空間。

## 了解慢性病人所受的煎熬

在格拉伯斯醫師的前言裡，他說當一個人罹患的是不能治癒的病時，憤怒、痛苦與挫折感是他每天都要面對的，而他也注意到自己的情況時好時壞，使自己無法確定到底以他的能力還能為病人服務多久，自己所做的診斷治療是否會傷害到病人或教錯了學生，最後基於責任感，終於決定在三十幾年的行醫教書生涯畫上休止符。這是一個非常痛苦的決定，而一想到自己即將步入生活起居需要仰賴醫護人員照顧的命運，更是感到萬分無奈。但他覺得在這種心情下寫出的這本書可以為此類病人代言，也希望能幫助醫生與醫學生了解這種病人在身心方面所遭受的煎熬。

全書一共九章，分別敘述自己的生平、病史、家人與朋友對他生病的反應，令人十分感動。在許多地方，他時而回憶自己行醫的心得，時而敘述自己得病的感受，時而回憶陪伴前妻走完人生的最後一程，時而回顧自己輝煌得意的過去，有些地方你會羨慕讚嘆他春風得意的人生，但有些地方卻不由得為他的老驥伏櫪、顧影自憐，灑下同情的淚。

## 第一章　我的日子（My Days）

格拉伯斯醫師很感性地描述，一些過去輕而易舉的日常起居、休閒運動、社交生活、談天說地，寫字看書都漸漸地變成一種負擔，有一次在大賣場要結賬時，由於拿錢包慢了一點，收銀員居然由他手中搶走他的信用卡，不耐煩地對他說，後面還有好多顧客在等你，使他感到非常地憤懣。他說別人由他臉部僵硬的表情、顫抖的雙手，一下子就可以看出他的問題，而血壓的起伏又有時使他站起來就頭暈眼花，不過最難忍受的是自己的記憶力、語言能力以及說話的音量日益衰退，使他愈來愈退縮，但偶爾他也故意在談話時用些比較深奧難懂的字眼，使對方知道自己也不是省油的燈，這種細膩的告白，真是扣人心弦。他說由於他對自己社交場合的表現愈來愈敏感，而引起家人的擔心，這也使他想起他的老師羅恩醫師常說的我們要特別注意病人「沒有講出來的痛」（unarticulated ache）。的確，惟有用心的醫生讓病人有時間談出他們的問題，我們才會瞭解他們的問題。他也提到十五年前他在哈佛大學給學生上課時，都不會主動詢問病人性方面的問題，但他坦承得了這個病以後，才意識到這種我們醫生都不主動詢問的事，居然對病人的生活品質影響如此巨大。他很感慨地說，關心他的朋友打電話來，總是問他最近怎麼樣，他真想告訴他們，他並不會因為巴金森氏症，而每天只注意自己的病情，他們應該主動告訴他，他們自己與其家人的近況，因為他也關心他們。這發自肺腑之言，也使我領悟到我們關心生病的友人時，不也需要體諒他們的感受嗎？

## 第二章 他們知道嗎？（Do They Know?）

格拉伯斯醫師描述他在得病以後，由於病情進展緩慢，而且症狀開始時也並不清楚，直到後來自己再回顧以前的日記，才發現診斷的兩年前，自己就已經斷斷續續感覺到一些不對勁的地方。他也坦承我們做醫生的在訓練過程裡，都已習慣不輕易認輸示弱，因而導致診斷的延誤。其實與他共事多年的護士小姐海倫很早就已看出他有點問題，但他始終不願承認，對方也不好意思一再提醒他。直到有一天他在哈佛教學醫院的醫師停車場碰到布萊根婦女醫院的神經科主任時，他居然問格拉伯斯醫師，他是在哪個神經科醫師那裡看他的巴金森氏症？這才使他下定決心面對現實，去看了神經內科醫師，而被正式診斷出巴金森氏症，至於他所關切的記憶力問題，神經科醫師最初懷疑這可能是與他的多種抗巴金森氏症藥物所引起的副作用有關，而且因為病情進行遲緩，所以診斷上也拖了不少時間，最後才由另外一位神經學專家，診斷出「路易體失智症」（Lewy Body Dementia），並且開始找心理師幫忙他。最後他開始擔心自己是否有能力繼續照顧好他的病人，而徵求醫師的意見時，他很驚奇地發現，他的醫師居然認為他的能力應該還沒有問題，但後來他自己決定寫信向病人解釋自己已經無法繼續看病，而推薦他們改由別的醫師照顧，並且在他們的醫療團隊的會議室裡正式向多年共事的夥伴們宣布自己即將離開。他在書上說：「對我而言，我即將結束我從成人以來唯一的生涯；我不曉得走出這扇門以後是怎麼樣的生涯在等著我，我心中充滿了恐懼。」非常令人感慨的是，作者在書上寫道，他在哈佛大學醫學院與學生面談時，他最喜歡問學生：「當你發現你的同事因為生病而影響他照顧病人的能力時，你會採取什麼樣的行動？」而他心目中的標準答案應該是：「因為病人的安全是我關心的首要，所以我會直接與這位醫師談，必要時，我甚至會與他的主任或家人討論。」他說，即使現在自己面臨疾病影響到他的能力，他還是認為這答案是對的，但想不到這對當事者而言竟然會如此難以承受，也難怪醫學會對這種醫師的適任問題一直無法提出清楚明白的規章，但他個人還是堅信希波克拉底誓詞最重要的那句話，「不傷害病人」。

## 第三章　愛情與婚姻（Love and Marriage）

格拉伯斯醫師回顧自己有兩段美滿的婚姻，而在第一位太太因為癌症過世後，他開始出現一些症狀，如走路遲緩、精神不濟等等，家人與他自己也都以為這與心情哀傷有關，而不以為意。後來小孩們介紹他認識後來的太太，而他也開始找到生命的動力，但也一再錯失就醫的機會，因為他一廂情願地相信這新的婚姻可以帶給他心靈轉換的動力。最後他也坦言，新任太太也因為結婚後，發現他的問題而感到失望的事實，他提到他太太有時會打電話到他的辦公室，聽聽他很早以前就錄製的電話語音留言，由他充滿活力的聲音，想像他以前的風光活力，而使他噓唏不已。他數次引用美國著名文學批評家布洛雅（Anatole Broyard）在得到前列腺癌以後，對疾病、病痛、病人、醫師的觀感所寫的一些話，也令人感傷。他也提到夫妻之間難免的怨怒，但彼此的承諾、誠實是最可貴的，而他很感性地說，雖然他與他太太都擔心「巴金森氏症」與「路易體失智症」不知會把他們的將來帶往哪條路，但他深信，她會永遠牽著他的手一起走完這未知的「前途」。

### 第四章　醫生與病人（Doctors and Patient）

格拉伯斯醫師寫出他由醫生變成病人的心路歷程，而對醫生所了解的疾病（disease）與病人所感受的病痛（illness）有非常深刻的探討。他的一句話，「巴金森氏症對我可能並沒有特殊的意義，但我對我所得到的巴金森氏症卻有獨特的感受。」說盡了箇中道理。他也提到做了病人以後，更領會到替病人克服焦慮與舒緩壓力，是非常重要的醫療者的使命。由於他的病是一種慢性病，所以他的神經科醫師每六個月看他一次，有一天這醫師好意地打電話問他：「我還有什麼還沒替你做的事嗎？」想不到他竟然脫口而出：「我希望你每個月都打電話向我問好。」他說他自己也曾經是很多病人都需要他幫忙的好醫生，他也了解醫生有多忙，但他一旦變成病人以後，他就變得非常需要醫生的關懷。生了病以來，他開始回想過去自己對病人所做的點點滴滴，有些時候他才意會到自己曾經是那般自大、不體貼而不自知，但有時也因為自己過去在病人需要幫忙時所做的一些溫馨的照顧，而感到自豪。他說他的心臟病病人住院開刀的前一晚，他都會到病房探望他，安慰他，而現在他更能了解自己所做的對病人與家屬有多大的意義。有時他會想到一些過去都沒想過的問題，譬如說，他的醫生是否會把他的病歷特別收藏在一般工作人員拿不到的地方，以保護他的隱私權？他開始會擔心自己開車會不會傷害到別人，而有一次在停車場因為對方的不小心而擦撞了一下，他第一個想到的竟然是，他一定要告訴他太太，這意外與他的巴金森氏症無關。他想起布洛雅所說的，「我們不能期待我們的醫生與我們一起受苦，但我們可以要求他從科技與藥物的幃幔後走出來，真誠地與我們分擔病人心中的痛苦與焦慮。」他也坦承，由於自己是醫生的關係，有時也會自己調整藥量，而不覺自問，我的醫生又怎能知道我是否照他的吩咐吃藥呢？有時也會盼望奇蹟出現，而不再需要一切遵照醫囑。這也使他回想自己曾經非常不諒解這種不遵醫囑的病人，要他們另請高明，想不到自己現在竟也如此。他的心理師也勸他以病人的身分加入哈佛大學醫學院醫學生的教學對象，幫忙學生了解得到絕症的病人如何面對他們的困境，並且她認為這也可以幫他在得病後仍然能對醫學教育有所貢獻，能由幫助下一代醫生培養他們的敏感度而得到成就感，這對他將有非常正向的治療效果。他也提到最難忍受的就是有些人會對他說你看起來氣色很棒，他說他有時真想一拳打在桌子上，向他們怒吼：「請你就承認我生病的事實吧！我深知我平靜的外表無法隱藏我身心的痛苦，我不可能氣色很棒的！」

## 第五章　我的家庭（My Family）

是全書最有特色的一章，因為這是由他家人個別執筆，寫出他們對格拉伯斯醫師的感情。他首先回想自己過去在看病時，常常不忘與病人家屬問話，而發現許多病人的問題可以在家人的幫忙下迎刃而解。而今他自己生病以來，他發現長他十一歲的大哥，自己與前妻所生的兩個女兒、女婿，加上再婚的太太有兩女一男，個個都非常關心他的病，而這一章就由他們分別寫出他的病帶給他們的感觸。字裡行間除了可以看出格拉伯斯醫師在親人的心目中是多麼好的人以外，繼子們也坦言他們的母親就是因為婚姻不美滿才離婚，想不到嫁給這位看來比實際年齡年輕許多的英俊瀟灑、運動高手的心臟科名醫，沒多久竟然變成老態龍鍾的巴金森氏症與失智症病人，而使他們擔心自己的母親將來如何面對這厄運。這種真誠的敘述家人對疾病未知數所產生的恐懼與憂心，讀來令人十分感動。他們也都寫出面對這種只能夠眼睜睜地看著摯愛的家人一天比一天壞下去的病，也只能以愛心與耐心來期待不要讓他與太太遭受太多的痛苦。他自己的女兒說過去目送她們母親得到癌症，快速地由體健貌美變為弱不禁風的病人，而現在又要看著父親一天比一天遲緩地步入不歸路，心中實有萬分的不捨。最後一段他自己寫道，有天早上他發現太太自己一個人在廚房洗碗機旁啜泣，他問她哭什麼，她坦承一想到他們的將來就情不自禁地哭起來。他說他看得出憂傷就像嵌在石頭裡的劍一般，牢牢地刻入每個家人的心坎，這一章最讓我感動的就是它讓我體會到，我們做醫生的往往看不到疾病對病人家屬的影響。

## 第六章　朋友（Friends）

格拉伯斯醫師說他很慶幸一生交了許多摯友，但生病以來最沒辦法接受的是，好友希望以他們自己的健忘或出糗的事來淡化他的憂心，他說他恨不得對他們實說心中的不滿：「你們聽好了，你告訴我你忘了什麼雞毛蒜事，並不會使我對我的失智症感覺舒服些，它們相差十萬八千里！」「我寧可他們問我醫學上的問題，而我可以據實以告。」就這樣子，他發現他愈來愈疏遠這些一味安慰他，而無法與他做有意義對話的朋友。生病以來，他也開始追憶一些能在他喪妻前後支持他的友人，以及日後勸他走出憂鬱的深谷、再度結婚的知己。他說，「得到重病是一種非常孤獨的感覺」，而當一個人漸漸失去記憶以及語言溝通能力時，勢必會感到更孤獨，這時最需要的就是朋友與家人，而孤獨與疏離是最令人傷心的。

## 第七章　行動中的肉體（A Body in Motion）

格拉伯斯醫師先敘述一個生動的夢，夢見自己在足球場上接球狂奔，一心想要甩掉緊抓他不放的對手的鏡頭，驚醒過來才發現他差一點就打傷了同床的太太，這就是「路易體失智症」病人常見的「快速動眼期睡眠障礙」（REM sleep disorder）。這種病人往往因為驚嚇的噩夢，打傷了枕畔人。接著他慢慢意識到自己擅長的網球開球、滑雪快速下坡現在都已變成不可能的任務，而最令他感傷的是，他一向非常注重外表，上班一定西裝畢挺，頭髮也都梳得整整齊齊，但他現在從鏡子所看到的人，卻一點也不像過去的翩翩公子，而使他感傷不已。他有一次在取款機前突然間不知所措而感到十分沮喪，回家告訴他太太時，他太太說你為什麼不告訴人家你有巴金森氏症，你需要幫忙，這也促使他反省自己怎麼還是無法擺脫虛榮心，而無法坦然面對自己需要協助的窘境。他需要面對的是自己已經變得比實際年齡的六十三歲更蒼老，再也沒辦法在運動場上威風八面。他很感慨地說，我們做醫生的都知道心理會影響生理，引起許多所謂的「心身症」，但他現在才領會到生理上的病痛可以影響到心理，而使病人失去信心、焦慮、憂鬱，而使他領悟到「哀莫大於心死」，而最後寫道，「行動中的肉體要繼續讓它行動。」

### 第八章　賽程結束（End Game）

格拉伯斯醫師提到幾年前《紐約時報》曾經報導一位任教於普林斯頓的醫生得到阿茲海默症，在一個小島海灘上，自己迎向大浪而溺斃，他說他相信這並不是像報紙所說的意外，而是這位醫師無法面對自己日漸失智的日子而做的抉擇，而他也坦承自己最近常常會想起這位醫生。他說在英文字裡，「進行性」（progression）是他認為最可怕的字，當他想到有一天他會不認得他的女兒與他們的孩子，而他的外孫發現祖父根本不知道他們是誰時，將會對小孩子的心理造成多大的傷害？他也回憶到他父母在晚年雙雙罹患失智症，而使他徹底想過他絕對不要像他們一樣帶給周遭的家人那麼大的負擔，他寧可把照顧他的錢省下來給他的孫子作教育基金。他現在最擔心的，是他將來會變成什麼樣子？他也回想到前妻在步向死亡的那段樣樣都要靠家人照顧的日子，但那只是短短的一段時間，而且她到死前意識都十分情楚，但他卻是很緩慢地步向與他父母一樣的失智，他很清楚他不願意成為別人的累贅，也想過要求他的醫生幫忙他自殺，他也一直追憶他前妻生前最喜歡吟誦的一首談死亡的詩，而希望他能在家中安詳過世，不要到老人安養院過那種生不如死、殘喘偷生的日子。他一直在思考如何有尊嚴優雅地走完這一生，但他也不得不痛苦地承認，不管自己如何想要計畫明天怎麼過，事實上「有一天過一天」可能是唯一最好的選擇，因為對一位失智的病人，明天往往不能像頭腦清楚的人一樣，是可以好好規畫的。

## 第九章　超越病痛的人生（A Life Beyond Illness）

格拉伯斯醫師首先追憶一位與他非常熟的病人，是得過普立茲新聞獎的名記者，也是一位他非常喜歡的好友。他說，在他過年返鄉度假時，突然接到訊息，這位好友因為心臟病突發而過世，使他傷心不已。想不到度假回來後，才發現這位病人在他出城期間曾在電話留言，祝他新年快樂，而在留言快結束時，說他最近胸部有點不舒服，也許應該找個時間回來門診看他。他說這位朋友與他的前妻都是今天的醫學沒有辦法挽回的生命，但他也感到一個人如果連希望都沒有時，這種生命就失去了意義。他回想過去看病時，他常會告訴病人：「我看過你的這種病，而且我也曾經成功治療過，我們有許多理由相信這是可以治療的病。好，現在讓我們一起來寫下我們的治療計畫。」然後他會拿張紙與筆，將他對病人所做的建議一條一條列出，讓病人帶回去，因為他要他的病人了解，這是醫病雙方所立的「契約」，而這些動作與用心無非是想帶給病人「希望」。他都會在這張紙的最下面留下他家裡的電話號碼，讓病人隨時在必要時，可以找到他，因為這更能帶給病人「信心」。他認為對一個慢性病病人，我們也應該可以寫下來如何治療，以帶給他「希望」與「信心」。在這本書的最後，他以前妻生前寫的一首詩，描述她與他彼此扶持相愛，使她今生無憾，來結束這本蕩氣迴腸的好書。

我看過不少醫生生病以後所寫的書，但這本書讓我看到了當醫生需要面對的是一種慢慢步向「未知」的茫茫路時，他心裡所想的是什麼。這本書使我一方面以「第三者」的身分感動得流下淚來，但一方面也因為自己身為神經科醫師，有時面對的就是這種病人，而心中不覺自省，我是否曾經想過這種病人在想什麼，而最後，從一個剛步入老年的我，也因為這本書，而對老、病、死、有更深入的了解。就我所知，這本書到目前還沒有中譯本問世，我鄭重推薦給醫生、醫學生以及社會大眾，這是一本會幫助我們提高對別人受苦的敏感度的好書。（刊載於《當代醫學》二〇〇九年六月號「每月一書」專欄）

# 爸爸教我的人生功課

《爸爸教我的人生功課：一部關於人子之道與醫者之責的故事》
Memory Lessons: A Doctor's Story
作者：傑拉德・溫諾克（Jerald Winakur, M.D.）
譯者：呂玉嬋
出版社：大塊（二〇一〇）

## 記憶與失憶的拉鋸戰

這本書的英文書名是《Memory Lessons: A Doctor's Story》，中文直譯應該是「記憶的課：一位醫師的故事」。作者溫諾克醫師（Dr. Gerald Winakur）是一位專攻老人醫學的內科醫師，書名的「記憶」一語雙關，一方面是作者在書中穿插許多自己對往事的追憶，但另一方面重點是放在自己摯愛的父親晚年得到失智症，而失憶後對家人引起諸多影響，寫出面對家人的老、病到最後死亡的充滿感性的紀實。作者在自序的最後寫出他希望透過這本書寫出身為醫生的自己，如何面對父母的老化凋零，而最後學會接受的心路歷程，同時他也希望能夠因此引起讀者與其家屬的共鳴。

作者由童年的追憶寫出與父親賞鳥、釣魚、打乒乓球的樂趣，而在大學畢業後，決定進入醫學院，這種受教育的機會與父親當年因為家境關係無法完成學業形成強烈對比。父親告訴他祖母早年喪夫，因為猶太人的背景而遭受歧視，含辛茹苦地隻手扶養她的子女，雖然她無法理解教育的重要性，而讓作者的父親平白糟蹋了他的天分，但父親非常感激，絲毫沒有怨尤。後來祖母數度中風，而被送進養老院，每次父親帶他去看祖母時，父親在歸程中都會因為祖母已認不出他是誰而泣不成聲。父親經營當鋪也是相當坎坷心酸，後來總算兩個小孩都學有所成。不幸的是他晚年漸漸失智，而導致脾氣暴躁、記憶混淆，帶給視力衰退的母親極大的負擔，但母親又不忍心將他送往養老院或醫療院所，而嚴重影響家庭生活。作者以其細膩的文筆，描繪出家人的痛苦以及身為醫者的無奈。

## 「醫不醫親」？

他一方面雖然深知自己雖然身為醫生，應當「醫不醫親」，但有時也忍不住加入意見，而另一方面因為自己的專長，整天照顧的就是與父母年紀相仿的病人，看病時常會因此引起一些非常深入的反思。在許多地方他描述老年人的生理與心理的需求真是入木三分，使我體會出這位真正關懷病人的好醫生如何為病人設想。他也提到一位他照顧多年的老夫妻在最後無法面對心愛的人一天比一天老衰，先生於是先射殺了至愛的夫人之後，再舉槍自盡。這位關愛病人的作者說，這悲劇發生以後，當他面對失智老人或其家人時，有時就忍不住會問病人：「你擁有槍枝嗎？」在書中描述父親當年如何拗不過他的一再要求，而在大雪天父子倆冒雪去寵物店買了愛犬給他的甜美回憶，後來狗老了以後，久病纏身而不得不請「人道協會」派人帶走，之後他們才知道愛犬所遭遇到的結局而使他們對老、病、死噓唏不已。

在這本書裡，作者也以一位專門老人醫學的醫療工作者，寫出當前醫療發展的隱憂。他毫不避諱地指出當今醫療保險給付注重高科技檢查與特別手術，導致年輕醫師都對次專科趨之若鶩，而對仔細觀察病人與家屬、探問病史、好好做身體檢查的醫者基本功都不注重。他指出對於老年的病人，我們特別需要了解病人肉體與精神痛苦的差異，而時下許多病人動不動就是找只會看身體某一部位的「專家」，而無法對不是只有一種病的老年病人做全身整體性的評估，是最令他擔心的地方。同時他也提到醫生動不動就對老年人「對症下藥」，孰不知有些病人每天所服用的藥品數量驚人，而這些藥交互影響下產生的副作用，對病人的傷害卻沒有人關心。他有一段描述父親因為心臟有問題，經過一番內心的交戰後，他堅決反對同事們建議他父親開刀，結果引起一些醫師同事的不諒解，而這就是醫生需要以全人的考量，做出「以病人為中心」，對病人最有利的處理的最佳例子。書中刻畫如何看著父母由彼此恩愛照顧，而後父親罹患失智症，無理謾罵、半夜暴亂讓家人不知所措，到他描述父親過世前不久的慶祝結婚六十周年時的情景，令人讀來心酸。

## 從老人醫學觀點看醫療訴訟和保險給付問題

他也提到一些專門處理醫療訴訟的律師，總是以病人身上有褥瘡或跌倒受傷，來舉發醫療院所或養老院的「醫療疏失」或甚至「虐待病人」，但他身為醫生又是人子，對這件事的看法也頗為發人深省。的確，不管多好的照顧，老年人，尤其是像他父親這般失智老人，在無法與醫療單位或家人充分合作的情形下，僅憑瞬間的衝動行為就以法律責任加諸照顧者，也使作者頗不以為然。他也不客氣地指出，老年病人的過世往往帶給傷痛的家屬悔恨、不安，而這時如果加上律師的慫恿，家人很容易將所有的自責全部投射於他人，而使醫療院所蒙上不白之冤，更增加老年病人尋求照顧的困難。

他也提到生命末期的處理所遭遇的種種困難，並列舉美國一些有名的個案，來說明這方面的困境。作者說他在醫學院求學時，很少人提到醫學倫理、病人自主的問題，他在醫學院畢業接受並完成住院醫師的訓練之後，就投入基層醫療的開業生涯，由於他的經驗以及寫作、演講，使當地的醫學院邀請他指導醫學生的臨床實習。他說他都會利用這種機會與醫學生討論倫理的議題，並且在學生的小組討論中，總不忘探問他們將來的生涯規畫。他非常感慨地說，絕大部分的學生都是希望將來做專科醫師，偶爾聽到有學生提到對老人科有興趣時，學生都會主動提出，他們擔心這種科的醫生收入恐怕無法償還他們醫學院四年的學費所積下來的學生貸款。作者說，有位老年醫學專家曾告訴他，

「老年健保被形容為『搖錢樹』，但是老年病學醫生永遠站在不會掉錢的樹幹下。」他認為目前的保險給付制度所導致的專科化，勢必會嚴重影響到將來的醫療界將無法應付日漸增加的老人人口。他語重心長地呼籲政府務必正視醫療資源的分布，醫療保險給付制度一定需要做大幅度的改變，才能照顧好老人的健康問題。

作者也不諱言自己曾經在病人生命末期因病痛而受苦時，因為病人拒絕再繼續使用各種儀器維生，而尊重病人的意志，以嗎啡注射使病人得以解除痛苦，但同時自己也深知這種作法有可能引起的「雙重效應」（double effects）。他也提到相反的例子，曾經有一位照顧多年的老病人在生命末期時，雖經他與其家人苦口婆心的相勸，病人的女兒仍舊不為所動，執意要他繼續使用高科技儀器以延續病人痛苦的生命。最後病人的女兒憤而要求撤換醫師，而使作者感受到莫大的挫折感。

## 勇於自省的醫者

最後他描述父親喪事的那一幕實在令人感傷，由他的描述也可以看出全家人如何熱愛他們的父親，但也因為如此，喪事過後全家人都各有不同的自責。他尤其無法原諒自己，因為在父親過世的前一個晚上，弟弟打電話告訴他，父親晚上又十分躁動，而他只在電話中建議弟弟給予半顆給精神病病人使用的鎮靜劑，而未及時趕回來探望他老人家。在書的尾聲中，作者坦言父親的死亡可能與這鎮靜劑有關，因為美國食品藥物管制局最近還特別標明這藥對失智老人的危險性。作者在書中寫道，醫者有時明知治療可能會有危險，但碰到失智老人的衝動行為急需處理時，有時還是不得不使用，而因為這樣而引起問題時，醫者，尤其本身又是病人的兒子時，其震撼可想而知。

從這本書的字裡行間使我感受到，作者實在是一位非常負責、勇於自省、能以病人為中心的全人醫療篤行者，書中幾句話特別感動我：「……努力不讓上漿的白袍成為面對人類痛苦的個人盔甲」、「如果我們可以在父母變老時學習如何尊重他們，也許可以擺脫自己變老時的某些恐懼」、「在我們漫長的職業生涯過程中，我們一起見證了一件事情：我們這一行，從最具聲望的大學附設醫院，到附近街角隨掛隨看的醫生，在無數競賽場上，辭卻了替病人代言的堅忍角色。」當他面對有人問他常常治療同樣的病是否會覺得無聊時，他的回答竟然是，「我從來不覺得無聊，可是時時覺得焦慮……每個人都有獨特故事，許多故事是個謎。」

## 「老」的面面觀

在看完這本書以後，我忍不住想回應作者自序所說希望能得到「讀者的共鳴」。我身為神經內科醫師，也照顧過不少老年的病人，在長年滯留美國之後，回國與摯愛的父親共度他生命的最後十年，而一年多前他老人家以一百零一歲的高齡病逝於家中。我對於書中所描述的各種父子之情，以及醫者對至親的父親生病時的「無力感」，是我可以完全理解的。唯一引以為慰的是家父一直維持神智清楚，但也因為如此，面對他最後一年與生命的奮鬥尤其使我們不忍。

最後我想說一句話：我們都有年長的父母或親友，我們自己也已變老或漸漸變老，而我們的兒女有一天也會看到我們的凋零，因此我極力推薦這本對「老」的面面觀，以幫忙拓廣我們對人生的前瞻與後顧。同時對於關心老人福利、醫療政策，醫學教育的同事與同學們，我在此特別鄭重推薦這部好書。（刊載於《當代醫學》二〇一〇年五月號「每月一書」專欄）

# 我父親的雙手

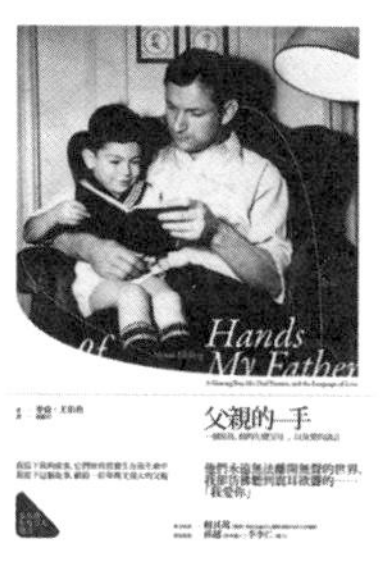


《父親的手：一個男孩，他的失聰父母，以及愛的語言》

Hands of My Father: A Hearing Boy, His Deaf Parents, and the Language of Love

作者：麥倫．尤伯格（Myron Uhlberg）

譯者：謝維玲

出版社：大家出版（二〇一一）



## 兩個世界：有聲與無聲

這本書是美國知名兒童讀物作家尤伯格（Myron Uhlberg）為追憶父親所寫的傳記文學。他的雙親都是聾人，而他第一個學會的語言——「手語」，是與父母溝通的唯一方法，而後他才學會講英文。這本書最難得的地方是因為他的這種特殊背景，才能道出許多細膩的觀察，而透過他長年寫作的經驗，才能讓讀者有機會了解聾人與他所謂的「有正常聽力的人」（hearing people）的兩個世界，有多少不同的生活體驗。這是一部非常發人深省的好書，使讀者有機會反省我們一般人加諸於弱勢分子的偏見、汙名化與歧視。

全書只有232頁，但分為二十七章，每章敘述一個小主題，而有些章的最後會加上一個標題「值得回憶的小故事」（memorabilia）做結束。有些會令人笑出眼淚，但大部分的故事都會使讀者因為有機會了解這種終其一生都活在沉默世界的聾人及其家人的遭遇，而流下同情之淚。

本書的開場白只有幾句話，但非常感人，我將之全部翻譯如下：「聾人手語的『記憶』，是先用『知道』——用右手的指尖輕碰額頭，而後繼之以『保留』——雙手的大拇指相碰，而後慢慢地向前伸展出去，到將來。所以記憶就是在『知道』以後，『保留下來到永遠』。在我的記憶中，我最難忘的就是我父親的雙手。我父親是用他的那雙手說話。他是聾人。他的聲音就是他的雙手。而他的雙手包含了他的記憶。」

作者敘述父親告訴他，他出生時並沒有聽力的問題，到三歲時因為腦膜炎發高燒才失聰，但他全家都沒有人學會手語，因此他從來無法與他的父母或兄弟姐妹溝通。他八歲時被送到一個軍事化管理的聾人學校，但老師都是聽力正常的人，他們認為聾人並不是啞巴，所以要他們學會發聲，而認為手語只是保留給有智障的聾人。但這些失聰的小孩子們自己在學校的宿舍裡，為了彼此的溝通，開始由高年級的學長教低年級的學弟們一些基本的簡單手語。他父親畢業後，就進入《紐約日報》（*New York Daily News*）做了四十年的印版工人，由於這工作環境的機器噪音非常吵雜，一般人很難忍受，但對於失聰的父親卻不構成障礙。而後他因為有穩定的收入，受到岳父的垂青，才能娶到年輕貌美但從一歲就失聰的母親。作者描述他父親以手語告訴他，當他們的第一個小孩（也就是本書的作者）出生時，他曾經希望自己能大聲地告訴上帝，請賜給他一個正常聽力的嬰孩。但他也曾私底下對作者坦白告知：「我與你媽媽從第一天看到你就非常喜歡你，但我們事實上也曾偷偷地希望，你也與我們一樣是失聰的小孩。」非常深刻地描繪出聾人在內心深處，對自己與一般人不同感受到的孤寂與不安。

父親也告訴他，事實上兩邊的祖父母都反對他們生孩子，因為他們非常擔心生下來的小孩子也會和他們一樣失聰。在他出生以後，祖父母與姨媽、舅舅們常在週末帶著破鍋子來探望嬰孩，趁著他沉睡時用力敲打這些鍋子，而當他們看到嬰兒被嚇得驚醒大哭時，全家都歡欣大呼，小孩的聽力是正常的。又因為母親也是到一歲才失聰，所以他們每週來敲敲打打的動作一直持續到一歲以後，使得他聽了又好氣又好笑。

他說由於父親到三歲才失聰，所以他遠比從小就喪失聽力的母親會更想知道聲音的描述，他有時會問作者，這聲音的顏色是什麼，溫度是什麼，是像什麼，而最令作者嘆為觀止的是他可以由不認識的聾人所打的手語，猜測出這人帶有南方人的口音。

## 擔任溝通的媒介

他從童年就開始扮演父母與外界溝通的媒介，一直到離家上大學，才停止了這份艱鉅的工作。他以非常傳神的文筆，描述幼小時就要協助父母將他們的手語轉成英文說給他人聽，而後再將他人所回答的話轉成手語給他的父母，有時備感挫折，因為許多成年人的對話內容決不是幼小的心靈所能瞭解的。而且他常常需要忍受他人對自己父母因為失聰而遭受到的漠視甚至嘲笑，使他有說不出的憤怒與不平。有時他與父親走在路上，有些人看他們父子倆用手比個不停，就以為他們都是聾子，就公然大聲取笑他們，使他聽得十分難受，他說他實在無法理解世間怎麼有那麼多人會把失聰與智障畫上等號。

他說父親性子很急，常常會問別人連珠炮的問題而使他疲於奔命地翻譯，但有時也因此引起別人心煩，譬如說當父親看醫生時，護士小姐都要一直提醒他們，醫生還有許多病人在等，無法應付他那麼多的問題又還要翻譯。作者說他有時得顧慮到有些話如果他直接翻譯，勢必會引起父親與人衝突，而不得不在翻譯時作些修飾。但當他發覺父親事實上也知道人家對他惡言惡語，卻不得不逆來順受時，他備感不平。

不過這種翻譯也有輕鬆的一面，作者描述父親參加學校的「懇親會」時，他曾經把老師對他的頑皮搗蛋的問題，完全「改譯」成老師對他的稱讚，但聰明的父親覺察到老師的表情與他所竄改的內容不太相稱，而老師也注意到他母親高興的表情與老師所表達的內容迥異，最後雙方都懷疑他的翻譯，而後老師將其措詞改變得較委婉，並要求作者忠實地翻譯成手語，而達到家長與老師正確的溝通。

他說母親曾告訴他，當他出生以後從醫院回到家，母親因為耳聾，所以就用布條將他的腳與她的手綁在一起，這樣他晚上哭鬧時，她才能即時起床餵奶。而當他四歲那年他唯一的弟弟出世，媽媽就要他睡在弟弟的旁邊，這樣她就可以放心睡覺，但想不到弟弟兩歲時，有一個晚上他被弟弟發出的奇怪聲音所驚醒，他驚惶失措地叫醒父母，因為他發現弟弟全身抽搐、口吐白沫、神智不清，送到醫院才發現是癲癇大發作。之後弟弟晚上常有發作，而因為父母都是耳聾，所以晚上照顧弟弟的責任就落在他身上，而他們也要他每個晚上睡覺前將他的手臂與弟弟的手臂用布條綁在一起，這使得他有時整個晚上都無法入睡。這又是一件使他感慨自己因為父母的失聰，而需要提早擔當大人的遺憾。

## 父子倆共享拳擊轉播的美好回憶

但另一方面，他也非常懷念爸爸在他童年時對他的照顧。在經濟環境並不是那麼理想的狀況下，他從小就擁有一個收音機，他父親看著他傾聽這黑色方形的小東西，非常羨慕，但也無法理解他能聽到什麼。後來當父親知道由收音機可以聽到他最喜歡的拳擊賽實況轉播時，他就要孩子用手語「轉播」給他，而作者就一邊用手語將報導轉譯給父親，一邊也加上實際動作表演給父親看，結果一場比賽下來他都又喘又累，但父子兩人都非常愉快地共享有如親臨其境的拳擊賽。父親每年都在新學期開始前帶他到百貨店買很體面的新衣，帶他去釣魚、看大聯盟的棒球賽，上中國餐館享用大餐，買寵物給他當生日禮物，所以他說他也不是完全沒有愉快的童年。同時爸爸認為他自己的童年因為家裡沒有人懂得使用手語與他溝通，所以感到非常孤獨，所以他鼓勵作者從小就要與鄰居小孩來往，以彌補自己的遺憾，並且鼓勵他多運動以鍛鍊身體。中學時他終於如願加入美式足球校隊，而父親更是每場必到，給他很大鼓勵，他也因此獲得獎學金進入大學。

他也回憶父親生前曾經與他談過死亡，向他解釋說，死亡是陌生人，就像作者童年時第一次經歷到的死亡，就是目睹一位從外地來的陌生人，在眾目睽睽之下，在高樓上潑油自焚，而後跳樓自殺，但沒有人曉得他是何方人士，更不知道這人為什麼如此輕生。他也提到父親始終不信上帝，對他們猶太人的宗教信仰也十分薄弱，因為他始終無法理解，為什麼他與他心愛的太太都失聰、鄰家善良的小孩得到小兒痲痺症……他最後寫到父親過世的遺憾，多少也與他無法與醫護人員溝通有關，而死得有點不明不白，由他對父母晚年的一些描述，也可以感受到作者對父母所流露出的深情。

## 父親的雙手

在這本書的最後結尾，作者說父親最珍惜的就是他的雙手，他童年時就注意到父親常常用心地洗手，因為他說那是他與外界溝通最重要的工具。而作者在父親逝世多年以後，讀到一本人體素描的入門書，他發現這本書是以如詩如畫的描述介紹由眼睛、耳朵、鼻子、嘴巴……由上而下一個一個的人體部位，當他讀到「手」時，書上的第一句話竟然是「手能夠傳達豐富的語言」，作者說，那時他再也無法讀下去，而放聲大哭……

這是一本文情並茂的好書，就我所知到目前仍沒有中文譯本，作者文筆流暢，充滿感性，而用字遣詞十分容易理解，是一本值得推薦的好書。作者本人也在以下的網頁朗讀本書的一些精華，並有人以手語即席翻譯，如有興趣可參閱以下網頁 http://www.youtube.com/watch?v=xRPNLH1MsRQ。（刊載於《當代醫學》二〇一〇年十月號「每月一書」專欄）

輯四

# 認知、記憶與夢

醫院裡的哲學家

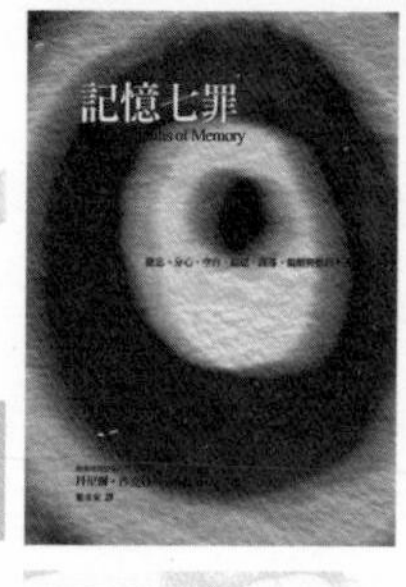

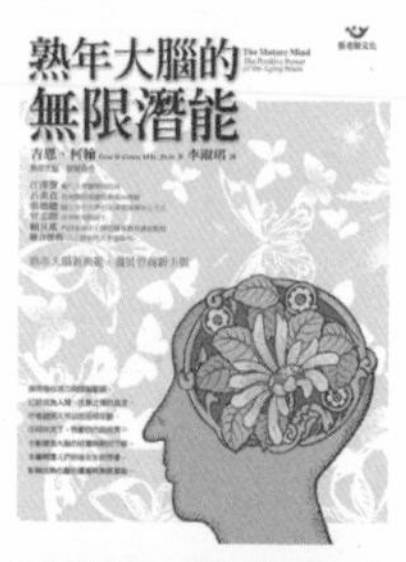

輯四選書

# 尋找腦中幻影

《尋找腦中幻影》

Phantoms in the Brain: Probing the Mysteries of the Human Mind

作者：拉瑪錢德朗（V. S. Ramachandra, M.D., Ph.D.）

譯者：朱邇欣

出版社：遠流（二〇〇二）

## 二十一世紀神經學奇才

《尋找腦中幻影》（Phantoms in the Brain）這本書的作者拉瑪錢德朗醫師（V. S. Ramachandran, M.D., Ph.D.，以下簡稱拉瑪醫師）生長於印度，在醫學院畢業後，到英國接受臨床神經內科醫師的訓練，而後在劍橋大學獲得博士學位（Ph.D.），最後在美國加州大學聖地牙哥分校從事認知醫學的研究，目前是加州大學聖地牙哥分校大腦與認知中心教授與主任，同時也是沙克生物研究中心研究團隊的一員。他是《新聞週刊》（*Newsweek*）評選的「二十一世紀中最重要的一百人」，曾經獲得多種獎項。

由於國內對拉瑪醫師還不太熟悉，所以我先介紹一下這位又是優秀的臨床醫師，又是在認知功能的研究方面非常有成就的神經學奇才。拉瑪醫師在他臨床醫師的訓練中，不管是承襲自印度或英國，他所呈現的是受到歐洲影響的臨床神經學訓練，用心地探問病史，做好神經學的理學檢查，慎用邏輯思考分析，而與目前台灣仰賴科技實驗室的檢查大相逕庭。他在書中也就這方面說出他的心聲：「在高科技時代，這種偵探式的診斷方法已經是正在垂死的藝術，但它卻早已根深蒂固地深植於我腦中。醫生只要細心觀察、傾聽、觸摸甚至嗅聞，應該可以做相當合理的診斷，儀器檢查只用來確定臨床診斷。最後當醫生在治療病人時，他的責任是一定要問自己：『病人的感受如何？』『如果我是他，我會怎麼感受？』這樣做，我會不斷地在我的病人身上發現驚奇，例如他們的勇氣和不屈不饒的精神，他們的不幸有時候甚至豐富他們的生活，並給予新的意義。為了這個理由，你將讀到的病例雖然難免有悲傷的成分，同樣地，也表示人類面對困苦的勝利及一種樂觀的強勁暗流。」

## 科學研究最需要的是靈感，不是理論

在對科學的研究，他也有非常獨到的看法，他說「……我一直不喜歡用昂貴的儀器做實驗，並體會到科學革命的產生不一定需要複雜的儀器，你所需要的是靈感。」「在臨床神經學裡，古怪病例俯拾皆是，卻被正統派人士忽視，認為無足為奇，不具價值。我很高興發現很多病歷是一堆平淡無奇病歷中的鑽石。」在書中他也討論過，很多科學的發展開始是要像法拉第的實驗做出人類首次將電氣和磁性的結合，但也要等到十年以後，才有馬克斯威爾（James Maxwell）根據他的觀察寫下著名的電磁波程式，而成為現代物理學的基礎。他說「今日的神經科學還在法拉第時期，不是在馬克斯威爾時期，時機尚未成熟到可以嘗試向前大躍進。我願意看到我的這種想法是錯誤的；相反地，嘗試建立大腦的統一理論，就是失敗了也無傷大局。對我來說，最好的研究策略是隨機修正（tinkering）。當我用這個字眼時，很多人的臉上會呈現驚愕，認為進行如此複雜的研究，怎麼可以只玩弄構想而沒有令人佩服的理論？這就是我要強調的，雖然靈感的出現好像沒有規則，但靈感卻是一直被直覺引導。」總之，拉瑪醫生的確是一位非常有智慧的醫師。

本人去年有幸在美國神經科學院年會中聽到他的keynote speech（主題演講），拉瑪醫師是天才型人物，瀟灑不羈、思路順暢、口若懸河，他在一小時的演講裡，把一些我們神經學界最棘手的高皮質功能（high cortical function）的一些千奇百怪的病症，以他細微的觀察，配合慎密的思路，而提出別出心裁的假設，再利用精心設計但不昂貴的實驗，來證明其理論。他一方面有能力可以做專精的研究，一方面又能夠與一般大眾溝通，這點尤其令人折服。聽了他的演講後，我就一直想找這本書，想不到才拿到這本書沒多久，好友長庚醫學院神經內科朱迺欣教授就送給我由他翻譯的中譯本。前幾天我把中、英文版對照著看完以後，就忍不住在這「每月一書」的專欄裡推薦這部好書。

美國非常出名的神經內科醫師作家奧利佛・薩克斯（Oliver Sacks，《錯把太太當帽子的人》作者）就為這本書寫了很精彩的序文。他稱讚拉瑪醫師能夠睿智地看出一些現象所隱藏的基本問題，而能以他充滿創意的方法來處理。許多奇奇怪怪的神經學症狀，在他手中變成一種探測我們神經系統的窗口，由此去瞭解我們外在的世界以及內在的自我。他很感慨地說，拉瑪醫師就這樣子形成了他自稱的「實驗知識論」（Experimental epistemology）。他稱讚拉瑪醫師是「十八世紀自然哲學家的頭腦，再加上二十世紀末期的知識和技術，所融合出來的大天才」，但很可惜的是這篇精彩的序文並沒有在中文版出現。

## 腦傷對視覺、記憶和觸覺的影響

書中一共分為十二章，分別介紹一些罕見的神經學問題，其中包括幻肢（phantom limb）、失去記憶、視覺困難、對身體部位的認知障礙、對家人的辨認障礙，對神的幻覺、對笑的無法控制等等，每章都是非常精闢的科學論著。書中詳述有些病人斷肢以後，還會有痛覺或其他不舒服的感覺來自斷肢的部位，此即所謂的「幻肢」，而拉瑪醫師利用他銳利的觀察，提出了科學的假說，然後再用最新的技術，如腦磁波（magnetoencephalography, MEG）、核磁共振（magnetic resonance imaging, MRI）與跨殼磁場刺激（transcranial magnetic stimulation, TMS）等來證明，在大腦皮質感覺區分布的重整（remapping）是幻肢的形成原因。他認為當手掌斷裂以後，大腦本來負責手掌感覺的皮質漸漸被旁邊負責臉與上臂感覺的神經所「侵入」，以致由臉或上臂的刺激可以引發已斷裂的肢體的劇痛。拉瑪醫師接著以紙盒裡的鏡子，配合一些技巧，居然成功地在短時間內驅除了這些困擾病人多年的幻肢痛苦。

他也對一些因為腦部受傷以後，無法儲存新記憶的失憶病人，貢獻出一系列的研究發現。他舉出一些因腦病引起視覺障礙的病人，如因為中顳葉（middle temporal lobe）的病變而導致病人無法感受物體的移動，即所謂的「移動盲症」（motion blindness）。這種病人視覺正常，能夠認字也能夠讀書，但他無法看一個正在動的物體，所以在日常工作上，如橫越街頭、從茶壺倒水等等都有很多困難。還有些病人是因為視覺中樞受傷而失去色覺的問題。他也描述一些罕見的「邦納症候群」（Charles Bonnet Syndrome），這種病人會在他們失去視覺的視野部分看到幻象。透過這些視覺異常的個案研究，拉瑪醫師對人類視覺的神經路徑也提出了一些精彩的理論。

接下來他討論到一些腦部受傷的病人，有時忽略（neglect）了自己身體的部位，有時甚至還否認自己症狀的存在，即所謂的「失認症」（anosognosia）。這種病人有一種忽略的傾向，拉瑪醫師透過神經科學的研究，除了查出真正的問題是出在腦部的頂葉某些部位以外，他也藉此引伸到佛洛伊德的防衛機制（defense mechanism），包括「壓抑」、「反向作用」、「合理化作用」以及「幽默」。他略帶諷刺地說，佛洛伊德口中第一個偉大科學革命家是哥白尼，首提以「地球為中心」的宇宙觀，第二個偉大科學革命是達爾文的「演化論」，而佛洛伊德「謙虛地」說，第三個偉大的科學革命是他自己對「潛意識」（the unconscious）的發現。

## 凱卜葛拉斯幻覺、笑笑症、假性懷孕

他也提到罕見的凱卜葛拉斯幻覺（Capgras' delusion），這是一種相當罕見卻又多采多姿的病症。病人通常腦筋清楚，但對非常熟悉的人，例如父母、子女、配偶、兄弟等，卻深信他們是冒充者。由此種病人的觀察，拉瑪醫師得以探討人類如何辨認人臉以及如何與過去的記憶掛鉤。

他也描述一些來自邊緣系統（limbic system）的癲癇發作，病人在發作時會產生一種見到神的感覺，由此來探討人類對神與宗教的感受。他在書中也報告兩位奇怪的病人，會突然發出無意識的笑，其中一位竟然笑死，拉瑪醫師就藉這些病例來探討笑在人腦的神經導路（laughter circuit）。

他也描述有些極想懷孕的婦女竟然會產生「假性懷孕」，心理因素影響賀爾蒙，而使病人肚子真的大起來，乳房也發生改變，看起來就像真的懷孕，只是肚子裡沒有胎兒，這是把人類心理影響生理的可能性發揮到極致的病例。

## 科學哲學本為一家

在最後一章，作者利用沒有色覺的病人來探討人類如何感受顏色，而由此探討自我的所有特性，他甚至把自我分類成「具體的自我」（embodied self）、「激情的自我」（passionate self）、「執行的自我」（executive self）、「記憶的自我」（mnemonic self）、「整合的自我」（unified self）、「監視的自我」（vigilant self）、「觀念的自我」（conceptual self）和「社會的自我」（social self）。這最後一章有相當深入的哲學探討，而不像一般腦神經科學家寫的科學論證。在這裡我們可以體會出當年人類為了追求知識而開始了哲學這門學問，後來由於知識的爆炸，愈來愈細膩的分類，使得科學與哲學的領域漸漸分開，但這本書裡令我感到當科學發展到極致時，又回到了最基本的哲學問題，也許這就是學問學得精就能體會的「反璞歸真」的境界吧。我也就在這兒抄錄一段拉瑪醫師意喻深遠的話：「科學（包括宇宙學、演化論，尤其是腦科學）告訴我們，我們在宇宙中沒有特權的地位，而我們有獨立的靈魂『注視世界』的想法亦是一種妄想。這些想法符合東方神祕的傳統，如印度教或禪宗。一旦你了解自己不再是旁觀者，卻是宇宙事件永恆浪潮的一部分時，你會得到解放。這種想法也會讓你培養一種謙虛之心，這是所有真正宗教經驗的真諦。」

## 欣見中譯本的出版

本書原著的英文用字簡單文筆流暢，相信有時間讀這本原文著作的人，一定會同意我，讀拉瑪醫師的書的確是一種享受。朱迺欣教授是國內少數從事與「幻肢」有關的神經生理學研究的大師，而他又是寫得一手好文章的散文高手，「生命科學館」的編者能找到他來翻譯這本拉瑪醫師的大作，真可說是伯樂識馬，而朱教授也真的是不負所望，把這本好書又信、又雅、又達地介紹給了台灣的讀者。

最後我想引用朱迺欣教授在〈譯者序〉中的一段話來鄭重推薦這部好書：「如果我不誇大其辭，除了學腦科學和腦醫學的人應該閱讀此書外，每位對自己、對腦、對腦病或對這個世界感到好奇的人，也應該人手一冊。此書不但能幫助你了解腦功能的神祕，還能幫助你了解你的自我和自我存在的意義，也許你能因此解脫你的困擾、執著和妄想，而進入認知的涅槃境界。」（刊載於《當代醫學》二〇〇二年十一月號「每月一書」專欄）

# 當天使穿著黑衣出現

《當天使穿著黑衣出現》
The Outsider: A Journey into My Father's Struggle with Madness
作者：拉胥梅耶（Nathaniel Lachenmeyer）
譯者：賴慈芸
出版社：大塊文化（二〇〇三）

## 大眾對精神疾病的誤解

回國以來，我一直關心在台灣有些疾病遭受社會大眾誤解，因而使得這類病人被歧視，精神病病人就是其中之一。當我閱讀這本書時，我不覺想起以前一位癲癇病人告訴我的話：「不管你以為自己多瞭解癲癇病人的感受，你仍然是站在籬笆的另一邊，你還是無法真正了解我們病人的感受。」這使我深深感到，也許真正能夠推動社會人士減少對疾病的誤解偏見，還是需要病人自己勇敢站出來，或是病人家屬將其親身體驗與社會大眾分享。這本《當天使穿著黑衣出現》（*The Outsider: A Journey into My Father's Struggle with Madness*）就是這麼一本家屬寫出的有關精神分裂症的好書。

作者拉胥梅耶（Nathaniel Lachenmeyer）在多年與父親隔絕音信以後，突然接到警方通知，才獲悉罹患精神分裂症的父親因心臟病突發，而死於獨居多年的公寓。作者在父親的房間找出裝滿泛黃相片和信件的箱子、家庭錄影帶、日記、專題論文和書籍，而為了更瞭解父親精神病發展的過程，他造訪了父親過去學生時期的指導教授、大學任教時期的教授同事，發病後曾經治療他的精神科醫師、治療師、社工師，以及其後父親淪為街頭遊民時曾經照顧過他的遊民朋友或是咖啡廳的女侍。根據這些資料的整理以及自己兒時的回憶，他寫出了這本非常傳神的精神病病人心路歷程，以及家屬對病人的同情與無助。

## 兒子對精神分裂父親的心酸回憶

他回想自己童年，父親就像一般人的父親一樣地愛護他，但到後來，父親行為開始出現偏差，而母親終於忍無可忍提出離婚要求。他父親離開他們以後，最初還經常寫信給他，但作者很少理會他的來信。父親曾經寫信罵他：「……我沒有精神分裂症，就算我有，你的慈悲心又在哪裡？」作者在書中懊悔地說：「我讀這段話的時候，年紀不過十九，太年輕了一點。我知道父親動筆的時候，心中一定痛苦難當，因為紙上還有淚漬的痕跡。但是我只注意到文字本身，而非文字背後的心情。他寫的沒錯，我是個傲慢的小混帳，我回他一封無禮的短信，一句話就切斷了父子關係：『我不能活在你的世界，你也不能活在我的世界。』那時候我並不知道，缺乏病識感是精神分裂的症狀之一。

我也不知道，提到治療的事等於跟他劃清界線，選擇站在迫害者那邊。因為他一直認定迫害者運用權勢，千方百計要說服他承認自己有病。我的質疑坐實了他的失敗。」」。在分離六、七年以後，作者曾經在旅行途中經過父親所住的都市，將車子停在父親住處附近，而得以一睹睽違多年的父親，但還是因為對父親過去精神怪異的行為產生困惑與恐懼，而沒有勇氣跨出車外與父親說話，箇中心情的描述十分令人感動。

作者在這本書裡，勾勒出一個精神病人如何從一個年輕有為的知識分子、大學教授，因迫害妄想而逐漸變為離群索居、自言自語的怪人，透過這本書，使我們更能瞭解精神病人的世界。書中並附上作者父親不同時期的照片，由一位特立獨行的少年郎，成為社會「知識守門人」、年輕的社會學博士、愛心照顧小孩的慈父，而後自我放逐，淪為囚犯般的獨夫。最後的兩張獨照，一張公園獨坐題名為「精神分裂症患者」，一張披頭散髮題名為「小偷」，這些不同時期展現出來相貌的改變，尤其讓人深深感受到精神分裂症竟會如此無情地破壞腐蝕病人的內心與外表。

## 缺乏病識感，因而無法及時接受治療

作者描述父親童年時，深受篤信基督教科學箴言會的祖母冷酷無理的教養，而從小養成孤僻的性格。進入大學專攻社會學，曾經有一段時間在州立精神病院打工當看護，而開始對精神病患產生興趣。他父親覺得這段當看護的經驗並不只是一份賺錢的工作，他在日誌上曾經寫道，「我的目標：是在發展出看待心理疾病的新觀念，每一項創新都是來自提出新的假設，我們必須從思想體系中突破，站在心理體系之外，才能建立新的體系。」。在作者的訪問中，他父親過去的老師都記得當年他父親的確非常聰明，而且有許多與眾不同的想法，而後父親以其聰明才智與認真用功，很快就得到博士學位，並在大學任教一段時間，寫出了第一本著作《社會學語言》而獲得學術界的推崇。在這本著作的序言裡他提到，他在大學時期對社會學缺乏解釋感到不滿，進入研究所以後，不滿的情緒漸漸轉化為探索解答的能力。他常問的問題就是：「為什麼社會學無法幫助我瞭解人類的行為？」

作者追述父親曾經利用自己的才智與教育，成功地脫離了祖母深受基督教科學箴言影響的妄想世界，而建立起自己的生活。但很不幸地，後來父親想法開始逐漸偏差，最後在各種工作壓力下，終於發展出複雜而又不合常理的妄想系統。作者說：「最大的諷刺在於，父親多年研究妄想型分裂症，並且深入探討過病人從小教養與異常之間可能的關聯，但他卻無法了解自己已經出現妄想型精神分裂的症狀。這並非有意自欺，或一時間失去判斷力，而是精神分裂症的症狀之一：患有精神分裂症的病患，有百分之四十無法跳脫妄想來客觀檢視自己的思考和行為。病患自己就是不相信自己精神不正常。」這段話精準地刻畫出精神病病人由於缺乏病識感，而無法及時接受治療的問題，相信精神病病人的家屬看了作者的一些觀察，也一定對這種無奈的心情有戚戚之感。

後來父親無法在大學教學而遭解聘，最後潦倒住進新罕布夏精神療養院，成為編號六四八八號的精神病病人，整天離群索居，常常自個兒靜靜坐在一張椅子上發呆。經過六個月的住院治療後，他終於進步到可以出院，並找到一間單人公寓，靠著每月六百多元的福利金得以獨立生活。

## 對妄想的另一種解讀

作者描述父親曾經有一段時間好轉，在一九八九年開始找到教職，思路也比較清楚，雖然他否認自己罹患精神分裂症，也不認為藥物有什麼作用，但仍然知道自己有一些認知障礙。作者由他父親的看法提出了一個問題：「把妄想重新定義為信仰，會產生什麼新觀點？有一個可能的解釋是：被害妄想症的病患很少會相信自己的想法是妄想。他們所經驗的每一事件，在透過精神錯亂的稜鏡之後，對他們來說皆為真實。假如有人想要證明他們是錯誤的，自然會違背他們的親身經驗，輕者認為對方無知，重者則產生陰謀論之想法。（畢竟，他們要如何說服自己，自己沒有能力了解顯而易見的事實？）在這樣的過程中，他們的妄想症系統反倒愈發堅定不移。然而，假如我們能鼓勵患者把妄想當成一種信仰，無關對錯真假，他們就比較能接受別人有相反的信仰，未必是什麼陰謀。長期下來，這種方式也許可以幫助他放棄自己的信仰，轉而選擇較為社會所接受的信仰。」

這段話也代表了作者透過家屬對精神病的觀察與瞭解，所說出來充滿睿智的話。

後來他父親因為在餐廳賴賬而被警察捉去，而當州檢察官傳喚法院指派的精神科醫師出庭作證時，他父親竟以一種權威的語調，對著麥克風說：「我反對。他不夠專業。」而在法官在宣判之前，他就先判了法官的刑，彷彿他陳述的是客觀事實，不容質疑：「妳不在這裡。你們所有人都不夠格在這裡出現。我是美利堅合眾國現任總統，身兼三軍總司令，你們清楚的很。你們已經違反了所有的軍法，你們其實是在這裡等行刑隊吊死你們、槍斃你們。這裡每一樣東西都是騙人的、都可笑到家了。這才是真正的現實。我言盡於此。要不要我簽個名啊？我是查爾斯·拉胥梅耶博士！」作者在書中非常感慨地寫道，「在人生中，我們都會面臨考驗的時刻，試煉一己的信仰與性格。定義我們的，就是這種試煉的時刻，而非之前的行徑或此後的作為。不管我此生有什麼成就，都比不上一九九四年，精神錯亂的父親，在佛蒙特州伯靈頓的卻登頓郡法庭上，所成就的事。大多數的我們是以擁有的東西和他人的看法，來判定自己的價值，因此我們沒有那樣的勇氣，能在失去所有的財產、權利、親人跟朋友之後，還能站得筆直，宣告自己仍是以前的自己。」

## 無論環境多險惡，永遠都沒理由放棄

最後我要引述作者一段充滿人生哲理的話：「當我審視自己的生活，以及生活中微不足道的挫折，就會想起父親一九八六年十二月的來信。當年我十七歲，他四十三歲，信中說道：『無論環境多麼險惡——我的環境就一直險惡——永遠沒有理由放棄。』其實，放棄的理由，永遠都比堅持下去的理由還要多，但那就是生命的奇蹟：面對失望、災難、悲劇，以及死亡的陰影，大部分的人都選擇堅持下去。我們創造了奇怪複雜的想像——上帝、愛、正義、美——認為是永恆的真理。我們欺騙自己，也欺騙自己的孩子。父親在信中寫下『永遠沒有理由放棄』的時候，其實是在騙自己——他不顧一切的努力，不要讓自己傾頹的世界汙染了我——這一點讓他成為一個好父親。他騙自己還有理由相信未來與人性，這一點讓他成為一個好人。」

我衷心希望《當天使穿著黑衣出現》這本書可以幫助社會大眾更了解精神病病人，而能打開我們心內的窗，去接納他們，並且可以共同努力，一起來點亮黑暗角落，讓精神病人能走出陰影，得到社會更多的了解與幫忙。（刊載於《當代醫學》二〇〇三年十月號「每月一書」專欄）

# 記憶七罪

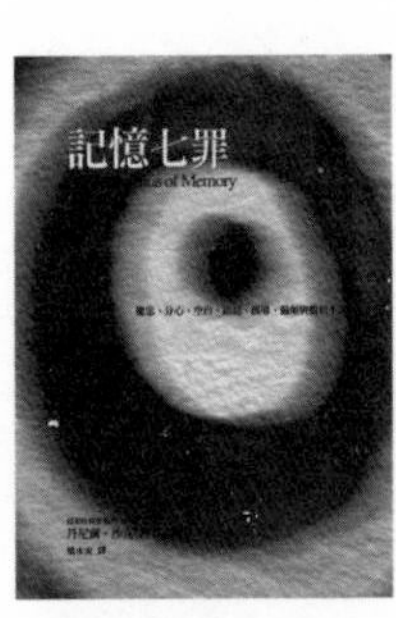


《記憶七罪》
The Seven Sins of Memory: How the Mind Forgets and Remembers
作者：丹尼爾・沙克特（Daniel L. Schacter, Ph.D.）
譯者：李明
出版社：大塊文化（二〇〇二）

## 記憶的七大問題

第一次聽到這本書，是一位在報界服務的友人在門診看病時提到，當時我毫無所聞，但一聽他說出這書名，就覺得很好奇，而這位朋友也看得出我這神經科醫師對記憶問題的偏好，就告訴我別買書，過幾天我就接到他送來的書。這本書的作者丹尼爾・沙克特博士（Daniel Schachter）是哈佛大學心理學系系主任，以其數十年專攻記憶研究的經驗，將記憶的問題分成七大類，而戲謔性地將這些問題都稱之為罪惡，並把書名叫做「The Seven Sins of Memory」，而中譯本就直譯為《記憶七罪》。全書以不同章節介紹以下的「七罪」：隨著時間而記憶褪色或消失的「健忘」（Transience）；心不在焉，忘東忘西的「失神」（Absent-mindedness）；怎樣想都想不出來，但事後又突然間想起來的「空白」（Blocking）；張冠李戴，誤把幻想當作事實的「錯認」（Misattribution）；受到外界的誤導而扭曲記憶的「暗示」（Suggestibility）；根據目前的認知或訓練，而改變對過去的記憶的「偏頗」（Bias）；一直無法釋懷的惱人回憶的「糾纏」（Persistence）。

作者在每個章節裡，都以一些全球或美國膾炙人口的人物故事，來解釋各種「記憶之罪」在這些眾所周知的故事中所扮演的角色。這種引人入勝的寫書技巧，成功地把一些原本是酸澀艱深的腦科學知識，非常生動地傳達給各種不同背景的讀者，確實是一件了不起的科普工作。書中將目前行為科學、神經科學的尖端科技研究，以一般而非專門性的語言介紹給讀者，這包括行為科學的動物或人體實驗；造影技術如「功能性核磁共振造影」（Functional MRI, fMRI）與「正子放射斷層造影」（Positron Emission Tomography，簡稱ＰＥＴ掃描）；藥理學利用基因的改變，為神經傳導物質ＮＭＤＡ受體製造蛋白質以改善記憶，神經解剖學有關顳葉內部的海馬體、杏仁核以及早期癲癇外科手術引起的記憶障礙等等。同時也在書中就人類如何由短暫記憶變為長期記憶的過程，分類為所謂的「工作記憶」（working memory）、「情節記憶」（episodic memory）以及「語意記憶」（semantic memory），並給了非常清楚的詮釋。

## 健忘、失神、空白

第一章〈健忘〉，作者引用一位在記憶的科學文獻裡很有名的個案ＨＭ先生，他因為接受兩側顳葉深層部位的切除以治療癲癇，而引起嚴重的記憶喪失。ＨＭ可以與常人一樣地聊天，然而他卻會立刻忘記剛剛經歷過的事，因為他無法保留任何開刀以後所學得的經驗。作者就利用這個個案，成功地向讀者介紹關於神經解剖學上與記憶有關的腦部分布區域。

第二章〈失神〉，他引用一位全美國記憶冠軍的小姐，她可以記住數千個數字、字彙、好幾頁不同的臉孔和姓名、冗長的詩篇、各式撲克牌組合，然而在日常生活裡，她卻非常地健忘，常常需靠「利貼」（post-it）來提醒自己。作者就以這個個案來為所謂的「健忘」與「失神」，做一個清楚的分野。

第三章〈空白〉，作者提到我們常有話到嘴邊卻講不出來的困擾，或看到一個人突然間記不起來他的名字。書中以一位車禍後大腦左半球的額葉與顳葉部分受損的病人，在認知與語文能力都正常的情況下，可以說出普通名詞，但卻叫不出任何專有名詞，而由此歸納出左側顳葉端（temporal pole）與「專有名詞異常」的關聯。更饒富風趣的是他說，這種「空白」的現象在英文我們常稱之為「卡在舌尖」（tip of tongue），而他發現認知心理學家舒瓦茲（Bennett Schwartz）曾經研究五十一種不同的語言，結果發現其中四十五種語言形容到這種「空白」感覺時都提到「舌」字，而且最有詩意最能傳神的，要算是韓文的表達：「在舌的盡頭閃爍」。

## 錯認與暗示

第四章〈錯認〉是我們常常會有的現象，把某人錯當另一個人，有時會「記得」根本不曾發生的事，有時我們會對發生過的事記得清清楚楚，但卻弄錯了時間與地點而不自知。這種在記憶聯結的錯誤接軌，有時會導致尷尬的無心之過，而他引述了一段心理學家史金納（B. F. Skinner）對「錯認」非常傳神的描述：「老年人所碰到最喪氣的經驗，莫過於自認為想到了一個有價值又詮釋得十全十美的觀點，卻立即發現這是自己很久之前就已經發表過的觀點。」在這章裡，他也提到「似曾相識的幻覺」（deja vu），這種奇妙的感覺有時在部分癲癇的病人在發作前也會有這種「前兆」，一般說來都是與大腦的顳葉有關。

第五章〈暗示〉，作者特別對「誘發虛構的記憶」提出嚴重的警告，認為在刑事辦案時，要求受害者從一排嫌犯中，指認出加害者的方法是非常地不可靠，從而提出警方應該修改如何徵詢目擊者的方法以及警方需避免提出具有暗示性的問題。作者對於目擊者面對一排供指認的嫌犯所可能產生受到暗示的問題，有相當深入的討論，而且對於催眠後所獲取的訊息也有許多的疑慮。作者對於「虛構記憶併發症」或「記憶不信任併發症」等等，在書中也都有非常深入的探討。他指出最近這幾十年來，有許多個案指認童年時代曾經受到親友、甚至是神職人員的性騷擾，而日後卻證實這完全是虛構的記憶。這一章對警界在採證方面的挑戰與質疑，使我深深感受到一個科學研究者對社會問題的關心與參與感。

## 偏頗和糾纏

第六章〈偏頗〉，作者提到人們很難避免的「刻板印象」（stereotype），特別是人種歧視，往往根植於個人過去的記憶，而對此有深度的檢討。同時他也以「偏頗」可能對行醫者的影響提出警訊，他認為「例如你對病情診斷有疑義而尋求第二位醫師的意見時，你會希望他能不受前一位醫師意見的左右，而以全新的觀點來研判病情，否則在後見之明偏頗的作用下，就算是第二位醫師再怎樣的努力，也難保不會受影響。」

第七章〈糾纏〉，他就以在美國越戰之後變成家喻戶曉的所謂「創傷後壓力疾患」（Post-traumatic stress disorder, PTSD）來說明這種揮之不去的不愉快回憶對人類心靈的影響，進而探索神經系統的杏仁核與人類恐慌感的關係，並敘述由西非樹皮提煉出來的一種壯陽補藥「育亨賓」（Yohimbine）可以成功地引發這種情緒騷擾，來探討恐慌感在藥理學上的機制。

## 得益的同時，也要付出代價

最後，作者以〈罪惡，還是美德？〉為名，寫出本書的最後一章。他提出「演化心理學的記憶觀」，這是本書最艱深的一章，有些地方我也還沒有完全領會，但作者對記憶的結論可以用他的兩段話清晰地歸納出來：

「我認為記憶七罪並非表示記憶系統的功能有基本缺陷，相反地，乃是因記憶所具有的適應特性所衍生出的副產品，也可以說是為了享受許多優越的過程與功能，而必須付出的代價。」

「記憶七罪不僅是我們要努力應付的惱人麻煩，也可以讓我們明瞭，記憶如何仰仗過去來滋養現在，如何保存現時經驗的元素以供未來之用，又如何容許我們能隨心所欲地重訪過去。記憶的罪惡與美德是一體的兩面，構築了橫跨時間的橋樑，讓我們的心智得以與世界接軌。」

台灣推動科普叢書已經行之有年，但是科學專家與一般民眾之間的鴻溝仍然存在，像這樣的一本書能夠用一些生動有趣的軼事野史，闡述腦科學新知，實在是非常難得。同時透過這本書，由心理學、神經醫學、精神醫學以及影像醫學的進步，使我們更清楚地感受到過去精神醫學與神經醫學壁壘分野各自為陣的態度是不對的，唯有這兩個學門攜手合作，才能對腦疾病的病人給予以病人為中心的照顧。（刊載於《當代醫學》二〇〇五年九月號「每月一書」專欄）

## 夢的新解析：承繼佛洛伊德的未竟之業

《夢的新解析：承繼佛洛伊德的未竟之業》
Dreaming: An Introduction to the Science of Sleep
作者：霍布森（J. Allan Hobson, M.D.）
譯者：潘震澤
出版社：天下文化（二〇〇五）

### 釋夢：當代腦科學研究

前陽明大學生理所教授潘震澤博士前些日子來信，告知已將《Dreaming: An Introduction to the Science of Sleep》這本書譯成中文問世。中譯本的書名取名為《夢的新解析：承繼佛洛伊德的未竟之業》，實在是神來之筆，因為佛洛伊德的《夢的解析》（*The Interpretation of Dreams*）已廣為人知，用這樣的書名的確十分吸引人。事實上，我也是因為聽到這書名，拗不過好奇心而趕到書店購買了這本書。

佛洛伊德一九〇〇年出版《夢的解析》時，曾以冗長的第一章回顧一九〇〇年以前有關夢的解析所做的科學研究，其中看得出佛洛伊德之前對夢的解析，都是就夢的內容來分析，而佛洛伊德本人更將夢的內容分為表面上呈現的「顯意」以及分析後得到的「隱意」，進而提出他的理論——夢的解析是了解潛意識活動的大門，認為透過夢的解析可以追溯夢者的病源，而由此治療精神病人。然而自從一九〇〇年以來，神經科學的發展經過腦電圖（EEG）以及其他神經生理學的進步，神經生化學對神經介質的瞭解，包括血清素（serotonin，又稱血清張力素）、正腎上腺素（noradrenaline）、乙醯膽鹼（acetylcholine）的研究，以及最近這幾十年來突飛猛進的神經影像學的發展，使我們對過去許多無法理解的腦神經現象，有更深一層的了解。因此本書作者霍布森（Allen Hobson）教授認為，有必要再深入地對夢做一番科學的解析。

霍布森教授是哈佛大學醫學院精神病學教授，同時也是麻州精神衛生中心神經生理學實驗室主持人，他是睡眠研究學會中非常傑出的科學家，其著作《夢與瘋狂》（*The Chemistry of Conscious States*, 1994）的中文版已於一九九九年由天下文化出版，除此之外他還有好幾部有關睡眠與夢的暢銷書。作者在序言說，當年佛洛伊德最初也是準備根據神經科學來建立他的心靈理論，但因當時腦知識太過貧乏，以至於被迫放棄他原本想要做的「科學化心理學計畫」，而轉向夢境尋找靈感。所以作者認為他這本書是接續了佛洛伊德的未竟之業，從他所放棄的「計畫」處開始，試著以目前已經相當堅實而且廣泛的睡眠科學為基礎，建立起新的作夢理論。

## 強調夢的形式，不強調內容

在這本書裡，霍布森博士很清楚地用各種現代的科學研究來說服讀者，不應該花時間在分析夢的內容以追求病人潛意識的疑異，而主張夢應該「從夢的形式面著手，而不強調其內容」。由霍布森的書中可以看到他強調夢境只是某一個睡眠期的腦部活動的附帶產物，並沒有什麼深遠的意義可言，更不具有預測未來的能力。他說：「如果把重點放在夢的形式，而非內容，我們將可發現不同的人所作的夢，甚至同一個人在不同的時間所作的夢，內容雖然各有不同，但形式卻是出奇的近似。」作者指出，夢與清醒時心靈的互動最大的不同是在於作夢時，夢者喪失自我意識，沒有自省的能力，同時也失去定向的穩定性，無法控制思緒、邏輯思想及思考能力降低，以及夢中與夢後的記憶變差。

接著作者以〈夢的解析出現科學新頁〉開始，從睡眠中所做的腦波實驗（事實上不僅是腦波，還包括眼球的移動，以及肌肉的跳動等各種生理學記載），顯示出睡眠並不是一成不變的生理變化，而是有各種不同的期別，尤其在某一階段，病人雖然表面上看起來是深睡，但是眼球卻呈現快速震動，而病人在這時期腦波看起來很像清醒狀態，如果這時將病人叫醒，病人大多能夠告訴我們他們剛才作了非常生動的夢。這段不尋常的睡眠期就叫做「快速動眼睡眠」（rapid eye movements, REM）。而後作者以認知醫學的科學家身分，將一些尋常人類心靈的活動，包括意識、注意力、智力、感官、認知、情緒、記憶、抽象概念等等，來比較作夢時與清醒時的差異。

再下來他以〈夢是化學系統的精心傑作〉，由化學的研究來分析作夢時期（REM），以及其他睡眠時期在生理化學上的變化，而介紹了各種不同的神經介質（neurotransmitter）。在不同的睡眠期有不同的高漲或低落：在睡眠時，正腎上腺素以及血清素都會降低，但是到了快速動眼睡眠期，乙醯膽鹼會開始高漲，但正腎上腺素以及血清素還是比起清醒時低落。作者用很淺顯的語言把這個觀念帶出來，同時並介紹眼動時，深部電極也發現到PGO之類的腦波變化，來證明膽鹼系統的變化與快速動眼時期的關係。

## 人可以不睡、不作夢嗎？

接著他在〈可以不睡、不作夢嗎？〉的這一章裡，說明了由作夢而「重生」的看法，在睡眠被剝奪的老鼠身上，可以發現「快速動眼時期」是動物調節體溫能力以及記憶沉澱所需要的睡眠期，也是人類生存的基本需要。

在〈作夢失調〉以及〈夢、瘋狂、譫妄〉裡，作者介紹了各種睡眠障礙，以及夢與精神病的關係。在〈看見夢與腦的關聯：神經心理學新證〉裡，透過目前非常發達的神經影像學提供神經心理學的一些新證據，尤其是正子斷層掃描（PET）以及功能性磁振造影（Functional MRI），讓我們看到許多不同的腦部位在不同時期的睡眠中所產生的活性變化，以及腦部受傷以後對作夢以及睡眠的影響。

在〈作夢、學習與記憶〉裡，作者也成功提出一些科學上的證據，說明快速動眼睡眠對於記憶的形成是非常重要的。

在〈我夢，故我在〉裡，作者由作夢與清醒時很多意識上的類似之處，而重新界定我們所謂的「意識」，並透過一些文獻的整理介紹各種不同的意識，包括感覺、知覺、注意力、情緒、本能、思想、定位、敘述、意志、行動等等，到底在腦中何種地區主導？而夢境的意識與清醒的意識最大的改變，是在腦子的什麼部位？

**夢不能預測未來，也無法達成願望**

在最後一章〈找出夢的解析新法〉裡，作者認為「只要我們新的作夢理論是正確的，我們將能預測腦中某個化學物質以及區域類型的活化，就一定會產生幻覺感、高度聯想、情緒高漲、錯誤的信念，以及其他認知功能的錯誤等。跨入睡夢科學的新世紀，我們將能由腦部的研究，對這些夢的特徵有更多、更深入的了解。」作者引用他的同事史蒂克戈德（Stickgold）所說的：「佛洛伊德只有50％正確，但100％錯誤。」他認為佛洛伊德所謂的「夢是願望的達成」有點太牽強附會，認為佛洛伊德採用偽裝與監視這兩種假說，作為解釋夢境怪異性的理論基礎，是沒有真正的科學根據的。作者直言「夢就是夢，作夢並不是因為我們潛意識的衝動需要利用夢來偽裝，以免擾亂睡眠，我們睡眠是因為睡眠中腦的部位活化所造成。」夢境意識的特性，就是這種活化過程中所產生的神經生理的變化，而不是什麼心理防衛機制。

在最後的結語〈夢已經不再神祕〉裡，他認為我們不需要像佛洛伊德及他以前的學者用那麼多的心力去分析夢的內容而試圖了解未來。作者說出他的結論：「我們的目標是以夢的科學去對待夢的生命。」

## 容易親近的科普讀物

這本書對熟知過去霍布森所介紹的腦科學知識的讀者來說，可能會覺得了無新意而感到失望，但我覺得雖然所介紹的大部分都是我已經很清楚的腦科學知識，但是作者能夠在才兩百頁的中譯本裡，用簡潔的語言配合一些相當不錯的圖表，將深奧的睡眠理論與腦科學知識如此清楚地交代，實在值得讚賞；而更難得的是譯者在最後還有一個中英文索引，以幫忙讀者迅速找到科學術語的中英對照；同時，喜歡腦科學與醫學史的人，在這本書中也可以找到一些睡眠科學家與其時代背景，以及對夢的研究劃時代的生理學、生化學以及影像學方面的發現；還有這本書別有用心的，是在每一章最後附上半頁到一頁半有關作夢的疑問與答案，如「每個人都作夢嗎？」、「夢能預測未來嗎？」、「我們的夢是黑白還是彩色的？」、「動物會作夢嗎？」、「作夢從什麼時候開始？」、「盲人能看到夢境嗎？」、「作夢是由消化不良引起的嗎？」、「什麼是清醒？」、「男人與女人的夢有什麼不同嗎？」，這也提高了本書對一般大眾的親和力。

## 為佛氏《夢的解析》說句公道話

最後我不得不提到我個人對《夢的解析》的偏好。一九六九年當我剛從臺大醫學院畢業時，我與符傳孝醫師兩位初生之犢不畏虎的年輕人不自量力，前前後後花了三年，把佛洛伊德《夢的解析》由英文版翻譯成中文。因為這種心理背景，當我發現霍布森在書中對佛洛伊德有些幾近輕蔑的批評時，我忍不住會產生反感，尤其當我看到他書中所舉的許多夢例的解釋都索然無味時，比起佛洛伊德以其深厚的文學藝術修養對夢所做的精彩解析，真有天壤之別，不過這也許正好反映了作者霍布森所強調的，夢就是夢，不值得花精神在顯意或隱意裡面鑽牛角尖。總之，這本書的作者能夠整理夢的各種科學研究的浩瀚資料，而以流利的文筆介紹給一般大眾，實在是不簡單。就科普書籍而言，這是一本值得推薦的好書，同時我也在此向我的好友潘震澤教授道聲恭喜，恭喜他又為台灣翻譯了一本好書。（刊載於《當代醫學》二〇〇五年十二月號「每月一書」專欄）

# 熱情洋溢

《熱情洋溢》
Exuberance: The Passion for Life
作者：傑米森（Kay Redfield Jamison, Ph.D.）
譯者：錢莉華
出版社：天下文化（2006）



## 傑米森探討情緒又一力作

《熱情洋溢》（Exuberance）的作者傑米森博士（Dr. Kay Redfield Jamison）是約翰霍普金斯大學醫學院精神科臨床心理學教授，除了專攻精神科領域，尤其是情感性精神疾患特別是躁鬱症的研究以及著有精神醫學界非常推崇的教科書以外，她本身又是一位躁鬱症病人，曾經以其第一手經驗寫出暢銷全球的《躁鬱之心》（*Unquiet Mind*），以及對自殺有非常深刻描述的《夜，驟然而降：了解自殺》（*Night Falls Fast*）。

我第一次接觸到這本書，是黃達夫院長傳給我傑米森博士在美國國家廣播公司（NPR）「這是我相信的」（This I believe）的演講時段談到這本書。她開宗明義的第一句話就深深地吸引了我——「我相信好奇、驚嘆與熱情，是有想像力的心靈與偉大的教師所絕對需要的要素。」再聽下去，她說自從十八歲開始得到躁鬱症以來，她的生活就充滿了波濤起伏，而因為這樣才發現不安定的感情帶給人生多大的影響。其中有一句話令我非常感動：「我一直在追求和平與安寧，當我看到別人的生活，有時不知不覺會羨慕那種平靜，但有時也會反問自己，這種平靜的生活真的是我希望達到的嗎？最重要的還是一個人要了解自己的性情（temperament），走出自己的一條路；最重要的也是要承認這一點，接受它，而讚嘆大自然如何應付我們這些極端不同的性格。我一生因強烈性情變化的經驗，使我深信我不能只用教科書裡面所學到的教我的學生，我也必須要從我自身的經驗所學到的，告訴這些年輕的醫生與研究生們，如果我們能將洶湧的心情加上自律（discipline）與冷靜的頭腦（cool mind），事實上這並不是壞的事情。」最後傑米森博士以一句發人深省的話，「有知識固然了不起，但有智慧甚至更好」（Knowledge is marvelous, but wisdom is even better），來結束這不到三分鐘的演講。就這樣子，我與這本書結下不了緣。

我發現這本書與其他書非常不一樣的特點：這本書沒有「作者序」，而整本書的十章裡，作者介紹了許許多多熱情洋溢的政治家、作家、藝術家、科學家的珍貴軼事、智慧語錄與詩詞，有些是她上窮碧落下黃泉地整理文獻所得到的心得，有些是她親身訪談這些曠世奇才所得到的資料。本書最後所列的參考資料多達三百〇七篇，而七頁密密麻麻的人名與關鍵字的索引（index）也都可以看出本書所涉獵的廣度與深度。由本書資料之整理，可以看出作者科學背景的修練，而文筆之流暢則充分展現她過人的寫作溝通能力。

**就是沒辦法無動於衷**

第一章〈沒辦法無動於衷〉，等於是作者為本書所寫的序，她強調精神科醫師與臨床心理師常常關心憂鬱，而忽略了熱情洋溢的人。她說在這一點上，「我們這一行與上帝沒什麼兩樣，只對在黑暗裡的人照顧得多，而對在陽光下的人，我們就不太照顧；我們對憂傷者著墨甚多，而對人生的熱情卻興趣缺缺。」她就以這句話宣示了這本書的目的，是要收集各種有關這種熱情洋溢的心境，做不同層面的分析。接著她介紹好幾位人生充滿活力的奇人，尤其是她介紹熱情奔放、多才多藝的老羅斯福總統（Theodore Roosevelt）與美國博物學家繆爾（John Muir）兩人如何同遊北加州優勝美地（Yosemite），而在熱情洋溢相互腦力激盪的十天共處中，分享了喜愛大自然的熱情，而激發出成立國家公園保護生態的重要使命。

第二章〈這美妙可愛之物〉，她對書名 Exuberance 這個字下了一個很好的定義。她說這個字來自拉丁文「exuberance」，ex 是「出於」，而 uberare 是「富饒、豐富」，所以整個字是有繁殖的寓意。本書之中譯本將之譯為「熱情洋溢」，也是十分貼切。在這一章裡，她描述墨客騷人看到大自然的各種景觀所發出的讚嘆、狂喜、激情，而特別提到「雪花人」本特利（Wilson Bentley），這位新英格蘭地區的農夫。他喜愛研究落雪所造成的各種不同樣式的晶體，而不到十九歲就照出人類有史以來第一張雪晶的顯微照片。他發表的文章處處流露出對這種追求雪晶形狀來源的熱情，與一般科學家做學問時冷靜精確的態度非常不一樣。他說：「太壓抑熱情的人必成為理智的奴隸，但在這個領域，熱情和愛是必須嚴加約束的。」作者也引述美國作家及評論家羅斯金（John Ruskin）說，「天才不過就是比別人有眼力，本特利先生就是這種天才。他在雪花裡看到別人看不到的，其實並不是因為別人看不到，而是因為他們沒耐性看，就算看了，也不理解。」

第三章〈心靈遊樂場〉，她收集許多對動物幼年期的玩耍以及其他熱情洋溢之社會行為的觀察，而發現這種行為都具有感染力。「心情本來就是會傳染的，快樂的心情尤其能快速瀰漫整個團體或整群動物，以便跟大家通報說，現在可安心去享受、休息、捕獵、探險或玩耍了。」她因此得到一個結論，「人是思想的動物，因此傾向於認為我們的情緒來自於思想。然而，早在人類有語言或想像思維之前，人就已經有情緒了。」她也說，孩子玩耍時愈高興、愈熱情洋溢，玩耍本身的結構與內容就愈有創意，而引用人類學家米德（Margaret Mead）的話，「有一種人對人生興致勃勃，能夠用孩子玩耍的心情度過他們的一生，我對這種人很感興趣，很想知道他們是怎麼回事。」最後作者認為：「探索與熱情洋溢並不是童年的專利，但或許這種情緒在童年時期最自然。」

第四章〈閃亮的時光〉，最主要是談論一些偉大的兒童故事作家所創造出來的世界。她稱讚這些有本事進入童年感情世界的作家，他們所創造的世界和角色總是那麼熱情並充滿歡樂。他們用最獨到的方法讓大家看見什麼叫熱情洋溢，讓大家知道與那些有感染力、興高采烈的人為伍時，那種多半時候快樂、偶爾令人厭煩的感覺。很遺憾的是本章所提到的許多作品，都是我過去從沒有接觸過的書，因此較不容易發生共鳴。最後她引用名作家史蒂文生（Robert Louis Stevenson）的一席話，「童年逝去其實未必全然是件憾事。因衝動而失落的，於好好觀察別人時，會發現得到更多；雖不再偏愛騎馬打仗，欣賞莎士比亞的能力，卻正好可彌補上來……我們找到了另一番樂趣。」作者加上一句自己的話：「有人雖找到跟兒時不同的興趣，但仍然能夠保有那股人生的熱力，歡樂的享受著那些樂趣，只是這種人不多見就是了。」

## 熱情會傳染，更能成就不凡

第五章〈心情香檳〉，由製造香檳酒的藝術開始，洋洋談到這種酒所帶來奔放的、熱情洋溢的情緒，而後作者以科學的眼光透過生化、解剖學來分析各種不同的情緒。首先她提出在實驗室裡，如果讓受試者觀看使人情緒不愉快的圖片，會使腦部最原始的下皮質區產生活化反應，科學家認為腦的這個部位，正是人類最原始的危險辨識系統；而讓人愉快的圖片，則活化了人類腦部很晚才發展出來的前額葉皮質區。因此研究人員下結論說，險境必須由快速並相對簡單的反應系統來應付，至於欣賞正面的事物，腦部處理就會比較複雜些。她也說「臨床心理醫師，有興趣的不光是精神變態和自殺，對創造力與藝術也要有興趣。」接著她用生化學的眼光來看各種正向和負向的情緒所引發的神經介質的關係，而發現多巴胺和「正向效果」有強烈關聯，而在病理上跟多巴胺牽連最深的，就是急性躁症，因此躁鬱症與創造力之間的關聯也不言而諭。不過對非醫學背景的讀者，這可能會是比較吃力的一章。

第六章〈放沖天煙火〉，她在這裡提到情緒會感染人，我們生存下來是因為我們能夠快速領會並跟上別人的感覺，然後按照情緒所警示的，決定我們該冒險或該觀望。她說人類是群體的動物，情緒有凝聚大眾的效果，情緒會互相激盪，有時逼得大家同心協力，有時候會要大家做鳥獸散。她說：「教過情緒這門課的人都知道：很容易向年輕醫師和研究生傳達憂鬱症的精髓，卻很難向他們描繪躁症或其他亢奮情緒。部分原因是在於我們的文字適用於哀愁的字眼較多，而另一個原因是，學生本身對憂鬱症的體驗也多於對溫和或重度躁症的體驗。」書中她提到發現一氧化二碳（笑氣）的米契爾醫師，描述「當時腦袋會產生浮華不實的想法，那種感覺還在的時候，會覺得過去所有看不懂的事全懂了」；還有利用古柯鹼、印度大麻等物質在心理上產生的變化，也讓人得以體會這種在狂喜之下所感覺到正向的心理狀態。最後作者說，這世界需要有人「放沖天煙火」。人天生喜歡別人做這種事，也喜歡與做這種事的人同樂。

第七章〈大自然的力量〉，這一章作者特別訪談了多位著名的科學家與冒險家，來證明「發現是一種無法抵擋的迷人感覺，它會讓人上癮，因為發現後所感到的蓬勃生氣會讓人又有胃口再度探索……科學史就是一本樂在第一個看到、第一個做出假設、第一個碰到的歷史。」作者所訪談的人物，包括了幾位醫學界大名鼎鼎的天才：發現去氧核糖核酸（DNA）的華生（James Watson）、發現慢性病毒引起神經病變的蓋達希科（Carleton Gajdusek）、愛滋病毒的共同發現者高羅（Robert Gallo）。在訪談紀錄中，作者很清楚地讓讀者看出這些人樂此不疲的投入研究，是因為對自己所從事的事情具有打從內自發的狂喜。她特別推崇一九六八年華生出版的《雙螺旋》（*The Double Helix*），此書激勵了成千上萬的年輕科學家用新鮮並且熱情洋溢的眼光，來看待科學和知識追求。在結束這章描述科學研究者豐富動人的激情時，她說：「我們受惠於科學家的人性面和熱情；他們用以追求理性的那股熱切之情，是既任性又必要的。」

## 狂喜的光明與黑暗面

第八章〈沒有什麼是美妙到不可能存在的〉，她特別提出教師需要有熱情洋溢的態度，才能勝任教學的神聖使命。她提到她很多家人都是教師，從小就常聽他們說，「要教得好，就得跟人家不一樣，而要教得非常好，那就得靠奇蹟了……偉大的教師以思考為樂，並把這種喜悅傳染給別人……強烈的情緒才能讓經驗鏤刻在記憶裡。」她也提到物理大師費曼曾參加一場研討會，主席起身表示，科學家應該教導大家已知的科學知識，而不是教大家「科學的美妙」時，費曼當場表示異議，而堅持說：「我認為我們應該教他們了解科學有多美妙。知識的目的就是讓我們更能欣賞大自然的美妙，知識就是正確的整理出大自然的美妙。」最後作者說，她父親非常喜愛在加州大學洛杉磯分校物理系大樓所刻的法拉第（Michael Faraday）的名言：「沒有什麼是美妙到不可能存在的」。他老人家非常欣賞這位又是科學家又是出名的好老師的這句話，而在作者還很年輕時就帶她去看這棟建築，後來作者在她的書裡，曾經寫說法拉第生活也不盡是快樂美好，而對他這句名言有所質疑。想不到她父親在看到她的這段話以後，深不以為然，寄給她一封短箋，要與她分享法拉第「所證實的」，他在信裡附了個金質的蒂芙尼項鍊墜子，上頭刻了一句話：「**沒有什麼是美妙到不可能存在的——法拉第**」，而作者就用這句話來做這一章的標題。

第九章〈我們恐怕會愛上它〉，這一章她收集了一些其他各行各業熱情洋溢的傑出人物，而後談到人類的殺戮，以及因為殺戮而得到的狂喜，包括了動物觀察顯示出互相纏鬥所得到的喜悅。她引述一段參與曼哈頓計畫（Manhattan Project）的費曼博士在聽到原子彈在廣島爆炸後的反應，「當時心裡非常高興，我唯一記得的反應就是，我非常得意、興奮。當時好多人在開派對，好多人喝醉……我也跟大家一起同歡、喝酒、醉酒，而且還坐在吉普車的車蓋上打鼓……在廣島民眾垂死掙扎的同一時刻，我興奮地打鼓，跑遍整個洛斯阿拉莫斯國家實驗室。」」。書中並以二次世界大戰兩位傑出的軍事將領，巴頓（General George Patton）與米契爾（General William “Billy” Mitchell）對戰爭的熱愛，讓人警惕人類毀滅對方的可怕。

## 對生命的最高肯定

第十章〈它不在地圖上〉，她敘述當年美國人的祖先，從英國搭上五月花號，跋涉千里、遠渡重洋所經歷的各種困苦，而就是這種熱情洋溢的精神使他們敢於冒險。有趣的是，她說美國的移民族群患躁鬱症的比例偏高，或許那些求新、甘冒別人所不願意冒的險、抗拒高壓社會系統的人，可能比較會移民美國，而一旦來到此地，也較能放手一搏大展宏圖。由此她引伸出熱情洋溢不僅是一個國家的特質，也是國家願景的一部分。最後她引用一九六二年甘迺迪總統所說的，「美國不是靠那些等待、停歇、向後看的人建造起來的，這個國家是被那些前進的人所征服的。」作者在這本書的最後一句話是這樣寫的：「對生命充滿熱情，就是對生命的最高肯定。問這個問題就會知道這就是答案，就會知道熱情洋溢就是神在裡面：**我怎能不歌唱？**」

看完這本書，我對作者的人文藝術修養、溝通表達技巧以及著作的用心真是五體投地。但更令人佩服的是作者有勇氣現身說法，不斷著書、演講，讓病人看出光明的前景。前幾天我在網路上看到她在二〇〇三年參加憂鬱症與躁鬱症病友會時，有位記者問她，「躁鬱症患者85％都需要住院，而且平均一生要入院三次以上；50％自殺、只有1/3結婚；65％失業、40％在接受社會福利或殘障補助。依照世界衛生組織，躁鬱症在全球高負擔疾病中名列第六，由這些資料看來我們到現在為止還是對這種病束手無策。面對這些數字，妳怎麼說？」她回答：「你剛講的數據是過去的數據。過去這方面的病人平均要在發病十年以後才會找精神科醫師看病，但現在我們透過大眾對這種病的了解，病人已較能被社會大眾所接受，也因此能即早就醫，所以現在已經比以前樂觀多了。」我相信她一生寫作、演講，最重要的目的就是希望病人與家屬能夠從她的現身說法看到希望，而改變過去諱疾忌醫的態度。

## 感謝教學相長的夥伴們

最後我想說的是，我接觸到傑米森博士的作品是相當後知後覺的。我是因為慈濟大學學生的讀書報告，才引起我讀《躁鬱之心》的興趣，而這本《熱情洋溢》也是透過我的同事黃達夫院長傳給我的NPR節目，才有這緣分。因此我可以說，透過與傑米森博士的書結緣，我才發覺我目前的工作環境，又有「教學相長」的學生使我進步，又有「亦師亦友」的同事助我成長，真是何其有幸。（刊載於《當代醫學》二〇〇六年九月號「每月一書」專欄）

# 熟年大腦的無限潛能

《熟年大腦的無限潛能》
The Mature Mind: The Positive Power of the Aging Brain
作者：吉恩・柯翰（Gene D. Cohen, M.D., Ph.D.）
譯者：李淑珺
出版社：張老師文化（二〇〇七）

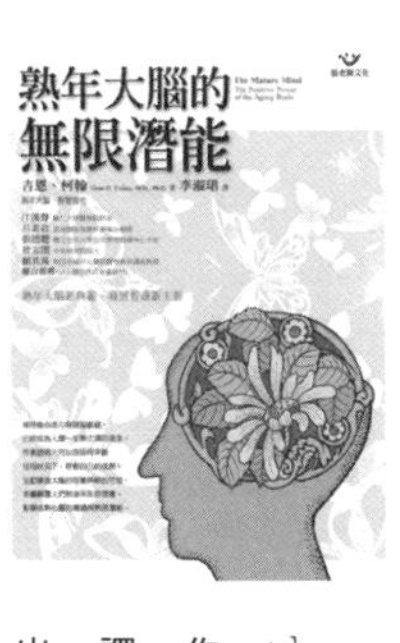



## 老年心智新探

這本書全名是《The Mature Mind: The Positive Power of the Aging Brain》，直譯應為「成熟心靈：老年人的腦之正向能力」，是美國老人精神醫學權威吉恩・柯翰博士（Gene Cohen, M.D., Ph.D.）繼他在二〇〇〇年發表過一本非常著名的書《The Creative Age: Awakening Human Potential in the Second Half of Life》（直譯應為《創造的年紀：喚醒人生後半段的潛力》，目前尚無中譯本）之後，於二〇〇五年十二月所出版的暢銷書。這是他對三千多位老年人深度訪談和重複問卷調查，進行持續多年的研究，而整理出他對人生後半段的心理探討。

作者目前是喬治華盛頓大學成立於一九九四年的「老人、健康與人文中心」

（Center on Aging, Health and Humanities）首屆主任，同時也是該校精神科與行為科學的教授，另外他也曾任美國國家老人學研究院（National Institute on Aging, NIA）之代主任。這本書的宗旨是要揭示一個對人類生命相當樂觀的結論——「人變老了，但也變得聰明些。」他說，過去神經學、神經解剖學發現人類隨著年紀增長，神經細胞會衰老、死亡，據此而得到「人類老化以後，智力會減退」的結論其實是不對的。作者在書中指出，事實上神經元可以再生，所謂的「神經元新生」（neurogenesis）是有可能發生的，而他更指出左側大腦與右側大腦在年輕時各司其責（左邊大腦管語言，右邊大腦管空間、音樂），但隨著年齡的增長，兩側大腦功能的不對稱性逐漸減少，老年人學會比較平均地使用左右兩側大腦。換句話說，大腦會因為經驗與學習而不斷重塑，終其生不斷造出新的細胞，而大腦的情緒連結亦會隨著年齡成熟而變得更加平衡，也因此導致老年的負面情緒較不強烈，較容易遺忘負面情緒的記憶，且相對地比較容易激發正面情緒的記憶。作者從中提出一個新的觀念，所謂的發展智商（developmental intelligence），是一個人隨著年紀的增長，愈來愈能協調其認知能力、情感智商、判斷力、社交技巧、生活經驗、自我意識，從而顯現出更深的智慧、判斷力與先見之明，這就是發展智商的表現。

## 人愈老，愈聰明

作者訪問過數千名從中年到一百多歲的老年人，而發現人有一種驅力，他稱之為代表內心渴望成長與發展的「內在推力」（inner-push），這種推力並不會隨著年老而停止。他並且舉例說明年紀漸長在思考方面的模式也會改變，比較能夠應用「相對性的思考」（relativistic thinking），而不會用絕對專斷的想法；也同時會有「二元性的思考」（dualistic thinking），能夠在兩個不相容的觀點裡面去謀求解決其中的矛盾；而且會學會「系統性的思考」（systematic thinking），比較不會陷入見樹不見林的問題。也因此年紀大的人往往較有能力接受某種程度的不確定，能夠承認答案經常是相對而非絕對的，不會掉入草率判斷的陷阱，以至於能夠更謹慎地評估各種衝突的看法，這都顯示出發展智商的程度。作者利用他對後半段人生所做的觀察，而將心理學大師艾瑞克森（Erik Erikson）的人生八階段裡的最後一個時期「成熟期」，再細分成四個潛能發展階段。

## 成熟期的四個潛能發展階段

第一階段：他稱之為「重新定位中年」（reevaluation）。這階段事實上是重要的，是從三十歲中期到六十歲都有可能，但通常發生在一個人四十出頭到五十歲末期。透過認真思考自己生命有盡頭的事實，以達到自我發現。他不贊同時下戲稱的「中年危機」這字眼，他認為「不是因為中年不會遭遇危機，而是中年時期遭遇危機本來就是理所當然，或者說是要度過這個人生階段，就得經歷危機。」

第二階段，他稱之為「解放」（liberation）。一般是從五十歲中期到七十歲中期，通常發生在五十歲末期到七十歲出頭，此時人們經常會意識到「此時不做，更待何時？」，引發內在解放的感覺。這就是一般人最會去考慮退休的時候，想要有一個人生的轉變，嘗試過去想做都沒有機會做的事情，所以有人稱之為「第二童年」。

第三階段，他稱之為「總結」（summing-up）。一般是在六十歲末期到九十歲都有可能，通常發生在六十歲末期到八十多歲。作者認為在這階段裡，由於整理自己人生的過去種種回憶，而常有撰寫自傳的衝動，並且會想以某種方式回饋家人、社區或更廣大的世界。

第四階段，他稱之為「為自己歡呼」（encore），通常在一個人七十幾歲的晚期開始，而在八十幾歲時變得特別明顯。這時期大腦會展現源源不絕的創造力，而驅使我們渴望延續生命，繼續創造新的主題。作者稱這階段「不是天鵝垂死的哀歌，而是一個人在一生中創造的多種主題的變奏。」

作者在書中也討論到認知、記憶與智慧，他以二十世紀最年長的老人之一、法國女性珍・路易絲・卡邁特（Jeanne Louise Calment）的親身經驗證實，認知能力不一定會隨著年齡衰退，而智慧更是歲月累積而成的「寶藏」。她一直活到一百二十二歲，而作者描述這位人瑞在受訪時所呈現出來的妙語如珠、深富哲理的一些對話，使人不由得相信認知能力以及智慧並不見得是隨著年齡的增長而每況愈下。

## 社會智商與年紀呈等比增長

接著他以一個特別的章節，討論如何培養社會智商（social intelligence），發現過去以為老化的過程一定會走入退縮或者疏離，但作者卻舉出一些老年人的實例，證明一些老年人反而隨著退休以後，在知識、智慧、記憶上逐年增長，而更努力參與社會。作者認為，年紀的增長事實上會帶來更好的社交選擇。由他豐富的長期追蹤老人的經驗，說明老年人隨著年紀增長，他們的社會智商會有顯著的提升。最後他也特別舉出，一個人在退休以後應該要同時從事數種同等重要的活動類別，有些是「團體」或「個人」的方式、而活動力的程度也要適度混合「高動力的活動」與「低動力的活動」，而如何達到平衡，將對老年人的身心健康具有非常重要的意義。他的結論是，社會智商、記憶和智慧三者是息息相關，而且都要歷經歲月才能夠收獲成果。

他對於即將退休與已經退休的人做過長期的追蹤，指出有些社會學家早就提出所謂的「忙碌規範」（busy ethic），是非常不好的心理。他發覺有些老人常常會受制於這種「忙碌規範」，而覺得被迫要說自己還是很忙碌，不敢承認自己閒散的生活。他提到許多老年人並不滿足於退休以後就不再工作的看法，所以他提出幾項給考慮退休的老人，一定要做到的幾樣準備工作：要有退休計畫、社區基礎建設的必要、平衡的社會活動組合、在個人與團體之間的活動取得平衡、隨著時間增加社會的參與程度、持續性活動的價值、建立親密友誼的困難、回饋以及終身學習的重要性。

## 退休準備指數十二問

最後他提出一個很有趣的退休準備指數（Retirement Readiness Quotient），而列出以下的十二個問題：

1. 你為什麼現在考慮退休？
2. 你真的想退休嗎？
3. 你的家人朋友對你想退休有什麼看法？
4. 你考慮過你想要完全退休或半退休嗎？
5. 你的經濟狀況足以讓你安心退休，並且繼續以目前的方式生活嗎？
6. 你參加過關於財務規畫的退休準備課程或講座嗎？
7. 什麼事會讓你覺得生命有意義，有目標？
8. 對你而言，哪些類型的活動與經驗最重要，最能帶來滿足感？

9. 你是否參加過著重於社交活動計畫的退休準備課程或講座（所謂社交活動包括社區和人際互動）？

10. 你是否已經找到工作以外的興趣、嗜好、志願工作或新的學習領域？

11. 你是否計畫了新的活動，讓你可以固定與人互動，並有機會結交新朋友？

12. 退休後，你能夠滿足於只藉由志願工作而對社會提供一點貢獻嗎？

作者提出，如果對以上十二個問題大部分的回答都是負向的話，就表示這個人還不到可以退休的時候。

## 歲月帶走一些，但也帶來一些

本書的最後一章裡，作者以「創意與老年」為題，更深入地討論開啟創造力、繼續或改變創造力、失落所激發的創造力，並以他所做的參加藝術課程的老人，其心理與生理健康以及社交功能都有明顯進步，來推廣他長年以來主張的老年創作對健康的正面影響。最後他引用知名的醫生作家威廉斯醫師，在老年時寫出的一句深具哲理的話「歲月帶走一些，但也帶來一些」來證明，心靈的成熟不見得就是意味著心靈的衰老。

這本書我覺得可以說是老少咸宜的好書，他給老年人或即將步入老年的人帶來希望，也使年輕人不僅對人生可以有更全盤的樂觀看法，並且可以幫忙他們了解父母輩一代的心理。（本書之中譯本即將於近日內由張老師文化出版。）

（刊載於《當代醫學》二〇〇七年四月號「每月一書」專欄）

# 全新的心

《未來在等待的人才》
A Whole New Mind: Why Right-Brainers Will Rule the Future
作者：丹尼爾．品克（Daniel H. Pink）
譯者：查修傑
出版社：大塊文化（二〇〇六）

## 觀念世代的來臨

這本書的書名《A Whole New Mind》，直譯應該是《全新的心》，副標題是「由資訊世代轉為觀念世代」（moving from the Information Age to the Conceptual Age）。作者品克（Daniel H. Pink）是美國名作家，經常在各大書報雜誌撰文，還曾任美國白宮演講撰稿人，過去出版的《自由工作者的國度》（*Free Agent Nation*）曾當選為全美暢銷書。此書出版於二〇〇五年，備受美國出版界重視推崇。這本書闡述的要點是我們過去都是用左側大腦看外面的世界，著重分析、推理，但現在世事隨著科技的發達，資訊的傳遞迅速，我們須要改以右側大腦來當家，要以感性、觀念和宏觀，來感受外界的人與物。

當我收到友人寄贈的這本書的郵包時，我初看書名與副標題，以為是有關大腦功能的科普書籍，心想這書對身為神經科醫生的我，可能並沒有什麼意思，而差點將它束之高閣。還好那天下班時，隨手把這本書放在公事包內，結果在捷運車上一打開閱讀，就欲罷不能。

## 二十一世紀，右腦當家

第一章作者先介紹有關左右兩側大腦半球的神經科學知識：左腦管右側身體，而右腦管左側身體；左腦是一步接一步地推理，而右腦是同時綜合各方面以進行了解；左腦專擅的是對文字一字一句地推敲，而右腦長於了解整篇文章的內涵；左腦負責近距離地檢視分析細節，右腦掌管整個圖型的宏觀。所以善用左腦的人精於邏輯演繹、有條有理、像電腦程式按部就班地推論，因此常會走向律師、會計師、工程師的職業；而善用右腦者較習慣於宏觀、直覺、非線性的推理，也因此較會走向發明家、演藝人員與諮商心理師之類的生涯。

第二章作者提到二十一世紀是3A的世代，有豐富的物質，並且可以有多樣的選擇（Abundance）、許多商機以及過去高科技的事業都流向亞洲（Asia）、以及樣樣自動化（Automation）的世代。當大家都在問「這種東西外國會不會比較便宜？」、「讓電腦做，會不會快一些？」、「在這物產豐饒的環境下，我能不能做出一些可以滿足那些不只是注重物質享受的人？」的時候，作者說，這世代已不再是左腦可以單獨應付的世代了。

## 「六感」的重要性

第三章作者說明二十一世紀將步入經濟情況改善、高科技與全球化的社會，我們面臨的是所謂的「High Concept, High Touch」（高層次的觀念、高層次的感動）的時代，我們需要「有創意的人」以及「有同理心」的人。在這裡作者特別提到由哥倫比亞大學醫學院夏龍教授（Rita Charon）開始的「敘述醫學」（narrative medicine），訓練醫學生用心聆聽病人如何敘述他們的問題，而要求學生以敘述體的方式寫病歷，以反映出病人對所遭遇到的病痛的感受，藉此使學生發展出他們對病人的「同理心」。由此作者提出智商（IQ）與情緒商數（EQ）的意義，並介紹耶魯大學目前正在進行的彩虹計畫（Rainbow Project）：要求考生對一個卡通進行文字敘述，而由其寫出的故事來評斷考生對他人感受的敏感度，希望將來可以利用這種評分，來取代目前大學入學通用的性向能力筆試成績（SAT）。作者在這一章裡經過各種討論之後，提出包括設計（Design）、故事（Story）、交響曲（Symphony）、同理心（Empathy）、玩（Play）、意義（Meaning）一共六個重要的不同能力，而稱之為「六感」（Six Senses）。而後他提出以下的說法：

一、創造出來的東西不應該只是考慮它的功能，也要注意它的「設計」，是否美麗、有獨特想法、有感情。
二、不只是提出辯證，應該也要有動人的「故事」，要有說服力、溝通與容易了解。
三、不只是注意各單項，更要有能力看出跨組的成果，就像是不只能夠欣賞各個樂器的音色之美，更要能欣賞一起演奏出來的「交響曲」。
四、不只是要求合邏輯，更要能夠有「同理心」可以了解關心別人，從而與人建立良好的關係。
五、不只是嚴肅敬業，也要能會「玩」。
六、不只是積富，更要學會找到「意義」，要能思考終極目的、超脫世俗、並重視靈性的追求。

而後作者分別用六章詳細地探討這「六感」，以十分生動風趣且非常豐富的資料文獻，來說明「設計」、「故事」、「交響曲」、「同理心」、「玩」、「意義」的重要。更難能可貴的是作者在每章談完一個主題之後，就接著以Portfolio（資料彙編）的標題，建議讀者如何真正將這主題付諸實踐（譬如說，如何學畫與欣賞藝術），如何尋找資料，並且提供有趣的網站、介紹好書、好的音樂以及旅遊參觀指南等等增加生活情趣的寶貴資料。

個人覺得作者在有關「玩」的這一章寫得特別有趣。他介紹一位印度的卡達利雅醫師（Dr. Madan Kataria），深信大笑是最有益的保健方法，而在印度發起「笑的俱樂部」（laughter club），而今全球各大洲一共已有不下二千五百個俱樂部。作者也親自跑到印度參加他們的活動，他描述清早六點半，卡達利雅醫師夫婦與他一行四十四人一起步行、擊掌、沿途大聲並有節奏地發出笑聲「哈哈，哈哈哈，哈哈，哈哈哈……」，並且大聲地一起喊，「我不知道我為什麼發笑」。作者說透過這些活動，他終於領會到卡達利雅醫師所說的「快樂是有條件的，但愉快是無條件的」（Happiness is conditional; joyfulness is unconditional）。他證明了笑具有像病毒一樣的感染力，可以帶給人愉快的心情。

## 未來人才三要件：高EQ、有創意、善溝通

本書的一大特點是作者博覽群書，並收集不少名言，對於喜歡收集quotes的讀者真是一大享受。作者在本書最後的〈註解〉（Notes）附上各章所引述的文章書籍出處，個人覺得這些參考文獻實在是本書的精華。值得一提的是，作者在〈後記〉（Afterword）說，有兩組經濟學家在他出書之後發表類似的看法。美國聯邦儲備銀行注意到，最近十年的就業資料顯示兩種人才的需求激增：擁有技術與情感智商的人（如護

理師）以及有想像力與創造力的人（如設計師）；而另一組人發現，電腦的問世使兩種人類技術更形重要：能為沒有現成答案的新問題提供答案的思考專家，以及精於說服、解釋的溝通長才。而作者說這些正是他所說的右側大腦的功能。

友人聽到我在寫這篇書摘時，告訴我本書中譯本已在兩年前由大塊文化出版，由查修傑先生翻譯，書名為《未來在等待的人才》。但因為自己沒有時間找這本書，所以對中譯本無從置評，但對喜歡看英文原文書的朋友們，我衷心地推薦這本文筆流利、風趣並且相當有內容的好書。（刊載於《當代醫學》二〇〇八年六月號「每月一書」專欄）

# 輯五 生死交界的沉思

最終的勝利
安頓生命的最後歸宿
Final Victory
Facing death on your own terms

舞孃
醫生

時間等候區
醫生與病人的希望之旅
The measure of our days

瘟疫
The Plague

Life in the Balance

微笑，跟世界說再見！
Not Fade Away
a short life well lived

愛無國界

上帝的語言
The Language of God
Francis S. Collins

CARLO URBANI
Il primo medico contro la SARS
卡羅・歐巴尼醫師傳奇
ANCORA

最後期末考
Final Exam
A Surgeon's Reflections on Mortality

向生命說
Yes!
...trotzdem
Ja zum
Leben sagen
Viktor E. Frankl

向生命說
Yes!
...trotzdem
Ja zum
Leben sagen
Viktor E. Frankl

爸爸教我的
人生功課
mark
有一天
父母親都會變成我們的孩子

Hands
My Father
父親的手

# 最終的勝利：安頓生命的最後歸宿

《最終的勝利——安頓生命的最後歸宿》
Final Victory: Taking Charge of the Last Stages of Life, Facing Death on Your Own Terms
作者：湯馬斯・普瑞斯頓（Thomas A. Preston, M.D.）
譯者：施貞夙
出版社：天下生活（二〇〇一）

## 能善終者，才是快樂之人

這本書是美國華盛頓大學的湯馬斯・普瑞斯頓醫師（Thomas A. Preston, M.D.）所寫的有關臨終照護的好書《Final Victory: Facing Death on Your Own Terms》。作者在〈引言〉就道出了這本書最重要的看法：「能善終者才是快樂的人」。在自序中他說了一段發人深省的話：「打從我穿起白袍的第一天起，偶爾會在病人的痛苦中發現醫師的手印。人或許免不了要接受不必要的苦痛，但我並不接受醫師造成的過多而可避免的痛苦。」的確，我們醫療團隊往往只想到要延續病人的生命，卻忽略了幫助病人避免他們不必受的苦。作者以他長年累積的臨床經驗，希望透過這本書，「能夠提供讀者方法，來協助改善死亡的方式，以避免不必要的痛苦，並獲得更平靜的死亡。這個目標是可以達成的。」作者寫這本書主要是針對社會大眾，但以一個臨床醫師而言，我除了對作者表達的情感「於我心有戚戚焉」以外，我也在這書裡學到很多醫者應具有的知識與智慧。

全書分為三大部分，第一部〈安頓生命〉包括臨終安排、臨終醫療、預立醫療囑咐和與相關的人討論；第二部〈安排旅程〉包括了解診斷結果、與醫師討論、選擇治療方式、請醫師協助結束生命和讓家人知情；第三部〈最後歸宿〉包括了解臨終階段、平靜安詳地離開、討論死亡問題、處理臨終症狀和抵達人生終點。

## 臨終療護的幾個反思

在談到「臨終安排」時，作者用了一個很好的比喻，說這就有如事先安排好航道，「如果你曾在激流中滑過獨木舟，就能了解『掌舵於靜水』的道理……真正的獨木舟好手在激流上游水流平靜時，就能『判別』水的流向，把獨木舟擺在最不可能於途中撞上岩石翻船的位置。同理，每個人都必須學習適當擺好自己的位置，才能安渡死亡的激流。當你行過臨終前變化莫測的激流時，知道自己終將一死，但你希望沿途盡可能地平靜，不只是為自己，也為親朋好友。你希望盡可能避開這條帶領你駛向終點的激流，沿途崎嶇的岩石可能對你及他人造成損失及傷害。」以這種比喻來強調預先的臨終安排是何等地傳神。

在談到「臨終醫療」時，作者指出很多人都知道自然死亡最好，但「卻盡其所能防止自然死亡來延長生命」。他以一個行醫者多年的經驗，坦承醫生在面對病人死亡時，常因為不假思索的反射動作，而造成病人生不如死的困境。他觀察到一些醫生以為「因為不盡一切所能保住病患生命，就如同殺人。」他坦然指出其中癥結在於「對這些醫師而言，問題不在於病患的狀況與希望，而是他們如何看待自己讓病患死亡的方式。」作者指出在現代臨終醫療方式可以有「不施行心肺復甦術」、「終止維生治療」、「積極的安寧療護」（如注射嗎啡及末期鎮定）。在談到「積極的安寧療護」這方面，他介紹了「安寧療護的雙重效果原則」（Principle of Double Effect in Palliative Care），這是被一般法界、醫界及大多數宗教團體所接受的，這原則就是說「醫師可以給予臨終病患如嗎啡一類的藥物，以達到減輕疼痛的目的，即使這些藥物可能產生第二種『可預期，但不想要的結果』——死亡。」。

在「預立醫療囑咐」方面，作者很清楚地交代如何準備意願書、意願書內容應包括哪些，以及預立醫囑的意義，同時也特別提到如何安排醫療代理人的方法及內容。文中特別強調三種維生治療，而主張在預立醫療囑咐時，一定要能夠界定「心肺復甦術」、「人工呼吸器」、「人工補給養分及水分」之使用與否。

在「與相關的人討論」方面，作者認為病人需要能夠與醫師及親朋好友討論，而且務必讓家人知道自己的意願，能夠好好討論，瞭解診斷結果。在書中對「病人如何從醫師那裡充分瞭解病情」的建議，也間接幫助醫界了解如何在這最後關頭幫忙病人得到最好的照顧。

## 其實，無法放手的常常是醫師

在「選擇治療方式」裡，他很深刻地描繪出醫界在科技追逐中迷失方向的困境，「醫療科技的確能挽救生命，並延長人的存活時間，但在若干疾病的病程中，濫用醫療科技卻可能導致更難治癒的新狀況，面對這種新狀況，醫學界又努力找尋新的科技治療方式。大量運用科技，不見得對病人有利。」作者也再次對醫師不惜代價延長生命做出了相當多的批判，他認為在醫師圈裡最常見的錯誤是以為「錯失治癒機會，比勇敢嘗試治療對病人造成的傷害與延長的痛苦，是更大的職業罪過。」

在「請醫師協助結束生命」中，作者對「不施行心肺復甦術意願書」（DNR）做了很詳盡的討論。他說：「想安排穿越末期疾病激流的最佳航道，就必須知道事實。親友必須知道真實的診斷結果、預後、醫師建議的療方，以及該有哪些期待。病患不需要你當他的醫師，他已經有夠多的醫師照顧他了。他需要你以朋友的立場，不只傾聽他說話，也了解他話中流露的意願與恐懼。」這句話真是對醫師與臨終病人應該如何相處的金玉良言。

在「了解臨終階段」與「平靜安詳地離開」裡，作者提出獲得平靜死亡的三大醫學方法為：「一、縮短臨終階段。二、盡可能獲得最佳的安寧療護，以緩和或消除症狀。三、選擇令人感到舒服，而且可以平靜死亡的地方。」他強調安寧療護的一大優點是在於提供病人有品質的生活，而且他也再三強調，如果病人選擇在家中過世，一定要先讓親友知道如果一旦有突發狀況，別叫救護車到醫院急救。他雖然強調精神療護是安寧療護中重要的一環，但他更指出如果病人拒絕，我們也不能強迫病人或家屬一定要接受精神療護。

## 時時體察，讓病人寬心

對死亡問題本書也有非常細膩的觀察與討論，作者建議說，「接觸時間多了，病人自然而然會與其中一位醫療人員培養出親密信賴的關係。但有時專科醫師間的醫療分工，會使末期病患出現無人協調整體醫療的情況。如果病人希望某位負責基本醫護的醫師，做他的臨終醫療顧問，一直陪伴他到最後，很少醫師會拒絕這樣的私人要求。」這一點是對病人非常好的勸告，我們醫者如有榮幸得到病人這般的信賴，我們也務必要善盡對病人最後的照顧。能使病人心安，是我們對無法挽回病人生命時還能做的最大幫忙。作者建議病人不妨有時間和家人一一告別，與家人好好溝通，以表達病人對家屬的愛，或是對他們說明病人現在的所需；也是家人在病人離開後最好的撫平情緒方法。他甚至建議病人，「不妨錄下他們最珍貴的記憶，讓他們能夠記起你的容貌與聲音。」這樣貼心的忠告使我看這本書時有種非常溫馨的感覺。

在「處理臨終症狀」裡，作者包括了對於疼痛、虛弱、沮喪以及喘氣的各種治療上的建議。最後一章是以「抵達人生終點」描寫各種臨終症狀，並強調一定要告訴病人，「醫療團隊會確保他得到足夠的止痛藥，絕不會讓他受苦」。作者強調「痛苦是由病人，而非旁觀者界定」，而醫師或護士務必與病人保持密切的聯繫，確定病人可獲得必須的安寧療護。

## 做足準備，方可安渡死亡的激流

誠如成功大學醫學院趙可式教授為本書所寫的推薦序所言，「如果人人能為自己的生死大事做好規畫，慎終與善終應該是可以預期了。」我想這本書的確可以幫助許多病人面對死亡，從迷惘逃避跳脫出來，正視這不可避免的事實，從容地「在激流之前調整好獨木舟的方向」。對醫者而言，這也是一本好書，提醒我們，不要把自己對「病人死亡」和「打敗仗」劃上等號。作者在文中提到美國最高法院歐康諾法官寫過：「對於承受極大苦痛的癌症末期病人而言，並無法律障礙阻止他們由合格的醫師身上獲取減輕痛苦的療方，甚至導致昏迷及加速死亡亦然。」我也希望醫界能由這句話悟出，醫生所做的決定並非都是在「延長生命」，而「允許生命結束」也是一個好醫生能為病人做到的無上功德。

這本書我還沒看過英文的原版，譯者施貞夙文筆相當流利，看完後除了有幾個精彩的文句，會使我好奇地想讀原文以便將來能夠引用以外，我並沒有感覺到中譯本有什麼不妥之處。回國這四年多我常感慨，國內大學生的讀書風氣普遍不如國外學生，而對醫學生們強調他們需要多讀好書，尤其是生死學方面的書，因為這是做為一位好醫生所不可或缺的修養。這本中譯本全書不到兩百頁，譯筆流暢、淺顯易讀，而且每一章最後都有非常簡潔的「要點提醒」，並附上一些有關台灣安寧照顧的珍貴資料，的確是值得向國內醫學生鄭重推薦的一本好書。（刊載於《當代醫學》二〇〇三年五月號「每月一書」專欄）

# 時間等候區

《時間等候區：醫生與病人的希望之旅》

The Measure of Our Days: A Spiritual Exploration of Illness

作者：傑若・古柏曼（Jerome Groopman, M.D.）

譯者：鄧伯宸

出版社：心靈工坊（二〇〇三）

## 古柏曼醫師初試啼聲之作

這本書英文原名為《The Measure of Our Days: The Spiritual Exploration of Illness》。作者傑若・古柏曼醫師（Dr. Jerome Groopman）以八個病人的故事，寫出一本刻畫醫病關係入木三分的好書。這是作者一九九七年所寫的第一本書，而後他在二〇〇〇年又寫了《第二意見》（*Second Opinions*，已由天下文化翻譯成中文發行），而二〇〇四年出版的《The Anatomy of Hope》（中譯本定名為《希望：戰勝病痛的故事》）目前正由天下文化請人翻譯中。

古柏曼醫師是哈佛大學內科教授，並且主導貝絲以色列女執士醫學中心（Beth Israel Deaconess Medical Center, BIDMC）之實驗醫學部，是國際知名的愛滋病與癌症專家。他是一位視病猶親的好醫生，又是一位學有專精的科學家；更難得的，他也是一個文筆流暢的《紐約客》專欄作家。在本書〈自序〉裡，作者談到自己專門的愛滋病，「這類病人，人人避之唯恐不及，許多醫師也都敬而遠之，而這也正是我於心不忍的地方。我知道，他們身上負的重擔，我多少可以幫他們減輕，我也發現，就像跟癌症病人相處，不避不縮，敞開心靈，站在他們床邊的那一刻，友誼的治療也可以抒解他們的痛苦。」在這本書裡，我們就可以感受到這種悲天憫人的情懷。

## 寫作是行醫的延伸

在二〇〇四年一月三日英國最負盛名的醫學雜誌《刺胳針》（*The Lancet*），古柏曼醫師以「醫師作家」為題，說他自己不是一個作家，「我是一個醫生，喜歡寫出我所關心的，信任我的病人的故事。所以我的寫作成功與否並不尋常，我的寫作無法與我的行醫分開，因為我的寫作完全取決於我和病人及家屬的關係。」而在另一個場合，他又寫道，「每當面對一種無藥可醫的疾病，一場明知不可為而為的戰鬥時，痛苦與挫折使我心灰意懶，我就遁入實驗室，一心想著，再大的失敗，只要積極參與新療法的研發，就能重新點燃我的勇氣。我相信科學可以改變世界，致命的疾病終有一天會變成可以醫治的。」這就是古柏曼醫師為什麼能身兼良醫、科學家、作家而樂此不疲的原因。

在這本書裡的八個不同病人，一位是投機賺錢的富賈，面臨癌症時，以生命為賭注嘗試效果尚未定論的療法，康復時悟出生命的空虛；一位罹患血友病的同事，因為輸血罹患愛滋病，而作者在書中充分發揮出關懷後進的愛；一位因為一時性解放，帶來愛滋病的年輕女性，在得病後對人生看法的改變；一位年輕人被發現白血病，而後因為輸血得到愛滋病，做父親的無法面對這殘酷的事實；一位發現有乳癌而拒絕西醫治療，選擇另類療法的病人，帶給醫師的困擾；一位才氣縱橫的藝術家，罹患愛滋病，曾經一度要求放棄，而後重燃求生慾望的心路歷程；一位以為有錢能使鬼推磨的富婆，在罹病後對醫生以及人生的態度改變；以及一位作者的知己，發現有癌症以後，使作者意識到如何幫忙致癌的病人面對現實的種種困難。

作者本身是猶太人，他對猶太人的宗教、文學與歷史的心得，以及猶太人在第二次世界大戰集中營所遭受到的種種經驗，都融入書中許多醫病之間的溝通裡。最令人感動的是，書中處處充滿了愛，他所描述的病人與家屬或朋友之間、醫生與病人及家屬之間的感情之細膩，比起專業的文學家毫不遜色。同時，字裡行間他常透露出，自己因為父親當年未能受到合理的治療，而不幸過世所引起的遺憾，以及他對母親的關懷照顧，因而引發出他能將心比心地為病人與家屬著想，實在令人感動。作者對每個病人都能夠有深入的瞭解，而後在疾病的告知方面，又能夠因人施教，運用淺顯的語言和比喻的方法，讓病人與讀者瞭解許多複雜的醫學新知。這本書使我深深領悟出，「一個好醫生是要說病人聽得懂的話」。

著有《火星上的人類學家》、《錯把太太當帽子的人》、《睡人》的神經內科醫師兼名作家奧立佛‧薩克斯（Oliver Sacks, M.D.）曾為這本書寫道，「經常面對最嚴重的疾病，卻能保有人性、希望與生命的方向，一定能夠成為一個好醫師；如果這樣的一個醫師又能夠書寫，文字典雅、心懷慈悲，言之有物，寫病人，寫自己，寫他與病人之間複雜而微妙的關係，那就一定是一本好書了，《時間等候區》正是一本這樣的書。」

## 關於譯文

本書譯筆流暢，信、雅、達都做得不錯，尤其有句譯文，特別值得一提。在原著80頁病人發現作者對他侃侃而談有關愛滋病的種種醫學資料時，病人忍不住反激他：「……You sound so factual and clinical.」譯者將他譯為：「你聽起來就是那樣有什麼說什麼，那樣『醫』本正經。」這使我不得不為他將「clinical」如此傳神地譯為「『醫』本正經」而折服，真是絕妙好辭，神來之筆！

總之，傑若‧古柏曼醫師的這本書，又是一本像他的《第二意見》一樣，是一本值得大力推薦的好書。（刊載於《當代醫學》二〇〇四年七月號「每月一書」專欄）

## 微笑，跟世界說再見

《微笑，跟世界說再見》
Not Fade Away: A Short Life Well Lived
作者：羅倫斯．山姆斯（Laurence Shames）、彼得．巴頓（Peter Barton）
譯者：詹碧雲
出版社：心靈工坊（二〇〇七）

### 一個短暫但卻充實的生命

這是一本不尋常的好書，雖然整本書只有222頁（英文原本），但裡頭醞釀的生死哲學卻使我在一年前讀了之後，迄今仍然無法忘懷。當初友人黃達夫院長借給我這本書時，一看書名《永不消失》（*Not Fade Away*），隨即聯想到麥克阿瑟將軍在美國國會的告別演說的名言「老兵不死，只是逐漸凋零」（Old solders never die, they just fade away），所以我以為是一本有關退休的書，但看到書的次書名是「一個短暫但卻充實的生命」（A Short Life Well Lived）時，才知道這是一位英年早逝的人，與世人分享他在面對死亡的過程中對生命的領悟。

作者是羅倫斯・山姆斯（Laurence Shames）與彼得・巴頓（Peter Barton），後者是一位非常成功的企業家，在四十七歲事業正達巔峰時，被發現罹患胃癌。當最後確定已無法治癒時，他邀請名作家山姆斯來與他一起回顧他的生命，以及觀察他在步上死亡之路的感情起伏、看法的轉變以及他對人生的感觸與心得。透過山姆斯的細膩文筆，本書將這位瀕臨死亡的人對生命的「回顧」、與「當下」的諸般感觸，以及對「未來」的憧憬，利用時空交錯的手法，娓娓展現於書中，使讀者對人生的不可逆料，以及把握當下永不屈服的人生哲理，有更深的體會。

## 特立獨行的人格

在「過去」的回顧裡，巴頓追憶自己不尋常的求學、求職過程。他在哥倫比亞大學求學時，正是美國校園普遍反戰情緒高昂的不安階段，於完成學士學位後，進入研究所，但沒多久就決定中輟，與友人由紐約開著卡車到科羅拉多州追求他們的夢。這期間他在滑雪場當過特技表演員、雪崩搜索救生員、太和湖（Lake Taho）賭場的發牌工作人員、紐約州州長競選工作人員、州長助理，而後決定申請進入哈佛大學修得ＭＢＡ學位。當他畢業後覓職時，他也一反別人追求高薪的策略，自己選定波士頓、丹佛市、舊金山三地，作為他考慮將來定居的好地方，而且在應徵時，堅持他的條件是希望能得到「不支薪」的職務，以便自己可以在就職三個月後，有充分自由根據自己的性向決定去留。就這樣子他找到了一個專做有線電視裝備的大公司，由此進入電視傳播媒體事業，而打出一個電視節目購物的新天地，後來他又投資了幾個非常成功的電視節目，而成為億萬富翁。當他過了四十五歲半，證明了自己已比早逝的父親活得更久時，他就決定從自己的崗位上退下來，開始做一些自認為比賺錢更有意義的事，譬如說，到丹佛大學商學院與學生分享他在商場的經驗，或參與小孩子們的教育學習。他多采多姿的工作經驗，以及許多特立獨行的卓越見解，使人對他「過去」許多出類拔萃的地方，不得不產生羨慕讚嘆。

但另一方面，在他的「現在」，他在心理上完全沒有準備的情況下，被發現患有胃癌，開刀一年半以後又復發，而後放射治療與化學療法都無法挽回他的生命，最後在體力衰竭、病痛的折磨下過世。這中間他想過許多事情，譬如說，如何向親朋好友告知自己不久於人世之痛、如何面對病痛而不屈服、如何面對死亡而不恐懼、憤怒的種種心路歷程，令人讀來忍不住一掬同情之淚。

山姆斯在他的序文裡提到最使他感到震撼的是，他與巴頓的年紀相近，因此對這份工作倍感心理負荷。他說，過去以為死亡好像是屬於一些老弱不堪的親戚朋友，絕沒想到這種事情會有可能發生在他這種年紀的人身上，所以當他初見巴頓時，他很想安慰他幾句，「這種年紀讓你面臨這種厄運實在不公平」，然後就趕快逃開，因為他實在無法面對這考驗。但他一旦與巴頓見面以後，他發現他深深喜愛上這個人的智慧與勇氣，並發現這個工作將會「給自己一個史無前例的冒險，見證我們大家都無法避免，而且只能一人獨行的死亡之路。」他說，巴頓似乎有種使命感，認為他應該做他這一代的死亡前鋒部隊，替大家探路。在書中，我們可以看到巴頓給自己下了一個人生的最後目標：「死得其所，感恩而無怨尤，尊嚴優雅地死去，並能有個人的信仰與理性的並存。」（to die well, with gratitude rather than complaint, with dignity and grace, with a highly personal faith that could coexist with reason.）

## 人生必經的三大主題

我想這本書特別有幾個主題，綜合巴頓的「回顧」與「當下」，可以歸納如下：

**夫妻父子之愛**：他坦承自己婚後對男女觀念完全改變，竭誠用心呵護愛情，努力做一個能給予愛妻滿足的好先生。他提到在小孩生產時，他都進入產房在產科醫師的指導下，自己動手剪斷兒子的臍帶，以見證他們的獨立。他非常珍惜這機緣，而他在為這三個小孩剪斷臍帶時，總是穿同一件他非常珍藏的粉紅色與白色紋線襯衫。當他最初診斷出胃癌時，他不忍心讓親朋好友知道，而以胃潰瘍開刀為名告訴大家。然而當他在開刀一年半以後，被發現癌症復發時，他自知再也不得不面對現實，他與太太為了要不要對三位十一歲、九歲與七歲的小孩告知自己的病討論了很久，也花了許多時間商量如何告訴他們。他說，他不忍心小孩們生活在父親可能不久於人世的陰影下，但他又不願意看到小孩再次經歷自己童年時，在毫無心裡準備之下遭受父親心臟病突發身亡的心靈創傷。而且他也提到親友們在父親的喪禮時，都對他這當時才十三歲的小孩子鼓勵說，要堅強，並且要幫忙媽媽，這帶給了他很大的壓力。所以他說，「我告訴我的孩子，絕對不要因為你父親的死亡而突然之間就要讓自己變成一個小大人。你還是小孩子，好好享受你的童年。讓你隨著你的年齡成長，而不要因為外界的影響。」這是多麼體貼的父親之愛！

**對癌症的體驗：**他說，癌症對病人的傷害不只是損壞健康，它也改變了病人在別人心目中的形象。別人看到這種病人就好像只有看到癌症，好像你就再也與大家不一樣。他也說有人戲稱癌症的好處是它不會突然殺死病人，它會讓你有時間整理你的房子，有時間思考感情與心靈方面的問題，有時間整理你的思緒。他對癌症復發所引起病人心理上的打擊也有很深刻的描述，他說：「得到癌症兩次的心理打擊是比第一次獲知癌症的打擊兩倍以上，因為這更容易使人聯想到死亡。」在步向死亡的路上，他深深領悟到身體可以被疾病侵蝕打敗，但至少心靈可以不必蒙難，當肉體的痛苦達到極限時，心裡常不由得會產生早日解脫的願望。他說，也許我們對疾病的態度不應該是用「戰勝」、「搏鬥」，而應該是希望能夠與疾病達到和解，而達到某種程度的共存，以換取心靈的平靜。「接受並不就是放棄」，是他最後的日子裡所悟出來與病魔奮鬥的心得。他也提到過去由於自己體魄健壯，因此對體弱多病者缺乏同情，而今自己體力日衰，才更能體貼老弱所需的扶持。

**對生死的看法**：過去自己健康時一直高瞻遠矚，只是想著將來，而從未好好活在當下。「癌症使我有機會對『現在』更有機會去瞭解。」他也很感慨地說過去自己是世界上最忙的人，但死亡的來臨教會了他，人需要有耐心。山姆斯很感慨地說「彼得下定決心要活到他死的最後一刻」，而他最後的日子裡最強調的是隨時都已準備好要活、準備好要死，「當必要轉向時，他已準備好隨時都可以轉換方向。」（Ready to change directions when change was necessary.）

### 面對事實，同時等待奇蹟

巴頓在死前十天，全家到紐約無線電城音樂廳（Radio City Music Hall）接受ＭＴＶ電視音樂獎，回來後就漸漸陷入肝昏迷，而於二〇〇二年九月八日在家安詳平靜地過世。死後家人遵照他的意思，讓他穿上他替三位小孩剪斷臍帶的粉紅色與白色紋線的襯衫，而後火化，骨灰葬於洛磯山的墓園裡。

書中許多地方都展現出對生命的智慧，許多嘉言雋語都是非常好的話，我特別喜歡當他獲悉自己罹患癌症的瞬間而無法接受時，所說的這句話，「有些人也許會認為我是想『否認』，但當這不是你自己的生命面臨考驗時，說別人是在『否認』是容易的。我比較喜歡說我是要面對事實，但也在等待奇蹟。」（Some people might say that at such times I am “in denial.” Well, “denial” is an easy word to use when it is not your own life hanging in the balance. I prefer to think that I am facing facts while waiting for a miracle.）我也特別要在這裡指出本書的第一頁引用猶太聖典（Talmud）的話，「要活得有如你會永遠活下去，同時也要有準備明天可能死亡就會來臨。」（Live as though you'll live forever. And be prepared to die tomorrow.）

## 忙著過日子的同時，不要忘了為什麼而活

這本書出版於二〇〇三年，目前已名列美國暢銷書。巴頓生前老友名演員勞勃瑞福（Robert Redford）推崇這本書說：「對我們這些認識他的好友，這本書只是證明他的『一個短暫但卻充實的生命』之美，但對第一次透過這本書而認識他的人，他們可以分享我們所知道的彼得・巴頓的祕密——他的本能與天才的靈感。」許多書評都盛讚這本書作者能與世人分享這種細膩、面對死亡的感觸，尤其是名書評家貝瑞（Dave Berry）很感慨地說：「……我們都忙著過日子，有時卻忘了我們為什麼而活。但遲早我們都會步上彼得巴頓的路；感謝他，我們現在覺得這條路並沒有那麼可怕。」

選這本書來做「每月一書」的介紹，除了我真的喜歡這本書以外，我也想向國內醫界朋友、醫學生，以及喜歡念英文書的社會讀者們鄭重推薦這本不厚重、用字不艱深、又非常有內涵的好書，也更希望像過去透過這專欄的介紹，能成功地再催生一本好書的中譯本問世。（刊載於《當代醫學》二〇〇五年七月號「每月一書」專欄）

後記：非常高興這篇文章又感動了我當時的祕書詹碧雲小姐，而決定繼她翻譯《舞孃變醫生》一書之後又動手翻譯，而由心靈工坊於二〇〇七年三月出版。

微笑，跟世界說
再見

# 上帝的語言

《上帝的語言》
The Language of God: A Scientist Presents Evidence for Belief
作者：法蘭西斯・柯林斯（Francis S. Collins, M.D., Ph.D.）
譯者：林宏濤
出版社：啟示出版（二〇〇七）

## 科學與宗教的激辯

這是一本二〇〇六年出版的新書，英文的全名是《The Language of God: A Scientist Presents Evidence For Belief》，英文直譯應為《上帝的語言：一位科學家提供信仰的證據》。作者科林斯醫師（Dr. Francis Collins）是享譽遐邇的國際人類基因體計畫（Human Genome Project）的主持人，是一位擁有M.D.與Ph.D.雙重學位的醫師科學家。他雖然身為一位傑出的解開生命之謎的基因科學家，但從不諱言自己是一位虔誠的基督徒，甚至在很多公開場所都與一些無神論者公開辯論。今年一月十五日，美國《時代雜誌》（*Time*）登了一篇他與英國牛津大學教授達金斯博士（Dr. Richard Dawkins）就科學與宗教的相容性所做的非常精采的激辯，達金斯博士義正詞嚴地指出：「身為科學家而信仰宗教者就是因為他們相信『奇蹟』，而一旦你因此而產生信仰，你就開始會失去你的科學可信度。」而科林斯醫師當場斥責他：「信仰宗教，並不會使我的科學本能比其他的科學家更不嚴謹，只是我對上帝存在的假設，不像無神論者將它降到零而已。」這本書事實上就是他為了證明他這句名言，所做的最好的詮釋。

在這本書的序言裡，作者提到二〇〇〇年柯林頓總統在白宮宣布人類基因體計畫已經成功地解開基因圖譜，作者當時是以計畫主持人的身分躬逢其會，親身感受到那瞬間的興奮。他特別指出柯林頓總統當時所說的一段話：「今天我們發現了上帝創造生命所用的語言，我們才能夠感恩上帝神聖的禮物帶來這般錯綜複雜與美麗的生命。」由此他提出：「到底科學與宗教是否真正無法相容的問題？」他引述一九一六年，研究者曾經針對生物學家、物理學家、數學家進行意見調查，問他們有多少人信仰宗教？而當時的調查結果顯示百分之四十的科學家持肯定的態度。想不到在數十年後科學突飛猛進的一九九七年，同樣的調查竟然發現科學家還是有一樣高的比率信仰上帝，所以他提出宗教與科學並不像一般人所想的那麼不相容。他以為宗教與科學並不見得一定會互相衝突，他認為科學的領域是去探索自然，但宗教的領域是在於心靈世界，並不是科學的工具與語言所能夠探索得到的。接者作者以三個部分，分成十一章來對這複雜的問題抽絲剝繭，娓娓道出他對宗教與科學的看法。

第一部分「科學與信仰的分歧」，包括第一與第二章：

第一章〈從無神論者皈依宗教〉，作者敘述自己的父母都是畢業於耶魯大學修習藝術音樂的知識分子，母親選擇不讓他接受傳統的學校教育，而自己在家裡教。父母對宗教方面並沒有強烈的立場，所以他自認小時是個「不可知論者」（agnostic），他說，根據赫胥黎（T. H. Huxley）的定義，agnostic是「不知道上帝到底存在不存在」的人，而每當有人問他宗教的事，他總以「我不知道」來搪塞。大學時代他熱心追求科學，由對數學的喜愛漸漸轉為化學，而他的宗教看法也漸漸從「不可知論」（agnosticism）變成「無神論」（atheism）。由於他對生物化學的興趣，漸漸使他走向DNA、RNA跟蛋白質的遺傳學方面的興趣，最後他發現由於對追求知識的喜好、倫理的挑戰、人性以及對人體複雜結構的興趣，在獲得生物化學博士學位之後，決定再進入醫學院攻讀。他在醫學院三年級開始接觸到病人時，有一天一位心絞痛的老太婆問他信什麼宗教，他以「我不確定」來搪塞時，突然間警覺到，自己怎麼可以二十六年來一直逃避這個問題，而沒有好好用心地思考。於是他請教了一位基督教牧師，透過他所推薦的魯易斯（C. S. Lewis）的著作以後，他慢慢開始改變他在這方面的立場。他認為魯易斯所描述的道德律（Moral Law）是人類生存最為特殊之處，透過這個他漸漸地接近了基督教的信仰。他認為道德律是人類不同於其他動物的地方，並由此引伸到利他主義（altruism）的探討。

作者在這一章裡利用許多故事、比喻以及充滿智慧的佳言、睿句，探討他對這方面的看法。他特別提到魯易斯的一本書《四種愛》（*The Four Loves*）裡面所特別提到的希臘語所說的「agape」（發音像 ah-GAH-pay），與其他三種愛（情感、友誼、羅曼蒂克的愛情），最大的不同在於 agape 是一種無私、單方向的奉獻。魯易斯認為人類的這種 agape 就是與演化論的出發點最不同的地方。透過這些道德律與 agape 的探討，他開始改變無神論者的看法，而接觸到上帝的存在。

第二章〈各種世界觀的紛爭〉，作者開宗明義地宣稱，懷疑是信仰不可或缺的一部分，而引用神學家保羅・田立克（Paul Tillich）所說的，「懷疑不是信仰的相反字，它是信仰的一個要素。」他敘述自己如何思考過各種對宗教信仰的不同看法，包括：「上帝觀念是不是人類的一種願望達成的看法？」、「歷史上以宗教之名做了那麼多傷天害理的事，又如何解釋呢？」、「如果上帝那麼仁慈，為什麼社會上有那麼多受苦受難的人？」、「怎麼有可能一個合理的人會去相信那種不可能發生的奇蹟？」針對這些問題，他列出一些相當具有說服力的答辯。

**第二部分「人類存在的幾個大問題」，包括第三、四、五章：**

第三章〈宇宙的起源〉，可能對物理學家而言，並沒有什麼新鮮的內容，他引述霍金博士（Dr. Stephen Hawking）的名著《時間簡史》（*A Brief History of Time*）來探討地球如何產生而提出一些問題。在「大爆炸」（The Big Bang）之後，我們的太陽系以及地球是怎麼樣形成的？探討量子力學與測不準原理、宇宙學與神的假設等等。第四章〈地球的生命：微生物與人〉，由人類如何在地球上演變出來，而後提到達爾文的演化論，再提到遺傳基因最重要的DNA以及各種生物學上的事實。

第五章〈如何破解上帝的生命之謎：人類基因體得到的教訓〉，敘述自己由人類基因的研究所得到的一些心得。他提到過去剛進入遺傳學的研究，對囊狀纖維化（cystic fibrosis, CF）基因研究的科學發現，這段高潮迭起的研究生涯的描述，使讀者領會到一位科學家追求真理的興奮。最後並提到他們對人類基因體解密以後對整個事情的看法，而提到達爾文與DNA的發現所產生對人類的影響。最後他認為我們一方面擁有更多有關於宇宙的形成以及生命在地球上的源起的科學知識，但另一方面我們對上帝存在的可能性也有更多的說法，因此我們必須慎重思考科學與宗教信仰兩者之間，是否可能達到合諧的共存。

第三部分「對科學的信仰、對上帝的信仰」，包括六到十一章：

第六章〈創世紀、伽利略以及達爾文〉裡，他提到在二〇〇四年，他以民意測驗問美國人有關達爾文演化論的看法。問說，「你認為達爾文的演化論是一種早已為大眾廣泛支持的、已經有充分證據來支持科學的一種理論」；或者是「這只是很多種理論其中一種，而還沒有完全被確定」；或者是「對演化論不太懂，所以不便發言」。結果發現這三種各佔三分之一。作者從達爾文的演化論為什麼還沒有能夠得到廣泛大眾的支持談起，而後探討到底《聖經》裡的〈創世紀〉是怎麼說，最後再提到由伽利略發現地球繞日自轉，而不是宇宙中心的經過。

從第七章到第十章裡，他提出了四種可能：第七章〈無神論與不可知論〉（當科學戰勝了信仰），在這一章裡，他對前述的辯論勁敵達金斯博士對信仰的批評提出反駁，最後他的結論是，儘管科學對很多事情都有解答，但還是有很多的謎無法找到答案，因此科學與宗教應該還是可以和諧共存才對。在第八章〈創造論〉（當宗教戰勝了科學），他再次探討《舊約聖經》的〈創世紀〉，認為單方向純神學的解釋有所不適，而提出需要用更理性的看法。在這簡短的一章裡面，他最後的結論是引用華斐德（Warfield）說過的一句名言：「我們基督教徒絕對不應該以敵對的態度對待推理、哲學、科學、歷史與批判所得到的真理。」第九章〈聰明的設計〉（當科學需要神靈的幫忙），在這一章裡，作者釐清過去有關聰明的設計（Intelligent Design, ID）的定義以及過去的一些誤會，而提出科學與神學對ＩＤ的反對；第十章〈BioLogos〉（科學與信仰共存），作者在這裡提出一個新的字眼「BioLogos」，「Bios」是希臘文的「生命」；「Logos」是希臘字的「道」（word），所以在此我把它翻譯成「生命道」。作者引述這「道」與「上帝」是同義字，在《新約聖經》〈約翰福音〉第一章第一節提到世界開始時，「道即是神、神即是道」。所以 BioLogos 這個字代表的意思是我們相信上帝是所有生命的來源，而生命是上帝意志的表達。

## 信仰與科學可以和諧共存

最後本書以第十一章〈真理的追求者〉為結束。在這一章裡，他提到一九八九年的夏天，他到奈及利亞從事慈善醫療工作，看到一位心跳微弱、奄奄一息的年輕黑人，他由這病人的脈搏與呼吸的特異關係而做出「心包膜積水」的診斷，並且以當地的流行病學資料來判斷，最大的可能是結核病所引起。為了救人，在沒有任何X光器材或高科技的裝備下，他以一根長針穿胸而入，從心包膜裡抽出很多的血水，而病人症狀豁然而癒。第二天早上，當他回病房去看這位病人時，發現他正在專心念聖經，這病人問他：「你在這醫院工作很久了嗎？」作者承認他是剛剛到，而且也覺得好像一下子就讓這病人看出他是新手而心中有所不悅。想不到這位來自完全不同文化背景的病人居然一下子就看穿他，「我看得出來你現在自問為什麼你要到這裡來救我，但是我替你準備了一個答案，『你就是為了我才來這裡。』」在那瞬間他感到很大的震撼，好像冥冥中他們兩個人就是在上帝的安排下才會見面，就這樣子，他深深感到很多地方自己的行為與上帝的意旨相符。他由此再次領會到魯易斯所說的「agape」，透過對上帝的信仰，他找到重生的自我。他最後說，我們不能因為科學的發達而蔑視宗教，妄以為人類樣樣都可以用科學來解釋，但我們也不能以宗教來解釋所有大自然未能以科學證明或解釋的現象，我們如果聽任科學與宗教各走極端，那將導致人性崇高的一面受損。他語重心長地說，上帝可以在教堂裡受尊敬，但也可以在科學家的實驗室裡受尊敬，換句話說，信仰與科學是可以並重的。

更難得的是這本書以一篇作者的長文〈科學與醫學的道德執行：生命倫理學〉當做附錄。這篇文章深入淺出地介紹醫學遺傳學、個人化的醫學（personalized medicine）、DNA試驗引起的問題、奠基於道德律的倫理學（介紹倫理學之四大原則）、幹細胞與複製，進而討論各種生殖科技引發出來的各種倫理問題，通篇文字精簡，內容深厚，能使讀者由近代醫療科技與醫學倫理碰撞所激發出來的火花，而茅塞頓開。

## 來自安芳蓮醫師的善意

今天晚上在寫這篇書摘時，猛然想起這本書是我非常尊敬的醫學人道者安方蓮醫師（Dr. Florence On）去年年底由加拿大寄送給我的禮物。當時安醫師已進入子宮內膜癌的末期，而正在加拿大接受化療。我在電話中聯絡到她，雖然由她虛弱疲累的聲音，可以了解她已步入人生不可避免的最後旅程，但她還是那般地尊重對方，以及對自己走過的路無怨無悔，那種人生的意境使我不覺發出深深的感觸：安醫師這幾年來，前前後後也送了我幾本好書，雖然她也深知我沒有宗教信仰（應該說是「不可知論者」吧），但她的書總會帶給我許多思考，也許就像本書作者所說的，一位老年病人一句無心的問話，竟然引發他開始深思宗教信仰的重要性，也許安醫師過去推薦給我這些好書的用心，是想補足我這方面的欠缺。很不幸地，安醫師已於今年二月過世，緬懷她過去在台灣所做的種種，以及過去我從她的話語、寫作所感受到的agape（《當代醫學》雜誌二〇〇四年十一月號曾在「台灣良醫列傳」刊登慈濟大學醫學生採訪安芳蓮醫師的文稿），我不知不覺開始對本書作者科林斯醫師所說的，科學不見得一定要與信仰對立，而是可以彼此和諧共存，得到了更多的啟示。有時想想，如人飲水，冷暖自知，也許有些人就像我一樣，活到這把年紀還是與宗教無緣，但毫無疑問地，這本書已經在我的心內引發了更多的反省。

這本書到目前還沒有中譯本，如果可以介紹到國內，我相信可以讓更多的人領悟到科學與宗教信仰不見得一定是不共戴天，而是可以在自然與心靈的探索裡各司其職，讓國人更有機會思考追求科學與宗教信仰之間的微妙關係。（刊載於《當代醫學》二〇〇七年五月號）

# 為 Final Exam 寫序

《最後期末考：一個外科醫師對生死課題的沉思》

Final Exam: A Surgeon's Reflections on Mortality

作者：陳葆琳（Pauline W. Chen, M.D.）

譯者：林義馨

出版社：大塊文化（二〇〇八）

## 資深肝臟移植外科醫師的行醫錄

這本書書名《Final Exam》直譯應該是「期末考」，一語雙關地影射「死亡的考驗」，而書的副標題是「一位外科醫師對死亡的反思」。作者陳葆琳醫師（Dr. Pauline Chen）本身的專長是器官移植，這種開刀手術是先要趕在捐獻器官的病人一息尚存時，取出器官，結束其生命，而後將這本來會隨著病人過世而廢棄的器官，以精密的手術將之植入另外一位生命即將到達終點的病人，使他獲得新生。在長年浸淫於這種「生」、「死」交集的不尋常經驗，陳醫師透過對他人感受的敏感度與同理心，以細膩感性的文筆，生動地描繪出病人與家屬面臨病痛、死亡的經驗，以及醫病之間的互動，使讀者有機會一窺醫者之心。

書中提到，醫學生問她為什麼每天日以繼夜為病人服務而仍樂此不疲，她回答說：「臨床訓練就像神職訓練，你所選擇的領域是一種召喚（calling），而這種召喚要求你將自己與塵世隔離好幾年。」字裡行間讓人感受到做醫生雖然很苦，但也是一個很有成就感的職業。書中她深入地探討死亡，她說過去自己總是不願面對病人臨終的最後時刻，後來才領悟到，「藉著逃避死亡，我們喪失了一個學習如何『行醫』的好機會，因為與臨終者相處，讓我們得以培養最佳的人文素養。」這句話道盡了照顧病人的真諦。她也藉著自己由醫學生、住院醫師到主治醫師的漫長習醫路上點點滴滴的感人故事，強調學醫需要許多過來人的支持鼓勵，而這正是臨床醫學教育上常被忽略的地方。這本書對醫學生、醫生（學習者與指導者）以及病人與家屬，提供許多人生的智慧以及醫學教育的寶貴經驗。

去年這本書問世不久，黃達夫院長與我就曾向一位台灣文化出版界的朋友鄭重推薦，希望能盡快取得中文版的版權，想不到我們慢了一步。但更想不到的，是這捷足先登的大塊文化出版社因為看過我在《健康世界》的專欄「醫林隨筆」提到我與陳醫師邂逅的故事，而邀我寫序，說來這本書與我也真有一段因緣。

## 與陳葆琳醫師相見歡

去年十一月美國醫學院協會（Association of American Medical Colleges, AAMC）的

年會，我有幸聆聽陳醫師的演講。她留著一頭長髮，修長的身材以及迷人的笑臉，乍看之下很少人會相信她居然是一位資深的肝臟移植外科醫師。她朗誦了這本書第八章〈很抱歉通知你〉那一段她如何告訴一位得到肝癌的退休老警官，因為他的年紀太大，以及切除肝癌的勝算不大，而不能為他做肝臟移植的對話。透過她充滿感情的誠懇音調，使得坐在我身旁的幾位醫師不是淚眼盈眶，就是哽咽啜泣。她的演講贏得歷時很久的全場掌聲。會後她為與會聽眾贈書簽名，當她發現我的名牌上寫「來自台灣」時，她非常親切地告訴我她的父母也來自台灣，並用台語告訴我她父母的名字，最後她在書上寫了一些話，並簽了她的英文名字以及鮮為人知的中文名字「陳葆琳」。事實上，這本書有些地方也可以覺察到陳醫師與台灣的因緣。譬如說在書上談到自己在美國出生後，母親還將嬰孩出生的正確時辰，寄給住在台灣的祖母找人幫她算命；在書中談到死亡時，她還用英文「wan ong kuei」拼出台灣話的「冤枉鬼」，使人讀來倍感親切。

陳醫師有非常完美的學經歷，畢業於哈佛大學，而後進入西北大學費恩伯格醫學院（Feinberg School of Medicine），在耶魯大學外科住院醫師訓練期間得到耶魯大學最佳住院醫師教學獎（Betsy Winters House Staff Teaching Award）以及人文獎（George Longstreth Humanness Award），而後到美國國家癌症醫院（National Cancer Institute）進修，最後到加州大學洛杉磯分校（ＵＣＬＡ）醫院任職，專攻肝臟移植，並且得到一九九九年ＵＣＬＡ最傑出醫師獎。她除了在醫學上以及教學上得過無數殊榮以外，她經常在報章雜誌寫出有關現代醫療圍繞著死亡的感情衝擊，幾個星期前她才在《紐約時報》發表了一篇感人肺腑的佳作〈病人所做的選擇〉（The Choices Patients Make），回憶一位她的「換肝手術成功」的病人，卻選擇要過「正常人的生活」，而停止每天服藥，最後導致移植器官遭受拒斥、感染而死亡的故事。她語重心長地說，這病人使她領悟到，醫療團隊與病人家屬都應該用心探討每個病人對自己生命的看法，才能瞭解病人所做的選擇。

透過陳醫師的寫作，我們可以感受到她是一位經常在思考如何成為真正以病人為中心的好醫師。今天台灣的醫學教育與醫療界，正需要這種良醫來影響我們，同時透過這本書，也可以使社會大眾有機會認識醫生的成長過程所經歷的坎坷血淚，而促成醫病雙方有更深入的諒解與互動。我誠摯鄭重向大家推薦這本好書。（刊載於《當代醫學》二〇〇八年十一月號「每月一書」專欄）

## 向生命說 Yes!

《向生命說Yes!》

Trotzdem Ja zum Leben sagen. Ein Psychologe erlebt das Konzentrationslager（德文版）

The Will to Meaning: Foundations and Applications of Logotherapy（英文版）

作者：維克多．弗蘭克（Viktor E. Frankl）

譯者：呂以榮、李雪媛、柯乃瑜

出版社：啟示出版（二〇〇九）

### 存在分析精神醫學大師

這本書的作者，奧地利維也納精神科大師弗蘭克醫師（Viktor E. Frankl, 1905-1997），是精神醫學界的傳奇人物，他獨創「意義治療法」（logotherapy），以別於佛洛伊德以「性慾」為基本原理的精神分析，以及阿德勒以「自卑情結與優越的尋求」為基本原理的深層心理學。他在創立「意義治療法」之後，本身經歷了二次大戰納粹的猶太人死亡集中營奧許維茲、達浩等長達三年的人生浩劫，而這段「存在的空虛」更證明了人類需要追求「生命的意義」，而憑著追求生命的意義，他不只活過這人間煉獄，更對自己所創的「意義治療法」有更為深切的心得。

這本書收集了三部他不同時代的作品，希望能幫忙讀者了解他對人生的看法，以及幫助一般人了解「意義治療法」。第一部收錄了《一位心理醫師在集中營的歷劫記》（德文版）、第二部《概論意義治療法》（英文版）、第三部則是《樺樹林同步劇》（德文版），分別由精通德文、英文的學者李雪媛、柯乃瑜、呂以榮翻譯成中文。

## 集中營的慘酷與溫情

第一部〈一位心理醫師在集中營的歷劫記〉裡，他描述自己因不忍心拋棄年老的父母，而放棄可以離開維也納的美國簽證，結果全家人都被送入納粹猶太人集中營。他在進入集中營的第一天，就被要求棄毀自己剛寫好的整套論文，而全身所有衣物都被剝光，一夕之間，名字、頭銜、社經地位都不再有任何意義，過去的種種經歷一筆勾消，每個人的識別只剩下刺烙在身上的一個毫無意義的號碼，人的尊嚴完全被踐踏，每個囚犯都成了驚嚇的「渺小受難者」，而唯一留下來的是「赤裸裸的存在」。這時他寫道，在奧許維茲第一夜即將入眠前對自己許下的諾言，是「決不走進高壓電的鐵絲網自殺」。

接著他描述進入集中營的第二階段，「麻木不仁」的階段。他開始對周遭慘酷的事實變得視若無睹，逆來順受但求生存，承受肉體的毒打、監工的冷嘲熱諷、飢寒交迫，而漸漸養成「絕不感情用事」；然而在這個階段，他發現自己對生死未卜的妻子的懷念卻是與日俱增，常會想起不知道她現在關在哪個集中營，生活如何，但他也發現在這種疾病纏身、面臨死亡的關頭，人們對宗教的需求卻更加殷切，同時觀察到，藝術、幽默有時居然仍會應景而生。最令人感動的，就是弗蘭克醫師處在這種人類的尊嚴被踐踏無遺的境地，他才發覺當自己能以醫師的能力幫助別人時，是他感到最大的安慰的時刻，也因此他不顧好友的殷切勸戒，自願加入人人避之唯恐不及的「斑疹傷寒營房醫療團隊」。他描述有些人想幫他去除列入這「死亡任務」的黑名單，但他仍堅持自己希望留在病患同伴身邊的意願。有一段他提到自己以為此去凶多吉少，要求口述遺囑，而所說的話竟是要他朋友轉告他妻子，他一直都在想念她，而且只有她一人，並說出令人心酸落淚的一句話：「與她那段短暫幸福的婚姻就足以彌補我人生中的一切苦難，包括我們現在的遭遇……」

值得一提的是當他能夠在集中營從事醫療工作時，他才發現自己多麼珍惜渴望自己偶爾能夠有自我獨處、整理思緒的機會。在這種苦難的日子，他深深體會到杜思妥也夫斯基曾經說過的話：「我只害怕一件事：我配不上自己所受的痛苦。」同時他領悟到當人遭遇到的環境已不再能夠以「創造性」或「體驗性」的方式實現自我價值時，「反而給予我們最後一個機會來創造有意義的人生」，如果人生有意義，那麼痛苦也要有意義，而讓他悟出「畢竟痛苦、命運與死亡同樣都是人生的一部分，因為困境與死亡，讓人的存在趨於圓滿。」他認為集中營朝不保夕的生存形式，可以稱為「暫時的生存」，而事實上集中營囚犯的生存也不知道何時才可以解脫，因此他說這可以定義為「無限期的暫時生存」，而他提出「大多數集中營囚犯總以為真正實現自我的機會已經流逝，而事實上機會就在於他們能否在營中創造自己的生命」，並引述尼采的名言，「一個人若有活下去的理由，幾乎任何痛苦皆能忍受。」由此他也領悟到日後如何鼓勵面臨絕症的病人的各種充滿哲理的想法。

## 正人君子 vs. 卑鄙小人

更難能可貴的是，他在飽嘗營區衛兵慘無人道的毒打惡言之餘，他居然能夠冷眼旁觀，看出他們也有「不得已也」的一面，而得到如下的結論：「從這些實例當中我們學習到一件事。世界上有兩個『種族』，而且只有兩種：一種『種族』是正人君子。另一個是卑鄙小人。兩種『種族』的人散布各處，滲透到所有群體中。沒有任何一個群體是清一色的正人君子，也沒有任何一個群體是清一色的卑鄙小人，因此在這個意義下，沒有任何一個群體是『種族純正』的，所以集中營衛隊當中，自然也會有一兩個正直的好人！」在這種人間煉獄的環境下，他居然能保有這份寬恕的態度以及客觀的觀察力，真是令人嘆為觀止。

第三階段「獲釋後的囚犯心理」相對之下，十分簡短，他察覺到集中營囚犯解放以後有段短暫期間所表現出來的不合常理的反應，而提出所謂的「心理潛水員症」（減壓過急症）的看法。他認為這正如「潛水工作者一旦驟然離開壓力艙（他處在極高的空氣壓力下），便會威脅到身體健康狀況一樣，一個人的精神壓力如果瞬間獲得紓解，反而有可能會損害他的心理健康。」

## 意義治療概論

第二部〈概論意義治療法〉是誠如他所說的，「要把原先用德文寫了二十冊的資料，濃縮在狹小的篇幅內並讓讀者了解，幾乎是不可能的任務。」但他很成功地做到了這點。他明確地指出自己與佛洛伊德的不同，在「意義治療」的過程中，患者可以不必躺在沙發上自由聯想，也不需要用那麼多功夫去做回顧與反省的工作；相反地，他著重於未來，希望能幫忙病人找到未來所要實現的意義。他認為「人窮極一生追尋意義的努力，正是人類最原始的動力。」他以「存在的空虛」來說明人類需要追求「生命的意義」，而提出他的名言：「人不該問生命的意義是什麼，而是要先認清，是生命對他有何期待。」透過愛的意義、受苦的意義、生命的無常，他舉出許多追求意義治療法的技巧，以扭轉患者的態度，將他的恐懼換成自相矛盾的希望，而由此成功地減少病人的焦慮。他強調他希望達到的是一種「有人性的精神醫學」，我尤其欣賞他這部書的最後一段話：「我們是實際的一代，因為我們已了解人類真正的本質。畢竟，人類發明了奧許維茲毒氣室，同時也抬頭挺胸，口中唸著主禱文或猶太祈禱文步入毒氣室。」

## 樺樹林間的哲學論辯

第三部〈樺樹林同步劇〉是弗蘭克醫師在一九四六年僅僅花了幾個鐘頭就寫出的劇本，他以蘇格拉底、史賓諾莎、康德這三位不同時代的哲人一起出場，目睹樺樹林集中營的人間慘劇，而由一位已經到天堂的母親要求他們幫忙，使她還在集中營受苦的兩個兒子可以早日來到天堂相聚。於是透過天使化身，成為殘酷的納粹黨衛軍隊員前去考驗這兩兄弟卡爾與佛朗茲，後者可以看得出是弗蘭克醫師在影射他自己，而透過這三位哲人的對話，不時有技巧地引用各人生前說過的話，辯論有關人生的不同看法。最後三位哲人發現，他們並無法藉由他們的智慧幫助營中受苦的人們找到生命的意義，而由康德的口中道出這樣的結論，「人們所見所聞，只能視為戲劇『表象』罷了。因為我們如果想讓他們看見真理，他們將變得又聾又盲。請相信我這話。」而後三位哲人以及劇中受苦的幾位人物也都說出「我相信」來結束。弗蘭克醫師在這部劇本裡，清楚地表達出他的結論：「人們得靠自己的力量來找到屬於自己的生命意義。」

全書最後並附錄一九八四年新增的後記〈談悲劇樂觀主義〉，這是屬於哲學性較高的學術作品，相信對於一些追求意義治療法的哲學基礎有興趣的學者，會有更深的共鳴。他對限制人類存在的痛苦、罪惡與死亡，提出面對悲劇仍保持樂觀的目標：將苦痛轉換為人類的成就或功績；從罪惡感中找機會將自己變得更好；將生命的無常視為激勵，而採取負責任的行為。這幾句話真是道盡了每個人都應該追求自己生命的意義，而不應該被現實所限制的道理。

## 給生命一個肯定

記得我第一次讀到弗蘭克醫師的「意義治療法」，是四十年前我在台大神經精神科當住院醫師時。我至今仍記得有一段他治療一位自殺意念很強的病人的故事，帶給我很大的震撼。他說他在聽完這病人非得自殺不可的冗長陳述以後，開口問病人：「那你為什麼不去自殺？」病人被這意料不到的、出自精神科醫師的問話嚇壞了，忍不住問他為什麼所有精神科醫師都勸他打消這種意念，但他反倒「逼他自殺」。他接著引導病人深思，一定是有什麼理由使他不忍心離開人間，而那就是他認為值得活下去的「意義」，就這樣子他展開了「意義治/療法」，而病人終於豁然而癒。我一直對弗蘭克醫師的學識才華以及不平凡的一生充滿好奇，而這本《向生命說 Yes !》真的滿足了我這方面的需求，也在此謹向讀者鄭重推薦。同時我也在此謹向啟示出版社挑選這部書的用心，以及三位譯者信、雅、達的功力，致上最大的敬意。（刊載於《當代醫學》二〇〇九年九月號「每月一書」專欄）

本書承蒙《當代醫學》應允和協助，得以將賴其萬醫師於二〇〇一～二〇一一年間在「每月一書」專欄的書介重新整理編排並集結成冊，特此致謝，並感謝以下出版單位協助提供本書各章書封圖片：

大塊文化出版股份有限公司
中央研究院臺灣史研究所
天下遠見出版股份有限公司
立緒文化事業有限公司
何亞威小姐
志文出版社有限公司

城邦文化事業股份有限公司　啟示出版事業部

時報文化出版企業股份有限公司

張老師文化事業股份有限公司

望春風文化事業股份有限公司

臺灣商務印書館股份有限公司

遠足文化事業股份有限公司　大家出版社

遠流出版事業股份有限公司

（依筆劃順序排列）

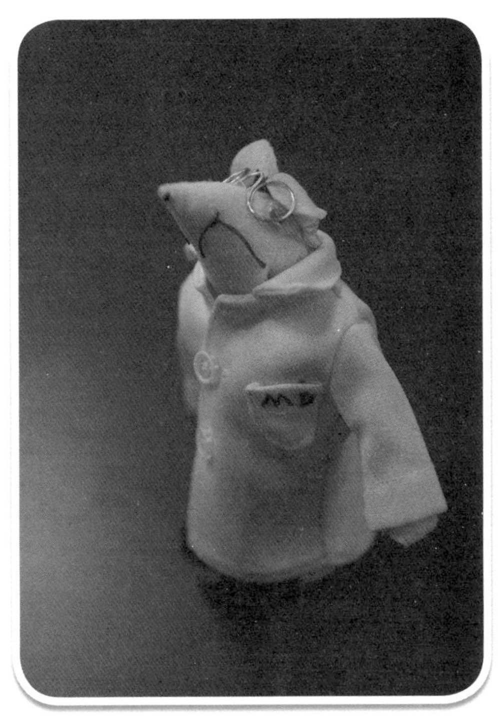

賴醫師珍藏多年的老鼠醫生布娃娃，由一位罹患運動神經原疾病的病人親手製作而成

# 賴其萬醫師的心靈饗宴

Medicine, Humanities & Reflection: 45 Book Reviews by Chi-Wan Lai, M.D.

作者—賴其萬

出版者—心靈工坊文化事業股份有限公司
發行人—王浩威　諮詢顧問召集人—余德慧
總編輯—王桂花　執行編輯—裘佳慧
內文排版—冠玫股份有限公司
通訊地址—106台北市信義路四段53巷8號2樓
郵政劃撥—19546215　戶名—心靈工坊文化事業股份有限公司
電話—02）2702-9186　傳真—02）2702-9286
Email—service@psygarden.com.tw　網址—www.psygarden.com.tw

製版・印刷—中茂分色製版印刷事業股份有限公司
總經銷—大和書報圖書股份有限公司
電話—02）8990-2588　傳真—02）2290-1658
通訊地址—248新北市新莊區五工五路2號（五股工業區）
初版一刷—2011年12月
ISBN—978-986- 6112-31-7 定價—380元



國家圖書館出版品預行編目資料

賴其萬醫師的心靈饗宴 / 賴其萬 著
-- 初版. --臺北市：心靈工坊文化, 2011.12.
面； 公分. -- (Caring；063)
ISBN 978-986-6112-31-7 (平裝)
1.推薦書目　2.醫學

012.4　　100025317

心靈工坊 PsyGarden 書香家族 讀友卡

感謝您購買心靈工坊的叢書，爲了加強對您的服務，請您詳塡本卡，
直接投入郵筒（免貼郵票）或傳眞，我們會珍視您的意見，
並提供您最新的活動訊息，共同以書會友，追求身心靈的創意與成長。

書系編號—CA063　　書名—賴其萬醫師的心靈饗宴

姓名　　是否已加入書香家族？□是　□現在加入

電話 (O)　　(H)　　手機

E-mail　　生日　年　月　日

地址 □□□

服務機構（就讀學校）　　職稱（系所）

您的性別—□1.女　□2.男　□3.其他

婚姻狀況—□1.未婚　□2.已婚　□3.離婚　□4.不婚　□5.同志　□6.喪偶　□7.分居

請問您如何得知這本書？

□1.書店　□2.報章雜誌　□3.廣播電視　□4.親友推介　□5.心靈工坊書訊
□6.廣告DM　□7.心靈工坊網站　□8.其他網路媒體　□9.其他 ______

您購買本書的方式？

□1.書店　□2.劃撥郵購　□3.團體訂購　□4.網路訂購　□5.其他 ______

您對本書的意見？

- 封面設計　□1.須再改進　□2.尚可　□3.滿意　□4.非常滿意
- 版面編排　□1.須再改進　□2.尚可　□3.滿意　□4.非常滿意
- 內容　□1.須再改進　□2.尚可　□3.滿意　□4.非常滿意
- 文筆／翻譯　□1.須再改進　□2.尚可　□3.滿意　□4.非常滿意
- 價格　□1.須再改進　□2.尚可　□3.滿意　□4.非常滿意

您對我們有何建議？

▲您的意見，我們將轉貼在心靈工坊網站上，www.psygarden.com.tw

廣告回信
台北郵局登記證
台北廣字第1143號
免貼郵票

台北市106 信義路四段53巷8號2樓

讀者服務組 收

（對折線）

# 加入心靈工坊書香家族會員
# 共享知識的盛宴，成長的喜悅

請寄回這張回函卡（免貼郵票），
您就成爲心靈工坊的書香家族會員，您將可以——

⊙隨時收到新書出版和活動訊息

⊙獲得各項回饋和優惠方案